중고차 매매 가이드북

중고차
잘 사고 팔기

중고차 매매 가이드북
중고차 잘 사고 팔기

초판 1쇄 | 2013년 6월 20일

지은이 | 최현석 · 남계훈 · 임민경 · 박상희 · 박정환 · 박증수 · 황두현

발행인 겸 편집인 | 유철상
책임편집 | 유철상
교정·교열 | 이유나
디자인 | Luna Design
마케팅 | 조종삼

펴낸 곳 | 상상출판
주소 | 서울시 동대문구 용두동 790번지 롯데캐슬 피렌체 상가 3층 306호
구입·내용 문의 | 전화 070-8886-9892~3 팩스 02-963-9892
이메일 | cs@esangsang.co.kr
등록 | 2009년 9월 22일(제305-2010-02호)
찍은곳 | 다라니

※ 가격은 뒤표지에 있습니다.
ISBN 978-89-94799-47-6

ⓒ 2013 최현석 · 남계훈 · 임민경 · 박상희 · 박정환 · 박증수 · 황두현

※ 이 책은 상상출판이 저작권자와 계약에 따라 발행한 것이므로
　본사의 서면 허락 없이는 어떠한 형태나 수단으로 이용하지 못합니다.
※ 잘못된 책은 바꿔드립니다.

www.esangsang.co.kr

중고차 매매 가이드북

중고차
잘 사고 팔기

상상출판

contents

prologue ··· 008p

 **나와 찰떡궁합
중고차 고르기**
나에게 꼭 맞는 중고차를 사기 전에
고려해야 할 것들

chapter 1	**왜 중고차인가?** ··· 018p 중고차를 사는 가장 큰 이유
chapter 2	**내게 꼭 맞는 차는?** ··· 026p 내게 맞는 중고차 똑똑하게 고르기
chapter 3	**옵션과 엔진 어떻게 골라야 할까?** ··· 038p 중고차 옵션과 엔진 적절하게 고르는 법
chapter 4	**사고차의 비밀** ··· 043p 사고차에 대한 모든 것
chapter 5	**이런 중고차는 꼭 사라** ··· 046p 절대 놓쳐서는 안 되는 중고차 알아보기

# 중고차 어떻게 하면 잘 살까?

중고차 구입하기 좋은 시기부터
실전 비법까지

chapter 1   **중고차 언제 사는 것이 적기?** … 058p
                 중고차 구입 적정 시기 알아보기

chapter 2   **같은 가격에 더 가치 있는 중고차는?** … 063p
                 중고차 가격을 결정하는 요인

chapter 3   **중고차 어디서 살까?** … 076p
                 온·오프라인 살펴보기

chapter 4   **중고차 실전 고르기!** … 090p
                 구입 전 점검포인트부터 계약 시 체크포인트까지

chapter 5   **중고차 사기(詐欺) 사례** … 120p
                 중고차 사기를 피하는 법

contents

03 차 박사가 알려주는 차량 관리 비법!
내 차는 내가 제대로 알고 관리하자

chapter 1 　 얼마나 고쳐야 하는 걸까? … 152p
　　　　　　수리의 범위에서 진단까지

chapter 2 　 어떻게 고쳐야 할까? … 165p
　　　　　　내 차 똑똑하게 관리하기

chapter 3 　 나만의 관리법으로 제대로 관리하자! … 178p
　　　　　　내 차는 내가 돌본다

04 중고차 언제 팔아야 할까?
시작과 끝은 성공적으로

chapter 1 　 언제 팔아야 제 값에 파는 걸까? … 204p
　　　　　　손해 보지 않는 중고차 판매법 알아보기

chapter 2 　 어디서 파는 것이 좋을까? … 205p
　　　　　　중고차 판매 장소 살펴보기

chapter 3 　 중고차 어떻게 사고팔고 있을까? … 208p
　　　　　　중고차를 사고파는 다양한 방법

알면 알수록 재미있는 중고차 시장!
국내와 해외 중고차 시장의 모든 것!

chapter 1 | 국내와 해외 중고차 시장은 어떻게 다를까? … 216p
국내와 해외 중고차 시장 비교하기

epilogue … 222p

중고차 자가 진단법 … 227p

중고차 구입 가이드북
사고 진단 … 237p
중고차 셀프 진단시트 … 257p

prologue

우리가 매일 바쁘게 겪는 일상생활 중에 보고, 타고, 만지고 하는 거의 모든 움직이는 자동차는 중고차다. 아무리 신차라도 한 바퀴만 구르면 중고차이기 때문이다.

우리나라에서는 이러한 자동차를 가리킬 적당한 단어가 없어서 '中古車(중고차)'라는 말을 쓰게 되었다. 그렇다 보니 중고차는 일정 기간 동안 사용해 닳고, 오래된 자동차란 개념이 앞서게 됐다. 하지만 외국에서는 이러한 개념인 Used Car에 더하여 Second-handed Car, Pre-owned Car, Re-conditioned Car 등의 명칭이 함께 쓰여 부정적인 개념이 덜하다. 요즘 우리나라에서 유행하는 고건물 리모델링(Re-modeling) 혹은 아파트 리모델링과 같은 개념으로 중고차에 접근해야 더 경제적이고 좋은 거래를 할 수 있을 것이다.

평범한 사람이라면 집, 회사, 그 다음 많은 시간을 보내는 공간이 자동차가 아닐까 한다. 이러한 자동차를 시장에 사고파는 일은 아무리 부자라도 평생에 한 번 이상은 해야 한다. 경제적인 여유가 있어서 평생 신차만 사서 탄다고 하더라도 그 차를 팔아야 하는데 그 파는 경제 행위도 이 책에서 가이드할 중고차 거래에 포함된다. 누구나 평생에 한 번 이상은 겪어야 할 일이지만 보통 잘 몰라서, 귀찮아서 혹은 정보가 없어서 스스로의 의지만으로 중고차를 거래하기란 어렵다. 이처럼 중고차 거래를 어려워하는 사람들을 위해 중고차와 그 거래 방법 등에 대해서 유익한 정보를 주고자 하는 것이 이 책의 가장 큰 출판 이유다.

자랑스럽게도 우리나라는 세계에서 얼마 없는 표준화된 좋은 품질의 자동차를 생산해내는 자동차 생산 수출국이다. 이 과정에서 우리나라의 신차 시장은 많은 발전을 해왔다. 하지만 중고차 시장은 상대적으로 발전하지 못한 것도 사실이다. 필자도 중고차 사업을 시작한 지 13년 차인데 13년 전을 생각하면 웃음이 절로 난다.

수많은 경제학자들은 경제학 모델링의 샘플로 중고차 시장을 정보 굴절 시장 혹은 정보 차단 시장이라고 말해왔다. 즉, 중고차 시장은 판매자는 상대적으로 그 차량에 대해서 많은 정보를 가지고 있어 거래 과정의 모든 절차에서 유리하지만, 구매자는 상대적으로 적은 정보로 불리한 거래를 할 가능성이 높은 일명 숨겨진 시장이라는 것이다. 이때 중고차 구매자는 주변 지인 혹은 전문가의 도움을 받거나 발품을 팔고, 인터넷 검색과 모바일 검색을 통해 손품을 팔아도 절대적으로 정보가 부족하다. 이처럼 불편한 거래는 경제학적으로 이야기하지 않아도 우리 생활 아주 가까이서 자주 일어나고 있다.

예를 들어 우리가 대형 마트에서 물건을 구입하는 것을 생각해 보자. 우리는 흔히 마트에서 많은 다양한 상품을 살피고, 만져보고, 구매하는 경험을 하면서 탄탄한 소비 정보를 가지게 된다. 하지만 이를 자동차로 바꿔서 생각해 본다면 보통 우리는 내가 타고 다니는 차, 비싸고 좋은 차, 타보고 싶은 차 이외에는 별로 관심도, 정보도 없다. 그래서 막상 중고차 거래를 하려고 하면 당황스럽고, 불편하고, 심지어 불안해지는 것이 아닌가 한다. 그래서 최근에는 불편한 중고차 거래를 대신 해결해주는 대행 서비스도 생겼다. 하지만 그 이전에 중고차 구매자가 기본적으로 중고차에 대한 정확한 정보를 가지고 있는 것은 큰 힘이 된다고 생각한다.

이제 세상이 많이 바뀌었고, 우리 중고차를 사는 소비자들도 많이 바뀌었다. 이에 따라 관련된 정보의 양도 상상하지 못했던 만큼 증가했다. 하지만 그중에는 부정확하고 불필요한 정보도 많이 있다. 그래서 우리 필자진은 늘어난 수많은 정보들 중에서 가장 유익하고 정확하고 편리한 정보를 골라 독자들에게 전달하는 데 그 목적을 두고 이 책을 쓰려고 했다.

이미 지난 1998년 이후로 국내 시장의 중고차 거래 대수는 신차의 판매량을 훌쩍 뛰어 넘었으며, 그만큼 중고차 시장은 엄청나게 크고 중요한 산업의 한 축이 되었다. 때문에 세계에서 내로라하는 신차를 척척 만들어 내는 자동차 선진국에 걸맞게 중고

차 분야도 보다 선진화되고 투명하고 멋진 중고차 거래 문화를 만들어 가야 할 것이다. 이를 위해 필자들도 현재 열심히 노력하고 있으며, 앞으로도 이 꿈을 위해 계속 노력할 생각이다.

하지만 이러한 노력을 사람들에게 인정받지 못하거나 알리지 못한다면 이 산업에 종사하는 사람의 도리가 아니라는 마음으로 이번에 중고차 거래와 관련한 이 책을 만들게 되었다.

서문에는 대한민국 중고차 시장과 중고차 거래의 문화를 간략하게 소개하고, 본문에 자세하게 실어 독자 여러분께 전달하고자 한다. 중고차 거래에 앞서 이 책의 전체 혹은 필요한 부분을 읽고 활용한다면 보다 편하고, 경제적이고, 겁나지 않는 중고차 거래를 해나갈 수 있을 것이라고 확신한다.

1 대한민국 중고차 시장

국내 중고차 시장은 거래 대수로 보면 연간 320만 대에 이르고, 거래 규모는 대당 평균금액을 600~700만 원이라고 보면 19~23조 시장이 될 정도로 매우 크다. 거래 형태로 보면 개인과 개인이 거래하는 개인 간 거래량이 약 45% 정도를 차지하고, 매매업자 즉, 중고차 딜러를 통한 거래량이 55%에 이른다고 파악되고 있다.

다음의 연간 신차와 중고차 거래량 그래프를 보면 지난 2006년부터 이미 중고차 거래 대수가 신차의 판매량을 추월하여 선진국형(신차 거래량:중고차 거래량=1:2.5)으로 성장해가고 있는 것을 알 수 있다.

그러면 '왜 선진국일수록 중고차 거래 대수가 신차 거래 대수의 2~3배 정도 될까?' 하는 의문이 생길 것이다. 그것은 바로 중고차 거래제도 문화의 투명성과 안정성, 자동차의 품질과 수명에 답이 있다고 할 수 있다.

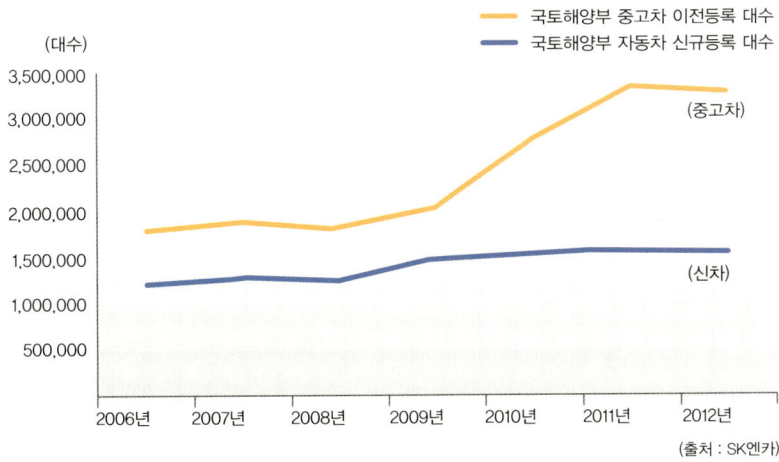

기존의 자동차 소비자들은 중고차 거래가 어렵고, 힘들고, 불투명해서 중고차를 사고 싶어도 그냥 편하고, 믿을 수 있는 신차를 구매하는 경우가 많았다. 하지만 중고차 거래가 투명해지면서 중고차 거래의 비율도 점점 높아지고 있다. 여기에 중고차임에도 5년이 지나도 신차 같고, 7년이 지나도 탈만 하다면 좀 더 많은 중고차 거래를 수반하게 되는 것이 일반적이다.

필자가 처음 중고차 관련 자료를 모으고 공부할 당시인 13년 전만 하더라도 우리나라 자동차의 평균 수명은 7년 정도였는데 지금은 10년 정도 된다. 아마도 외국으로 수출되는 중고차까지 고려하면 조금 더 늘어날 것이다. 우리나라에서는 보기 힘든 현대 엑셀이나 대우 티코 등이 아제르 바이잔이나 칠레 등으로 수출되어 많이 운행되고 있다. 하지만 10년 넘게 똑같이 한 차량만 운행하는 비율은 많지 않다. 보통 경제 사정이 좋아지면 집보다는 아무래도 자동차를 먼저 바꾸는 경향이 있고, 경제 사정이 좋지 않더라도 자동차는 언제나 거래 대상이 된다. 특히, 똑같은 차량을 운행하는 단조로움과 지겨움에 힘겨워하는 사람들은 일정 주기로 자동차를 바꾸게 된다. 현재 우리나라에서는 운전자들이 3년 정도에 자동차를 가장 많이 바꾸는 것으로 보인다.

보통 신차 제조에서 폐차 처리에 이르기까지 1대의 자동차는 평균 3~4회 정도 주인을 바꾸어 가면서 자신의 Moving Machinery 혹은 Transportation Tool로서의 수명을 다하게 된다. 결국 거의 모든 인구가 중고차 거래와 관련이 있다고 생각할 수 있다. 왜냐하면 중고차를 팔든 사든 우리나라에서는 자동차가 준부동산 취급을 받고 있으므로 누군가의 명의로 소유되다 거래되기 때문이다. 이러한 일련의 모든 과정이 바로 중고차 거래이다. 그러니 어차피 일생에 몇 번은 경험하는 것 이왕이면 잘 알고 거래하면 좋지 않을까?

중고차를 사는 사람은 이제 신차를 사는 사람들보다 2배나 많다. 돈이 있는 사람은 '신차', 돈이 없는 사람은 '중고차'라는 공식도 이제 사라졌다. 중고차를 사는 것은 개성 있는 자동차를 소유하고 싶은 욕구를 충족시키는 시대적 흐름이며, 삶의 변화를 위한 자동차 구입에 가장 합리적인 방법이다. 그러면 이제 아래의 표를 보고 신차 구입과 중고차 구입의 소요금액과 유지금액을 비교해 보자.

만일 신차를 사기 위해 무리해서 약 1천만 원을 대출했다면(중고차는 현금으로 구

자동차 교환 주기

똑같은 차량을 운행하는 단조로움과 지겨움에 힘겨워하는 사람들은 일정 주기로 자동차를 바꾸게 된다. 현재 우리나라에서는 운전자들이 3년을 주기로 차를 가장 많이 바꾼다.

	YF쏘나타 2.0 신차	YF쏘나타 2.0 중고차	(모델/옵션 동일 차종)
최초 구입가	2,780만 원	1,700만 원	소요자금−1,080만 원
세금	200만 원	120만 원	세금−80만원 저렴
총 구입가	2,980만 원	1,820만 원	소요자금−1,160만 원
사용 기간	3년	3년	
3년 후 잔존가치	1,700만 원	1,000만 원	신차가 감가율이 큼

(출처 : SK엔카)

입) 그 이자금액(월 약 10만 원 내외)만큼 더 큰 비용을 지불하게 된다. 물론 신차를 사고 나서 아예 폐차하는 순간까지 즉, 기대 수명까지(신차 기준 10년이라 가정) 계속 운행한다고 가정하면 경제적 효용(월간 몇만 원 차이는 나지 않는다)은 더 개선될 것이다. 하지만 하나의 차종만을 운행하는 지루함은 잘 이겨내야 할 것이다.

2 중고차 거래의 문화

중고차 거래라는 것을 한 번 해본 사람은 심리적인 경제 효과를 이미 보았고, 아울러 신차 구입에 따라오는 고비용을 낼 용의도 없어졌기 때문에 그만큼 더 쉽게 중고차 거래를 다시 하게 되는 것이 일반적이다. 이러한 경험을 하는 사람이 점점 늘어나고, 관련 제도나 서비스 산업 등이 개선되면 중고차 거래 문화가 자연스럽게 형성될 것이다.

중고차 문화라고 하면 좀 거창할지 모르겠다. 하지만 문화를 특정한 지역 사람들의 무리가 지닌 정신적 인지나 사고 혹은 고유 행동으로 규정하고 받아들인다면 분명 중고차 거래 문화 혹은 중고차의 유통 문화라는 것도 트렌드처럼 만들어질 것이라는 생각이 든다. 현재 우리나라 중고차 문화와 관련해서는 이제야 슬슬 선진화시켜야겠다는 공감이 이루어지고 있다. 특히 자동차 제조사가 신차 판매와 아주 밀접한 연관을 가지고 있는 중고차 가격과 관련해서 Remarketing 차원의 접근을 시작했다. 이젠 제조사도 중고차의 가격 혹은 유통에 일부 책임감을 느끼고 관리하거나 일부 직접 운영에 참여하는 것인데 이는 세계적인 추세이고 당연한 결과라고 생각한다.

수년 전 비교적 빠른 시간에 우리나라 중형차 시장을 장악했던 르노삼성자동차의 SM시리즈의 경우 높은 중고차 가격이 신차를 구매하는 중요한 세 가지 이유 중 하나였다. 10여 년 전에 이미 외국의 사례를 차용하여 국내에서 최초로 실시한 대우자동차의 Buy-Back서비스나 최근 현대자동차의 중고차 가격보장 프로그램 등이 이러한 사례라 할 수 있다. 이러한 경제적인 필요나 능력이 있는 주체 말고도 중고차 관련 사

> **중고차를 자주 바꾸는 이유**
>
> 중고차를 자주 바꾸는 이유 중 하나는 연식이 오래된 차를 연식이 짧은 차로 바꾸면서 교체 비용은 추가로 들지만 상대적으로 유지비 및 정비비를 줄일 수 있기 때문이다.
> 연식이 오래된 차에 들어가는 정비비를 차를 바꾸는 데 투자하고, 자동차의 세대가 변경되면서 차체가 튼튼해지고 연료 효율성 및 성능 또한 좋아진다. 때문에 유지비도 줄이고 좀 더 안전하게 자동차를 탈 수 있다.

업 종사자 혹은 일반 대중이 중고차 거래 문화를 개선하려면, 우선적으로 세 가지 정도의 노력이 필요하다.

첫째, 상호 불신의 문제를 해소해야 한다. 과거나 현재나 판매자는 자동차의 품질을 숨기거나 일부는 속이고, 구매자는 그 숨은 정보를 탐정이나 경찰처럼 찾아내고 밝혀 내야 한다. 판매 차량의 품질이나 정보는 판매자가 가장 많이 알고 있지만 그 정보를 제공하면 할수록 가격은 올라가기보다 떨어지기 때문이다. 그러다 보니 판매자는 정보를 적게 제공하려 하고, 구매자는 계속해서 최대한 많은 정보를 찾아내 차량을 제 값으로 혹은 저렴하게 구입하려고 한다. 이러한 상호 불신의 문제를 해결하기 위해서는 판매자와 구매자의 개선 노력이 있어야 하고, 중고차를 판매하려면 누구든 공인된 혹은 믿을 만한 곳의 성능점검을 반드시 거치도록 하는 제도도 필요하다. 즉, 차량의 품질 정보를 투명하게 공유하고자 하는 노력이 있어야 한다.

둘째, 복잡한 중고차 구입 과정을 쉽게 바꿔야 한다. 아직은 우리나라에서 중고차를 사기 위한 절차가 불편하다. 차를 사려면 신차의 경우 브랜드와 모델을 정하고 혹은 정하기 이전에라도 가까운 신차 전시장에 가면 그것으로 일사천리로 거래가 진행된다. 반면에 중고차는 도대체 매장이 어디에 있는지 인터넷에서 어디를 가야 하는지 알아봐야 한다(최근에는 SK엔카 등 인지도 높은 곳에서 수준 높은 정보를 제공한다). 또한 실제 차량을 보려면 어떻게 해야 하는지, 차량을 고르는 데에도 도대체 이 차량이 기대하는 수준의 품질과 가격에 맞는 효용성을 줄 것인지 등도 점검하기가 불편하다. 거래 과정에 있어서도 부동산의 복덕방처럼 공증서비스를 해주는 곳이 있는지 없는지도 모르기에 일일이 다 점검하고 알아보고 확인하려면 엄청난 시간과 노력이 필요하다. 이러한 불편함을 해소해주는 중고차 산업의 인프라가 갖추어져야 하고, 그 인프라 종사자들이 고객의 불편함을 해소하는 데 노력을 기울여야만 좋은 중고차 문화를 만들 수 있다.

셋째, 중고차에 대한 부정적인 인식을 바꾸려는 노력을 해야 한다. 중고차를 구입하려고 마음을 먹었다가도 혹시 주변에 안 좋게 인식되거나 금전적으로 무시당하는 것은 아닌지, 남들이 나를 어떻게 생각할지 여러 가지 고민을 하기도 한다. 그렇게 고민하다 보면 차라리 좀 비싸도 신차를 구매하기로 마음을 바꾸게 되는 경우가 종종 있다. 중고차를 산다는 것 자체가 얼마나 합리적이고 경제적인 행동인지 인정하고, 아울러 그 거래 과정에서도 심리적으로 편안하고 당당하려는 노력이 뒤따른다면 건전한 중고차 거래 문화가 저절로 생겨날 것이다.

지금까지의 서문을 한마디로 정리하면, "중고차는 가장 경제적인 소비이다."라는 것이다. 여러분들은 앞으로 이 책을 통해서 중고차에 대해, 특히 중고차 구입이나 판매 등 거래에 대해서 가정 경제에 도움이 되는 정보를 얻을 수 있을 것이다. 먼저 나와 궁합이 잘 맞는 중고차 고르기에서부터 중고차를 어떻게 구입하는 것이 좋은지, 그렇게 구입한 중고차를 어떻게 수리하고 관리해서 잘 타고 다닐 것인지, 마지막으로는 잘 타고 다녔던 정든 중고차를 어떻게 잘 판매할 것인지를 순서대로 하나씩 더 자세히 알아보도록 하자!

> **믿을 수 있는 거래처를 이용하자**
>
> 차를 사려면 신차의 경우 브랜드와 모델을 정하고 혹은 정하기 이전에라도 가까운 신차 전시장에 가면 그것으로 일사천리로 거래가 진행된다. 반면에 중고차는 도대체 매장이 어디에 있는지 인터넷에서 어디를 가야 하는지 알아봐야 한다(최근에는 SK엔카 등 인지도 높은 곳에서 수준 높은 정보를 제공한다).

나와 찰떡궁합
중고차 고르기

나에게 꼭 맞는 중고차를 사기 전에
고려해야 할 것들

chapter 1
왜 중고차인가?
중고차를 사는 가장 큰 이유

chapter 2
내게 꼭 맞는 차는?
내게 맞는 중고차 똑똑하게 고르기

chapter 3
옵션과 엔진 어떻게 골라야 할까?
중고차 옵션과 엔진 적절하게 고르는 법

chapter 4
사고차의 비밀
사고차에 대한 모든 것

chapter 5
이런 중고차는 꼭 사라
절대 놓쳐서는 안 되는 중고차 알아보기

왜 중고차인가?
중고차를 사는 가장 큰 이유

중고차를 구입하는 가장 큰 이유는 '돈' 때문이다. 좀 더 자세히 들여다보면 세상의 모든 새 자동차는 한 바퀴를 구르는 그 순간에 중고차가 되고, 바로 그 순간에 가격이 가장 많이 하락한다. 이른바 연도별 중고차 감가 Curve를 보면 세상의 모든 자동차는 최초 구입 후 1~2년 차에 가장 많이 가격이 떨어짐을 알 수 있다. 자동차를 사고 1~2년 후에 가격이 가장 많이 떨어지는 건 그만큼 실제적, 심리적으로 자동차의 경제적 효용을 많이 하기 때문이다.

중고차 구입 이유

중고차를 구입하는 가장 큰 이유는 '돈' 때문이다. 좀 더 자세히 들여다보면 세상의 모든 새 자동차는 한 바퀴를 구르는 그 순간에 중고차가 되고, 바로 그 순간에 가격이 가장 많이 하락한다. 이른바 연도별 중고차 감가 Curve를 보면 세상의 모든 자동차는 최초 구입 후 1~2년 차에 가장 많이 가격이 떨어짐을 알 수 있다.

아반떼 감가 Curve

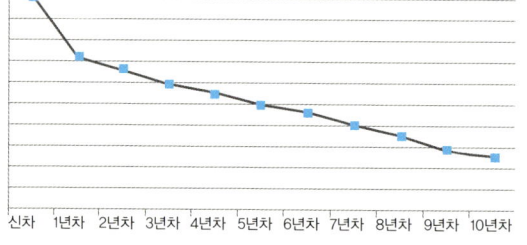

쏘나타 감가 Curve

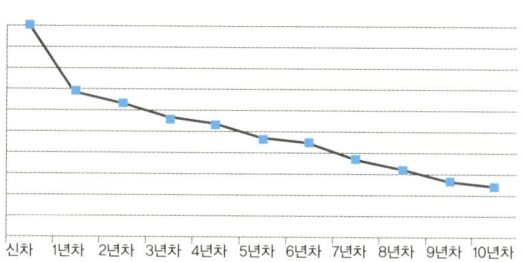

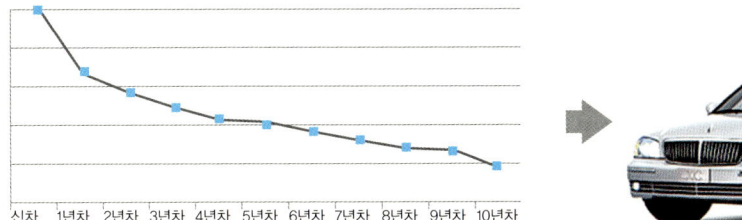

최근 출시된 거의 모든 자동차의 경우 10년 이상 아니 어쩌면 20~30년까지도 운행이 될 것을 감안하고 제조되었기 때문에 잔여 수명, 이동수단의 가치, 구매자의 자동차 구매 시세와 비슷하거나 가격이 더 저렴하다고 판단되는 순간에 중고차 거래가 아주 활발하게 이루어진다. 그래서 주행거리 10만km 이하 차령 5년 미만의 차량이 중고차 시장에서 가장 많이 거래된다. 한마디로 중고차는 그 가치나 기능을 대체할 수 있는 신차에 비해서 저렴하기 때문에 많은 소비자들이 구입한다.

그러면 중고차를 파는 사람은 왜 팔까? 필자가 경험한 중고차의 판매 사유는 거의 차량을 소유하고 있는 인구수만큼 다양하다. 신차를 사고 딱 1시간 운전해 보고 마음에 안 든다거나 혹은 자기와 스타일이 맞지 않는다거나, 회사에서 승진한 뒤 마음에 드는 신차가 나와서 가지고 있던 차를 판다거나, 한 4년 운행하다 보니 지루하다거나 참으로 다양한 이유로 사람들은 중고차를 판매한다. 하지만 근본적으로는 자동차가 가진 가치를 '돈'으로 바꾸기 위해서 판매한다.

이쯤에서 자신 있게 한마디 하면 중고차는 속지 않고 사면 무조건 돈 버는 행위라는 것이다. 왜냐하면 중고차는 이미 거품이 빠진 상태이기 때문에 큰 고장 없이 제대로 운행된다면 신차를 사는 것보다 무조건 이익이다. 그래서 제한된 예산 안에서 '어떤 차를 사볼까?'하고 요리조리 정보를 찾다 보면 중고차 구입이 상당히 경제적인 행위라는 것을 금방 알게 된다.

하지만 안타깝게도 전제에 '속지 않고'라는 말이 들어가 있다. 여기에는 주행거리 조작 판매(예:13만km 탄 차량을 8만km로 조작:형사처벌 대상임)나 사고이력 감추기

(고장 난 부위를 새것처럼 잘 고치고 구매자에게 고지하지 않는 행위) 등이 있을 수 있다. 이러한 속임수는 실제 거래 현장에서도 적지 않게 발생하므로 주의가 필요하다.

다시 강조하지만 중고차는 단언 '싸고 경제적'이다. 그렇다면 신차는 비싸다는 이야기일까? 그럼 좀 더 구체적으로 가격을 중심으로 신차와 중고차를 비교해 보면 쉽게 이해가 가지 않을까 한다.

신차의 가격은 여러 가지 요소들로 인해 결정된다. 그러면 어떠한 요소들이 있는지 하나씩 알아보도록 하자.

첫째, 세상의 모든 새 상품 일명 신상의 경우 거품이 들어간다. 물론 신차를 제조하는 제조사의 입장에서는 오랫동안 관리하고 키워온 브랜드 가치, 기술력, 품질, 여러 가지 판매비용 등을 고려해 그럴만한 이유가 있다고 당연히 주장할 것이다. 하지만 가격의 측면에서 중고차와 비교해 보면 분명히 거품이 있다는 것을 알 수 있다.

둘째, 모델 거품이 들어간다. 새로운 모델이 나와도 그 새로운 모델은 완전히 새로운 엔진, 새로운 미션, 새로운 섀시, 새로운 부품들로 이루어진 것은 아니다. 그런데 새로운 모델은 특별한 경우를 제외하고 기존의 비슷한 차량들에 비해 가격이 올라가고, 그러한 모델 거품은 소비자들의 신상 열풍에 편승하여 시장에서 먹혀(?) 들어가게 된다.

셋째, 새로운 기술 거품이 들어간다. 기술 부분은 어느 정도 인정해야겠지만 자동차에 적용되는 모든 기술이 다 소비자가 딱 원하는 정말 만족하는 기술은 아니다. 그럼에도 '새로운 엔진이다, 파워가 어떻다, 몇 단 미션이다' 하면서 새 기술 거품을 고스란히 가격에 포함하기도 한다.

넷째, 옵션 거품이다. 동제조사, 동모델의 경우에도 여러 종류의 차량 등급(세부 모델명)이 있는데 이는 여러 가지 옵션으로 구분된다. 기본 옵션 차량은 독일 등 유럽의 어느 나라에서나 받아들여지는 에어컨도 없는 혹은 겨우 에어컨만 있는 모델인 경우가 일반적이다. 하지만 우리나라는 우리가 통상적으로 선호하는 옵션을 몇 가지 골라 장착하게 되면 어떤 경우에는 차량가격의 1/3 이상이 상승하여 이른바 옵션 거품이 신차 가격에 포함되게 된다.

다섯째, 연말이면 늘 생기는 새로운 연식 거품이다. 똑같은 차량도 새해가 되면 이른바 2013년 식 혹은 신년형 모델로 바꿔주어야 하기 마련이다. 그러한 신년형 모델은 기존 연식의 모델과 비교해서 뭔가 하나라도 소비자가 인정하는 수준의 차이가 있어야 하는데 이는 교묘하게 가격의 상승과 함께 나타나 왔다.

여섯째, 소비자의 심리적인 측면이다. 우리나라에서 일부 명품은 가격을 계속 올려도 그 판매량이 줄지 않거나 오히려 늘어난다는 기사를 많이 접해 봤을 것이다. 마찬가지로 경제적인 여유가 있어서 혹은 그렇지 못하더라도 그렇게 보여야 하는 여러 가지 삶의 이유와 심리적인 이유로 신차를 거품이 있는 줄 알면서도 구입하는 사람들이 있다. 신차제조사에서 이를 알고 거꾸로 이용하고 있다면 그야말로 신차에 거품이 들어 있다고 보면 될 것이다.

일부 차량은 성능이나 옵션의 변화 없이 이른바 Face Lift(페이스 리프트) 즉, 외관만 좀 바꾸고 가격을 올리기도 한다.
새 모델 + 새로운 기술 + 필수적이지 않은 옵션 + 새로운 연식 + 비싸도 신차를 사야 하는 삶의 이유 + Face Lift 등의 거품이 신차 가격에 포함되어 있다고 생각할 수 있다.

그럼 도대체 사람들이 중고차에 비해 비싼 신차를 왜 사는지 알아볼 필요가 있을 것이다. 그 이유는 다음과 같다.

첫째, 접근이 용이하다. 우리나라든 세계 어디든 신차 매장은 찾기 쉬운 곳에 위치해 접근이 용이하다. 그러니 약간 비싸도 찾기 쉬운 곳에 가서 원하는 차량을 구입하게 되는 것이다.

둘째, 인지하기 쉽도록 다양한 매체에 신차 광고가 무수히 존재한다. 소비자가 새로 나오거나 아니면 현재 판매되고 있는 신차 모델을 사려면(지금은 중고차도 예전보다는 용이하게 접근하는 편이지만) 누구나 쉽게 정보를 구할 수 있다. 인터넷을 몰라도 모바일 앱이 없어도 걸어서 가까운 신차 매장에 가면 관련 정보뿐 아니라 직접 보고 운전석에 앉아 볼 수도 있다.

셋째, 거래 신뢰도가 높다. 보통 신차는 구입 후 기대하는 품질을 거의 대부분 충족하고, 아울러 거래 과정 그 자체도 신뢰도가 높은 편이라 신차 거래 과정에서의 불미스러운 일에 대한 걱정이 적어 신차에 더 마음이 가게 된다. 게다가 깔끔한 정장을 입은 믿음직한 신차 영업사원이 판매를 하니 더더욱 믿고 거래할 만하다고 생각하게 된다.

넷째, 결제 수단이 다양(카드, 할부, 대출, 현금 등)하고, 비교적 안전하다. 또한 구입 후 일정 기간의 Warranty(한국형으로 일종의 A/S) 등으로 정비 서비스까지 가능하다.

이렇게 보면 신차가 많이 팔리는 것은 어찌 보면 당연한 것인지도 모른다. 하지만 필자가 생각하기에 신차는 여전히 비싸다.

그렇다면 중고차는 어떨까? 신차의 거품만 빠지는 것일까 아니면 객관적으로도 싸고 경제적인 것일까? 물론 신차와 비교해서 상대적인 것이 당연하겠지만 중고차는 그 기계적 기능과 수명만을 단순 비교해도 저렴하다. 실제 시장에서 거래되는 중고차의 감가 곡선을 보면 쉽게 이해할 수 있다. 보통 승용차의 경우 출고 후 운행한 지 만 3년이 지나면 신차 가격의 40~50% 정도에서 가격이 형성된다. 지금은 차량의 수명이 10년을 훌쩍 넘어가고 있고, 10년이 지나도 5~10% 가격으로 유지되고 있다.

아울러 모델이든 기술이든 옵션이든 새로운 연식이든 심리적 거품이든 다 검증되거나 거품 제거작업이 끝난 중고차의 경우 분명 싸다. 최근에 출시 몇 개월만에 검증이 끝난 K사의 대형차 모델도 수입차 시장의 대항마로 개발되어 화려한 옵션 사양과 기능을 자랑하며 높은 가격으로 출시됐으나, 중고차 시장에서는 냉정하게 평가되어 그 거품이 확 빠졌다.

또 21세기 자동차 시장의 새로운 세그먼트로 등장한 하이브리드 모델들도 중고차 시장에서의 거래가 활발하지 않아 감가가 많이 됐다. 이렇다 보니 사려는 사람이 점점 줄어들어 신차 판매율에도 영향을 미치고 있다.

그렇다면 도대체 어떻게 자동차를 구입하면 좋을까? 어렵지 않다. 품질이 기대하는 수준 혹은 그 이상인 경우 싼 중고차를 편리한 방법으로 사서 자랑스럽게 타고 다니면 된다. 그렇게 하기 위해선 구체적으로 어떻게 해야 될까? 이와 관련된 자세한 내용은 이후의 장에서 소개할 테니 참고하고, 중고차만 가지고 있는 장점을 우선 알아보도록 하자.

첫째, 중고차는 바로 타고 다닐 수 있다. 언제든 대금 결제만 하고 보험 가입만 하면 바로 사용할 수 있다(신차의 경우는 공장에서 배달되는 시간 혹은 주문이 밀려서 며칠을 기다리는 시간까지 감안해야 한다).

둘째, 선택의 폭이 훨씬 다양하다. 같은 가격, 같은 모델이라도 색상이나 사양은 물론 이거니와 가벼운 접촉사고가 있거나 전 차주의 상황 혹은 주행거리에 따라서도 정말 수백 수천수만 가지의 선택을 할 수 있다.

셋째, 다시 한 번 말하지만 싸다. 그래서 같은 예산으로도 신차 대비 좀 더 크고, 고급사양인 차량을 구입할 수 있다.

넷째, 중고차 구입은 환경 친화적이다. 신차제조사 입장에서는 동의하지 않을지도 모르겠지만 하나의 차량을 오래도록 타는 것은 환경에 있어서도 긍정적인 역할을 한다.

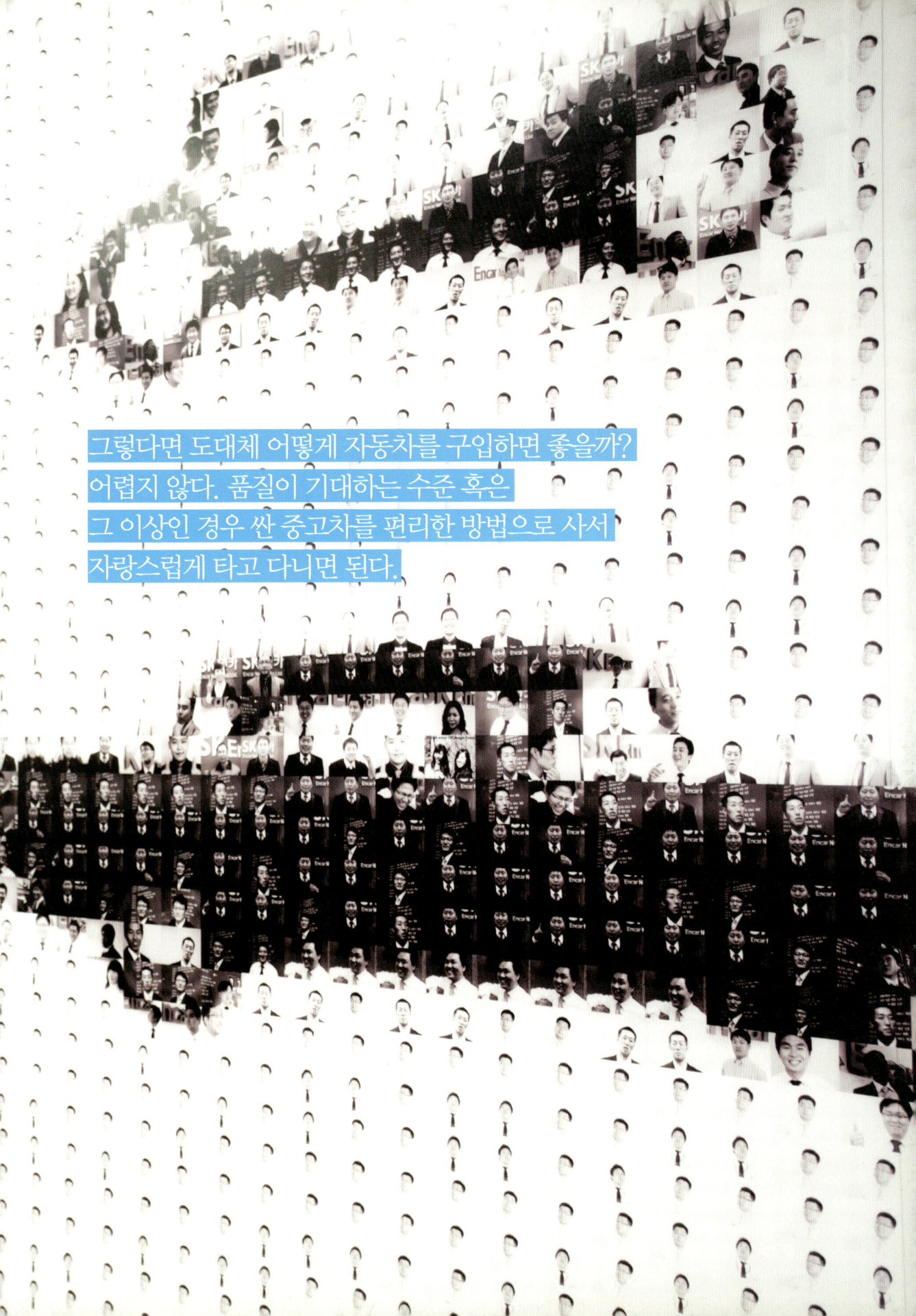

그렇다면 도대체 어떻게 자동차를 구입하면 좋을까? 어렵지 않다. 품질이 기대하는 수준 혹은 그 이상인 경우 싼 중고차를 편리한 방법으로 사서 자랑스럽게 타고 다니면 된다.

chapter 2

내게 꼭 맞는 차는?
내게 맞는 중고차 똑똑하게 고르기

01 | 소득 수준에 맞는 중고차 고르기
: 총 연봉 대비 몇 %를 중고차 구입에 사용할까?

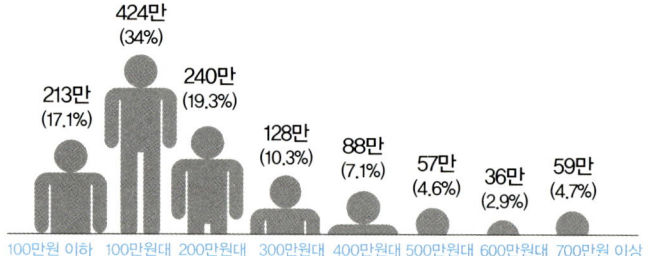

2011년 직장인(공무원 포함) 월급 분포 단위 : 명

중고차를 살 때 가장 많이 고려하게 되는 부분은 뭐니 뭐니 해도 돈이다. 얼마든지 비용을 지불할 수 있다면 많은 고민 없이 그저 자신이 원하는 차량을 선택하기만 하면 될 텐데 보통의 경우 빠듯한 주머니 사정을 먼저 돌아보게 된다. 그렇다고 이제는 필수품이 되어버린 자동차를 사지 않을 수도 없다. 그렇다면 나의 소득 수준에서 얼마 정도의 차량이 적정한지를 같이 고민해 보자.

> **중고차 구입 적정 기준**
>
> 일반적으로 3년 간격이라고 할 경우 최초 차량 구입비용을 연봉의 40% 정도를 맞춰 구입하면 3년간 연봉 수준에 차량 가격은 10~13% 정도가 되고 이 정도면 전체적으로 부담스럽지 않은 소비가 된다.

일반적으로 차량의 총 구입비용은 연봉의 40%를 넘기지 않는 것이 좋다. 평균적으로 대한민국의 자동차 평균 교환주기는 3년이며, 이쯤 되면 대부분의 오너들은 '요즈음 내 차 힘이 예전 같지 않아.'라거나 '이러다 운전하다 잘못 돼서 운행 중 서기라도 하면 돈이 엄청 들어갈 것 같은데……'라는 본인 차에 대한 쓸데없고 논리적이지도 않은 근거 없는 의심을 하기 시작하는 시기가 온다. 그 시기가 일반적으로 3년 간격이라고 할 경우 최초 차량 구입비용을 연봉의 40% 정도를 맞춰 구입하면 3년간 연봉 수준에 차량 가격은 10~13% 정도가 되고 이 정도면 전체적으로 부담스럽지 않은 소비가 된다. 위는 대한민국 직장인들의 소득 수준 그래프이다.

소득 수준만 따져 본다면, 우리나라 직장인들의 경우 연봉 대비 다음과 같은 차량이 소득 수준에 알맞은 구매라고 볼 수 있다.

연령	평균 연봉	구입 예산 (연봉의 40%)	신차		중고차	
20대	2,499만 원	1,000만 원	경차	O	경차	1~2년 차
			소형차	X	소형차	3~4년 차
			준중형차	X	준중형차	4~5년 차
			중형차	X	중형차	6~7년 차
			대형차	X	대형차	9~10년 차
30대	3,761만 원	1,500만 원	경차	O	경차	전체
			소형차	O	소형차	0~1년 차
			준중형차	△	준중형차	1~2년 차
			중형차	X	중형차	3~4년 차
			대형차	X	대형차	5~6년 차
40대	5,060만 원	2,000만 원	경차	O	경차	전체
			소형차	O	소형차	전체
			준중형차	O	준중형차	전체
			중형차	△	중형차	1~2년 차
			대형차	X	대형차	3~4년 차
50대	4,883만 원	1,950만 원	경차	O	경차	전체
			소형차	O	소형차	전체
			준중형차	O	준중형차	전체
			중형차	△	중형차	1~2년 차
			대형차	X	대형차	3~4년 차

- O=구입 가능, △=일부 트림만 구입 가능, X=구입 불가능
- 신차 차량 기준은 국산차, 판매량 높은 차종, 자동변속기 기준, 프로모션 제외
- 중고차 선정 기준은 국산차, 판매량 높은 차종, 중간 등급, 자동변속기
- 평균 연봉 : 남자 직장인 기준

대부분 본인의 소득 수준보다 더 좋은 차가 눈에 들어오는 것은 당연하다. 하지만 자동차는 구입과 동시에 감가 시계가 칼같이 째깍째깍 돌아가는 대표적인 감가 소비재이기에 합리적인 소비를 항상 염두에 두어야 한다.

마음을 더 시무룩하게 하는 사실은 매년 새롭게 출시되는 신차 가격과 또 이러한 신차가 시장에 들어오게 되는 중고차 가격 두 가지 모두 갈수록 비싸지고 있다는 것이다. 연봉이 오르는 속도보다 훨씬 빨리! 그래서 우리는 갈수록 차량을 구입하는 데 있어 감성적인 판단보다 이성적인 판단을 하거나 좀 더 좋은 차량의 선택 기회가 있는 중고차 구입을 적극적으로 고려해야 한다.

02 | 유지비에 맞는 중고차 고르기

대부분의 기혼 남성들이 아내들에게 원하는 차량을 이야기할 때를 보면, 차량 구입 예산에 매년 소요되는 유지비는 언급하지 않는다는 걸 알 수 있다. 차량을 구입하러 온 대부분의 남성 구매자들이 그러했다. 하지만 필자가 생각하기에 그들은 유지비를 고려하지 않은 것이 아니라, 일단 차량을 구입한 후에 생각하는 것이 좋겠다는 심리였던 것으로 보인다. 그럼 대체 내 차를 가지고 있으면 얼마만큼의 유지비가 들까?

번호	비용 항목	1년 유지비용	기타
1	유류비	3,038,000원	월 평균 253,000원
2	주차비	656,000원	월 평균 54,000원
3	보험료	628,000원	
4	소모품	298,000원	
합계		4,620,000원	

● 녹색소비자 연대 조사 결과(2013.2)
● 일주일에 4회 이상 운전하는 전국의 자가용 차량 운전자 882명 대상 조사 결과

앞의 설문조사는 2013년 녹색소비자 연대 조사 결과이다. 대부분의 운전자들이 차량 유지비가 생활비의 10분의 1 정도 혹은 약간 상회한다고 답변했다. 그런데 유지비에는 이것 말고도 실제 들어가는 비용이 더 많다. 앞에서 살펴본 설문조사에서 기본적인 유지비용으로 생각할 수 있는 것이 배기량별로 부과되는 자동차세이다.

차령 / 배기량	3년 미만	3년 차	4년 차	5년 차	6년 차	7년 차	8년 차	9년 차	10년 차	11년 차
할인율	100%	95%	90%	85%	80%	75%	70%	65%	60%	55%
800cc	83,000	78,850	74,700	70,550	66,400	62,250	58,100	53,950	49,800	45,650
1,000cc	130,000	123,500	117,000	110,500	104,000	97,500	91,000	84,500	78,000	71,500
1,300cc	236,600	224,770	212,940	201,110	189,280	177,450	165,620	153,790	141,960	130,130
1,500cc	273,000	259,350	245,700	232,050	218,400	204,750	191,100	177,450	163,800	150,150
1,600cc	292,000	277,400	262,800	248,200	233,600	219,000	204,400	189,800	175,200	160,600
1,800cc	468,000	444,600	421,200	397,800	374,400	351,000	327,600	304,200	280,800	257,400
2,000cc	520,000	494,000	468,000	442,000	416,000	390,000	364,000	338,000	312,000	286,000
2,200cc	629,000	597,550	566,100	534,650	503,200	471,750	440,300	408,850	377,400	345,950
2,500cc	715,000	679,250	643,500	607,750	572,000	536,250	500,500	464,750	429,000	393,250
2,700cc	773,000	734,350	695,700	657,050	618,400	579,750	541,100	502,450	463,800	425,150
2,800cc	800,000	760,000	720,000	680,000	640,000	600,000	560,000	520,000	480,000	440,000
2,900cc	829,400	787,930	746,460	704,990	663,520	622,050	580,580	539,110	497,640	456,170
3,000cc	858,000	815,100	772,200	729,300	686,400	643,500	600,600	557,700	514,800	471,900
3,200cc	915,200	869,440	823,680	777,920	732,160	686,400	640,640	594,880	549,120	503,360
3,500cc	1,001,000	950,950	900,900	850,850	800,800	750,750	700,700	650,650	600,600	550,550
4,000cc	1,287,000	1,222,650	1,158,300	1,093,950	1,029,600	965,250	900,900	836,550	772,200	707,850
1톤 화물	28,500	27,075	25,650	24,225	22,800	21,375	19,950	18,525	17,100	15,675
2.5톤 화물	48,000	45,600	43,200	40,800	38,400	36,000	33,600	31,200	28,800	26,400
5톤 화물	79,500	75,525	71,550	67,575	63,600	59,625	55,650	51,675	47,700	43,725
소형 승합	65,000	61,750	58,500	55,250	52,000	48,750	45,500	42,250	39,000	35,750

(출처 : SK엔카)

- 2003~2012년 엔카 직영차량 소매판매(무사고, 적정 주행거리) 대상 차령 기준 매입가 평균
- 최근 수출 호조, 제조사 잔가 부양으로 최근 차량 잔가 상승
- 도, 소매 잔가차 : 대형차량, 연식 증가할수록 잔가차 감소

대표 차종 소매 잔가율

차종 \ 차령	1년 차	2년 차	3년 차	4년 차	5년 차	6년 차	7년 차	8년 차	9년 차	10년 차
준중형(아반떼)	70.9%	66.4%	59.1%	54.9%	49.5%	46.3%	40.5%	35.3%	28.8%	25.0%
중형(쏘나타)	68.3%	63.0%	56.1%	53.7%	46.3%	45.1%	37.0%	32.2%	26.9%	24.9%
중대형(그랜저)	68.1%	57.2%	49.8%	44.2%	41.0%	37.1%	33.2%	28.9%	26.7%	19.5%

차종 \ 차령	11년 차	12년 차	13년 차	14년 차	15년 차	16년 차
준중형(아반떼)	14.8%	15.2%	12.1%	12.5%	11.3%	10.7%
중형(쏘나타)	12.8%	11.8%	12.1%	9.2%	12.2%	7.5%
중대형(그랜저)	12.6%	11.5%	12.2%	9.9%	7.4%	7.3%

대상 차종

차종	차명	등급	기간
준중형 (아반떼)	아반떼 XD	1.5 DOHC DELUXE	2000~2003년
	뉴 아반떼 XD	1.5 VVT 디럭스	2003~2006년
	아반떼 HD	1.6 VVT S16 럭셔리	2006~2010년
	아반떼 MD	M16 GDI 럭셔리	2010년~
중형 (쏘나타)	뉴 EF쏘나타	2.0 GVS	2001~2004년
	NF쏘나타	N20 럭셔리	2004~2007년
	NF쏘나타 트랜스폼	N20 럭셔리	2007~2009년
	YF쏘나타	Y20 프리미어 고급형	2009~2012년
중대형 (그랜저)	그랜저 XG	Q25 SE	1998~2002년
	뉴 그랜저 XG	S25 기본형	2002~2005년
	그랜저 TG	Q270 럭셔리 기본형	2005~2008년
	그랜저 뉴 럭셔리	Q270 럭셔리 기본형	2008~2009년
	더 럭셔리 그랜저	Q270 럭셔리 기본형	2009~2011년
	그랜저 HG	HG300 노블	2011년~

앞에 나온 표에서 보다시피 대형차의 자동차세는 경차 자동차세의 10배 이상이나 차이가 난다. 따라서 내가 구입할 차량의 배기량을 정확하게 알고 유지비를 계산해 봐야 한다. 자동차세도 연초 미리 선납하면 전체 세금의 10%를 절감해주기 때문에 대형 배기량을 타는 오너들은 미리 미리 준비를 하여 연초에 선납하는 것이 세금을 절감하는 비법이다.

디젤차 엔진은 배기가스 배출 기준, 차령, 지역 계수 등의 여러 변수에 따라 매년 환경개선부담금을 내어야 한다. 또한 우리나라의 수많은 유료 고속도로, 터널, 다리 등을 지나가기 위해서는 많은 도로비도 내야 한다. 그리고 무엇보다 실제 비용으로 지출되지는 않지만 일반적으로 1년에 내 차 가격의 10분의 1 정도가 감가되어 사라져 간다.

이러한 유지비 지출 수준은 사용 유종, 차령, 배기량, 차량 가격, 연간 주행거리, 주차 공간 확보 여부 등 많은 요소들로 이뤄져 있다. 잠깐의 시간이면 계산할 수 있는 있으니 차량 구입 전 혹은 차량 구입 후 꼭 한 번 연간 유지비를 계산해 보기 바란다.

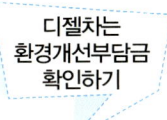

디젤차는 환경개선부담금 확인하기

디젤차 엔진은 배기가스 배출 기준, 차령, 지역 계수 등의 여러 변수에 따라 매년 환경개선부담금을 내어야 한다. 또한 우리나라의 수많은 유료 고속도로, 터널, 다리 등을 지나가기 위해서는 많은 도로비도 내야 한다. 그리고 무엇보다 실제 비용으로 지출되지는 않지만 일반적으로 1년에 내 차 가격의 10분의 1 정도가 감가되어 사라져 간다.

03 | 라이프 스타일에 맞는 중고차 고르기

1 출퇴근용

출퇴근용 차량을 고를 때 고려하는 제1순위는 유류비다. 유류비는 매일 매일 가격이 변동되지만 일반적으로 휘발유가 가장 비싸고, 경유가 휘발유의 89%, LPG가 휘발유의 55% 수준의 가격을 통상적으로 유지한다. 각 연료를 쓰는 차량의 연료 효율성은 경유〉휘발유〉LPG 순이다. 하나의 모델에 세 가지 엔진이 다 들어간 NF쏘나타 기준으로 살펴보면 휘발유는 경유 65% 수준의 연비이고, LPG는 경유 42%·휘발유 66% 수준의 연료 효율성을 나타낸다. 출퇴근의 거리가 길다면 유류비로는 디젤차가 가장 적합하다고 할 수 있다.

하지만 일반적으로 디젤차는 비싼 초기 구입비용이 들어가고, 엔진의 소모품 및 정기 교환 부품이 나머지 두 엔진보다 비싸기 때문에 디젤차로 구입하려면 될 수 있으면 작은 배기량의 승용 디젤차가 출퇴근에 적합하다. 조금 다른 생각을 해본다면 출퇴근용 차량이 꼭 좋은 차량일 필요가 있을까? 수도권의 출퇴근 시간대 자동차 10대 가운데 8대는 운전자 혼자 타고 있는 차량이라고 한다. 그렇게 본다면 필요 이상 큰 차보다는 작은 차가 더 낫다.

가다 서다를 반복하는 구간이 아니라 긴 거리를 고속 주행해서 출퇴근한다면 수동 차량을 고려해보는 것도 좋다. 교통체증이 있는 곳이라 하더라도 숙달된 수동 운전자라면 운전의 색다른 재미도 느낄 것이다. 추천하는 차량은 10년 차 소형 수동 차량이다. 구입 가능한 금액은 100만 원 정도다. 구입할 때 타이밍벨트와 타이어만 성하다면 3~4년 운용하고, 차량에 이상이 생기면 그냥 폐차해도 된다. 폐차하고 또 돈도 받을 수 있다. 그러고 나서 진짜 내 차는 주말용으로 사용할 근사한 차를 구입해서 운용해볼 것을 추천한다. 앞에서 언급했던 유지비를 계산해 보면 거의 차이가 나지 않는 걸 알 수 있다.

2 근거리 생활용

일반적으로 근거리 생활용 차량은 마트에 장을 보러 가거나 시내처럼 짧은 거리를 이동하거나, 학교를 통학하는 등의 용도로 많이 쓰인다. 대표적인 차량은 경차와 낮은 배기량의 소형차량이다. 도심지에서 마력이 강하고, 토크가 강한 차는 필요하지 않다. 그보다 다른 차량이 못 들어가는 좁은 골목길을 통과하고, 좁은 공간에 주차가 가능하고, 거기에다 고속도로 통행료, 주차요금 할인 혜택까지 받는 것이 근거리 생활용 차량에 적합하다.

3 여행, 레저용

소득 수준이 높아지고 주5일제가 정착되면서 금요일 퇴근 시간 무렵부터 토요일 오전까지 수십, 수백만 명이 고속도로와 외곽으로 이어지는 도로를 따라 이동하고 또 이동한다. 다름 아닌 여행과 레저를 즐기기 위해서다. 이때 운전자들의 성향에 따라 다음과 같이 차량을 구입할 수 있다.

이동 제일주의

다른 운전자들이 다 서 있을 때 혼자서 버스 전용 차선을 타고 달릴 수 있다면 여행에서의 피로도 덜하고, 여행지에서의 추억도 훨씬 많이 쌓을 수 있다. 기준은 9인승 이상의 승용·승합차가 되어야 하고, 실제 탑승은 6명 이상이 타야 한다. 대표 차종은 카니발, 스타렉스, 트라제 XG 등이다.

차에서 모든 것을 해결하는 주의

최근에 운전을 하다 보면 도로에서 캠핑 트레일러를 보는 것이 어렵지 않다. 무게 있는 캠핑 트레일러를 끌기 위해서는 고배기량 엔진과 그 힘을 전달하고 견디어 줄 수 있는 변속기가 탑재되어 있는 차량이 필요하다. 트레일러가 뒤쪽에 견인되었을 때, 차량 뒤쪽이 처지지 않도록 강성이 있는 쇼크 업소버나 에어 소버가 있는 차량이 적합하다. 최근 많이 선호되어 보급되고 있는 도심형 소형 SUV는 캠핑이나 장거리 여행용으로는 수납 공간 부족 등의 부족한 점이 많다. 우리나라에는 고배기량의 S엔진을 탑재한 베라크루즈나 모하비 정도가 대표 차종이다.

04 | 세컨드카로 중고차 고르기

한 집에 두 대 이상의 차량을 보유하는 것이 그리 특별한 일이 아닌 시대가 왔다. 매장에 차량을 구입하러 오는 사람들 중에 기존 차량을 유지하면서 여러 가지 이유로 흔히 세컨드카라고 부르는 두 번째 차를 구입하는 경우가 많다. 특히 세컨드카의 경우 중고차 수요가 더욱 많다.

세컨드카의 단골 경차 세컨드카로 가장 많이 찾는 차량은 경차이다. 장점으로는 유지비 절감, 구입 시 취득세·등록세 면제, 좁은 주차 공간 활용 가능 등이 있다.

다인승 승합차 승합차는 예전에 짐을 무조건 많이 실을 수 있는 것에서 보다 안락하고 고급스러운 여행이 가능한 콘셉트의 차량이 많이 늘었다. 특히 11인승 승합차는 세금이 6만 5천 원으로 부담도 적다. 물론 보험료는 승합 보험이 처음이면 높겠지만 연간 보험 할인율이 동급 배기량 기준 자동차세 할인율보다 더 높다.

픽업차 우리나라에서는 쌍용에서만 공략하고 있는 무쏘 스포츠, 엑티언 스포츠 그리고 코란도 스포츠까지의 픽업차도 세컨드카로는 아주 좋은 조건을 가지고 있다. 우선 연간 자동차세가 3만 원이 채 되지 않으며, 4륜으로 출고하면 악천후나 위험한 주행 조건일 때 사용할 수 있다. 또 레저 활동 시 가장 어울리는 역할을 해줄 차량이기도 하다. 보험료 상승에 대한 부담 역시 승합차와 같이 설명이 가능하다.

패션카, 스포츠카 첫 번째 차량이 평범한 차량이라면 두 번째 차량은 디자인이 예쁘고 멋진 패션카 혹은 강력한 달리기 실력을 자랑하는 스포츠카의 조합도 좋다.

05 | 수입 중고차 고르기

수입차 점유율이 10%가 넘어서면서 내수 시장의 수입차 바람이 본격화되고 있다. 지금의 성장세면 3년 안에 10% 후반까지 성장할 수 있을 것이다. 그동안 누적 판매된 수입차들은 시간이 지나 중고차 시장에 나오게 되었고, 그래서 더 이상 중고차 시장에서 수입차 보는 일은 그리 어렵지 않게 되었다. 곧 있으면 몇몇 베스트셀러 수입차들은 중고차 시장에서 쏘나타나 그랜저와 같은 국산차처럼 거래될 것이다.

최근 들어 많은 사람들이 수입차 구입을 생각하게 됐는데 그 이유는 가치의 희소성으로 수입차를 사면 비교적 쉽게 남과 차별화를 이룰 수 있고, 엔트리급의 다변화로 국산차 구입비용에서 조금만 더 보태면 수입차를 살 수 있게 되었기 때문이다. 게다가 최근 대세였던 하이브리드 카에서 다시 효율성을 앞세운 디젤엔진이 시장의 우위를 점하기 시작한 것도 한몫

했다. 더욱이 이러한 시장 변화를 현대·기아차 등의 내수 브랜드가 시장 점유율 측면에서 효과적으로 막아내지 못했고, 그 결과 내수 시장에서 수입차의 비중은 커져가게 되었다.

그렇다면 중고 수입차를 사려고 할 때 무엇을 고려해야 할까?

중고 수입차는 대부분 3년 차 차량이 시장에 많이 분포해 있다. 이유는 자동차 금융회사에서 리스나 렌트 반납으로 들어오는 차량들의 리스·렌트 완료주기가 대체적으로 3년이기 때문인데, 이는 곧 신차보증기간의 만료와 맞물려 있다. 개인 운전자도 대부분 3년을 전후해서 수입차를 파는 경우가 많다. 이는 보증기간이 지나면 수리비 및 소모품비용에 대한 부담이 생기기 때문이다. 이러한 부담은 중고 수입차를 사고자 하는 사람들에게 고스란히 넘어오게 된다.

한 예로 BMW는 차량의 안전을 위해서 한국에 수입되는 전 모델에 런플랫 타이어(주행 중 타이어가 펑크 나더라도 약 80km/h 속도로 일정거리를 이동할 수 있는 고성능 타이어)를 채택하고 있는데, 아무리 안전한 타이어라 하더라도 소모품이기 때문에 정기 교환을 해야 한다. 그런데 런플랫 타이어는 작은 타이어일 경우 일반적으로 1개에 50만 원, 4개를 다 바꾸게 되면 무려 200만 원이 소요된다. 일반 운전자라면 타이어 4개 교환에 200만 원이라고 하면 미리 겁부터 먹게 되고, 중고 수입차는 선뜻 사기 어려운 존재가 된다.

> **수입 중고차 사기**
>
> 중고 수입차는 대부분 3년 차 차량이 시장에 많이 분포해 있다. 이유는 자동차 금융회사에서 리스나 렌트 반납으로 들어오는 차량들의 리스·렌트 완료주기가 대체적으로 3년이기 때문인데, 이는 곧 신차보증기간의 만료와 맞물려 있다. 개인 운전자도 대부분 3년을 전후해서 수입차를 파는 경우가 많다. 이는 보증기간이 지나면 수리비 및 소모품비용에 대한 부담이 생기기 때문이다.

하지만 이는 경험해보지 못한 데서 비롯되는 두려움으로 사실과 다른 부분도 많다. 앞서 예로든 타이어도 꼭 신차가 출고될 때 장착된 고가의 런플랫 타이어로 교환하지 않아도 된다. 물론 안전을 위해서 런플랫 타이어를 사용하면 그만큼 장점이 있으나 일반 타이어 4개 교환가격의 4배가 넘는 비용을 지불할 만큼 장점을 느끼지 못한다면 일반 타이어로 교환해도 상관없다. 일반 타이어를 장착한다고 해서 차량 성능에 전혀 영향을 미치지 않기 때문에 운전자의 필요에 따라 알맞은 타이어를 고르면 된다.

따라서 수입차를 살 때는 예산과 계획을 철저히 세우는 것이 더욱 중요하다. 구입하는 차의 가격뿐만 아니라 차를 타는 기간에 따라 발생하는 유지비, A/S센터의 자세한 정보 등 차에 대한 다양한 정보를 잘 파악하고 구입하도록 하자.

물론 수입차의 소모품이나 부품이 절대적으로 국산차에 비해 저렴하지는 못하다. 전체적으로 A/S망이 턱없이 부족하고, 국내 A/S 기술의 노하우나 경험이 부족하기 때문에 고장 난 부분에 대한 수리가 아닌 기능 모듈별로 수리를 하여 차량 소유주에게는 무척 부담스런 정비가격이 나오는 경우도 많다. 때문에 현명한 소비자라면 중고 수입차를 마련할 기회는 많으므로 여러 정보를 확인하고 합리적으로 중고 수입차를 사는 것도 좋은 방법이다. 하지만 단순히 그냥 예뻐서, 남들과 다르게 보이고 싶어서 계획 없이 타는 중고 수입차는 사고 나서 차주에게 많은 문제와 고민을 안겨주기도 하니 주의해야 한다.

chapter 3

옵션과 엔진 어떻게 골라야 할까?
중고차 옵션과 엔진 적절하게 고르는 법

01 | 중고차 인기 옵션 VS 비인기 옵션
: 차량 옵션 선택하기

신차 카탈로그를 들여다보면, 가장 많은 글이 바로 차량의 옵션에 대한 것이다. 다양한 옵션들이 차량의 등급을 나누고, 또 차량에 차별성을 부여한다. 일반적으로 중고차 시장에서는 무조건 옵션이 많은 차량을 고르라는 말이 있다. 이유인즉 신차 출고 당시 선택하는 옵션들은 주문하는 대로 내가 지불해야 하는 신차 가격에 다 포함이 되지만, 중고차는 그렇지 않기 때문이다.

중고차 시장에서 선호되는 옵션에 대해서 잠깐 이야기해 보자. 먼저 선루프이다. 필자의 차에도 있는 선루프는 솔직히 한 달에 몇 번 안 쓰는 옵션 중에 대표적인 옵션이다. 특히 신차를 주문할 때 선루프 선택 시 일반적으로 신차 출고 기간이 길어져 많은 신차 영업사원은 선루프를 빼고 주문할 것을 이야기하면서 온갖 선루프 무용론을 펼친다. 선루프가 그렇게 힘들게 탄생해서일까? 중고차 시장에서는 선루프의 유무로 많은 가격 차이가 나타난다.

SK엔카에 따르면 선루프가 있는 차량과 선루프가 없는 차량의 판매 소요 시간은 평균적으로 2주 이상 차이가 난다. 최근 파노라마 선루프가 탑재된 차량이나, SUV, RV차량의 경우에는 더욱 절대적으로 차이가 난다. 이러한 선루프는 이름처럼 햇볕

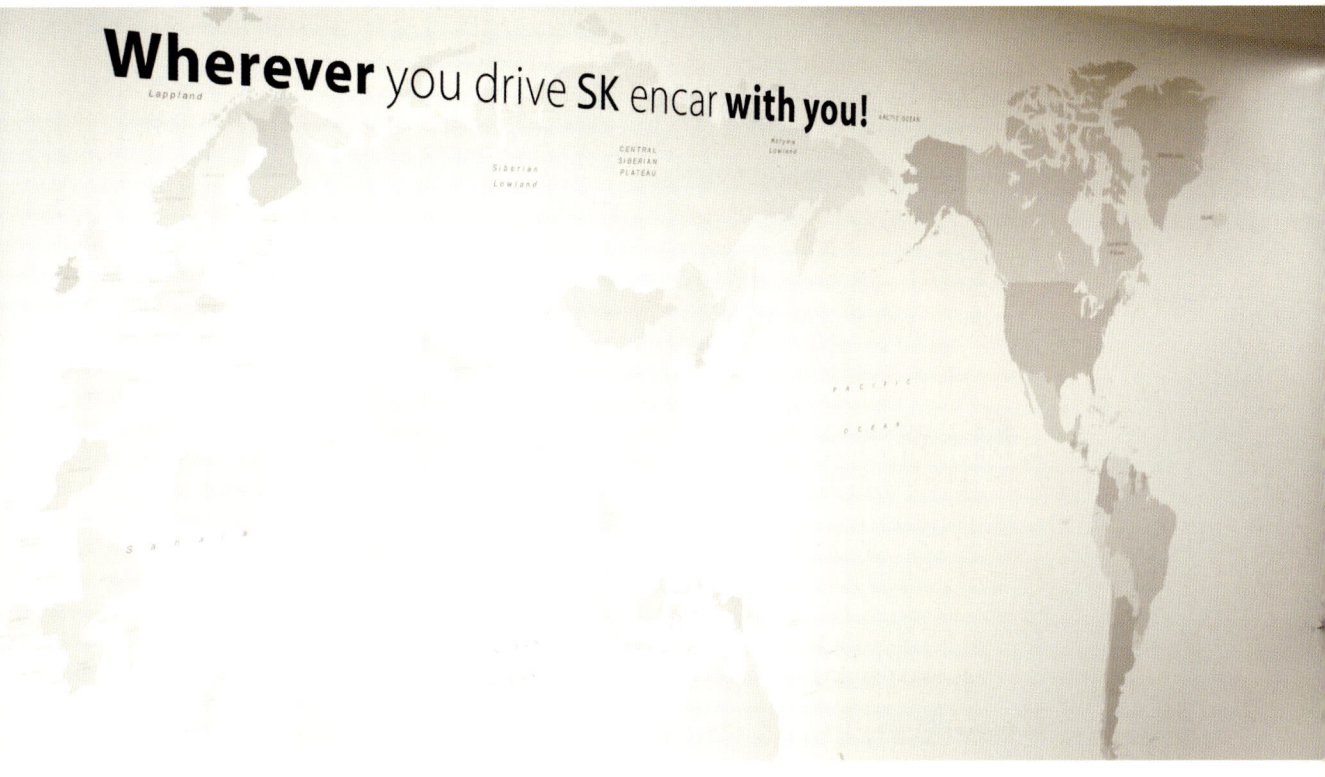

을 차안으로 들이거나 통풍을 시키는 기능보다는 외관을 돋보이게 하는 디자인적인 기능 때문에 인기가 더 있는 것이 아닌가 한다. 이 글을 읽는 독자는 반드시 신차를 주문할 때 선루프를 주문하고, 중고차를 살 때는 선루프 있는 차량을 구입하는 것이 돈 버는 지름길이다.

최근에 나오는 국산차는 경차와 소형차에 에어백과 ABS가 기본으로 탑재되어 있다. 그런데 연식이 조금 있는 경제적인 차량을 살 경우, 같은 연식 등급이라 하더라도 에어백은 선택 사항이기 때문에 있을 수도 없을 수도 있다. ABS의 경우 준중형차까지 탑재되지 않은 차량이 더 많다. ABS와 에어백은 너무나 중요한 옵션이다. 이 옵션들은 자동차 보험을 넣을 때 할인이 되는데 이것은 사소한 장점에 불과하다고 할 정도로 장점이 많다. 그러니 연식이 있는 차량을 살 경우 ABS와 에어백이 탑재되어 있는지 꼭 확인해 보고 사도록 하자.

VDC는 급제동, 급선회 등 운전자가 차량을 조절하기 힘든 상황에서 각 바퀴의 브레이크 압력 및 엔진 출력을 능동적으로 제어하여 안정된 차량 자세를 잡아주는 안전 시스템이다. 특히 차량의 높이가 높은 SUV나 RV차량을 구매할 때는 반드시 옵션으로 선택되어 있는지 고려해야 한다.

2000년대 미국에서 교통사고 사망률이 높은 차량은 지상고가 높은 SUV, RV차량이었다. 그러나 차체 자세 제어 장치인 VDC(=ESC)를 장착한 뒤 사고율이 35%나 낮아졌다. 이에 미국은 2011년 9월 이후 자국에서 생산되는 모든 차에 해당 옵션 장착을 법으로 의무화하였다. 그런데 아직 국내 차량 중 상당수가 해당 옵션이 없거나 선택 옵션이고, 무엇보다 도심형 SUV같이 가격이 낮은 차량은 높은 등급만 선택하게 하여 안전을 선택하게 하고 있다. 그러니 SUV, RV차량을 살 때는 반드시 VDC를 탑재하거나 탑재되어 있는 차량을 고르도록 하자.

옵션 장착 확인하기

내비게이션, AV, 하이패스 등은 이미 중고 시장에서 순정 수준 이상으로 올라간 제품이 많으므로 출고 후 선택하는 것이 더 좋은 경우도 있다. 하지만 고급 승용차는 중고 시장의 제품이 기능적으로 더 좋다 하여도 실제 차량이 판매될 때 출고 후 장착한 옵션보다는 출고 시 장착한 옵션에 대한 시장 가치를 더 인정하는 편이다.

HID(제논 헤드램프), 가죽시트, 열선시트 등은 출고 후에도 장착할 수 있는 옵션이지만 HID의 경우에는 구조 변경까지 완료된 차량을 선택해야 하고, 될 수 있으면 출고 후 장착한 차량은 사지 않는 것이 좋다. 가죽시트 역시 이후 시트 수리 등에 어려움이 발생될 경우 가죽시트 장착점이 아니면 A/S가 불가능하거나 어려운 경우가 있어 될 수 있으면 출고 후 장착한 차량은 선택하지 않는 것이 좋다. 열선시트도 마찬가지다.

02 | 디젤 · 가솔린 · LPG 내게 맞는 엔진 고르기

엔진은 원래 글을 읽고, 숫자로 나타나 있는 것을 참고로 판단하기보다 여러 가지 다양한 엔진을 몸소 접하고 느껴보면서 차이점과 장단점을 아는 것이 바람직하다. 가장 일반적인 엔진은 세단형 승용차에서 보이는 일반 가솔린 엔진이다. 기본적인 구조에서 실린더 배치 모양에 따라 V형 엔진, 수평대향 엔진, 직렬 엔진 등이 있고, 각각의 장단점이 있다. 그리고 연료분사 방법, 과급기 유무 등 알면 알수록 선택의 폭도 넓고 정보도 다양하다.

중요한 것은 기능과 성능이 좋아질수록 기계 자체가 복잡해지는데, 복잡해진다는 것은 많은 수리비가 든다는 것임을 알아야 한다. 예를 들어 터보 엔진을 장착한 국산차가 예전 스쿠프 알파 터보 엔진 이후에 여러 엔진 라인업에 들어가고 있다. 터보 엔진은 고출력 엔진이어서 시원한 주행능력을 보이지만 추가된 터보의 성능을 유지하기 위해서는 구입 후 차량 매뉴얼을 참고하여 꼼꼼하게 관리하는 것이 필수다. 그래야만 제대로 성능을 발휘하는 차량을 탈 수 있다.

디젤엔진은 압축비가 높고 연소음이 커 특유의 딸딸거리는 소리와 진동 때문에 일반 승용차에서는 선호되는 엔진이 아니었으나 최근 유럽을 중심으로 디젤엔진의 전성시대가 열리고 있다. 이는 디젤엔진 기술이 커먼레일식으로 바뀌면서 공기의 압축 기술이 올라가고, 많은 단점들이 개선되어 효율성이 좋아졌기 때문이다.
연비 위주의 운전자도 승용 디젤엔진이 어울리며, 특히 100km 위아래 실용 구간에서 폭발력 있는 토크 감을 중시하는 오너들에게도 선호 받는 엔진이 되고 있다.
LPG 엔진은 LPI 방식까지 진화되었으나 기본적으로 연료 효율이 획기적으로 더 나아지지 않고 있어, 정부의 LPG 가격이 더 내려와야 한다는 문제가 있다.

끝으로 하이브리드엔진은 말 그대로 과도기적 엔진으로 가솔린, 경유, LPG를 완전히 대체할 수 있는 동력이 개발될 때까지 일본을 선두로 계속해서 시장을 확대해

> **친환경 엔진이 대세**
>
> 현재 엔진의 대세는 다운 사이징을 통한 소형화이고, 소형화로 만들면서도 기존의 출력이나 성능은 유지하거나 오히려 개선시키는 회사가 시장을 선도하고 살아남을 것이다. 소형화와 함께 중요한 또 한 가지는 친환경 엔진이다.

나갈 것이다. 다만 중고차 시장에서는 배터리 내구성과 교체비용에 대한 문제, 아직은 답답한 주행감 등을 이유로 프리우스 같은 베스트셀러 외에는 적극적인 수요가 일어나고 있지는 않다.

기름을 펑펑 쓰면서 우렁찬 엔진 음을 내는 슈퍼카가 칭송받는 시대는 이미 종말을 고했다. 현재 엔진의 대세는 다운 사이징을 통한 소형화이고, 소형화로 만들면서도 기존의 출력이나 성능은 유지하거나 오히려 개선시키는 회사가 시장을 선도하고 살아남을 것이다. 소형화와 함께 중요한 또 한 가지는 친환경 엔진이다. 고출력을 내면서도 친환경적인 엔진을 만들어 내는 것이 시대가 원하는 진정한 기술 발전의 방향일 것이다.

일명 하이브리드 엔진으로 불리는 친환경 엔진이 지속적으로 개발되고 있고, 저배기량 차량이 꾸준한 인기를 끌고 있다. 하이브리드 엔진처럼 높은 기술로 엔진 효율을 높이고 터보 직분사, 슈퍼 차저 기술을 집약시키는 경우가 많다. 예를 들면 BMW5 시리즈는 1,000cc 다운사이징을 적용했다. 다시 말해 국산차, 외제차의 경우에서도 신기술이 개발되면서 고배기량은 찬밥신세인 셈이다.

하지만 풀 옵션의 승차감이나 차량의 안락함을 누리기 위해 에쿠스나 벤츠 같은 대형 차량을 선택하는 경우도 있음을 알아두자.

chapter 4 사고차의 비밀
사고차에 대한 모든 것

01 | 잘만 사면 사고차가 효자차

흔히 중고차를 구입하기 위해 온라인, 오프라인에서 차량을 살펴볼 때 우리나라 사람들이 가장 신경 쓰고 제일 먼저 따져보는 것은 '무사고' 여부이다. 크고 작은 사고를 떠나 구입 전에 자신이 구입할 차량이 사고차라는 사실을 알게 된다면 그 누구라도 쉽게 넘어가지 못한다. 사고가 났던 차는 현재 무언가 문제가 있거나 앞으로도 지속적으로 문제가 생길 수도 있다는 생각을 하기 때문이다. 하지만 '사고차'는 곧 '나쁜 차'라는 등식이 반드시 성립하는 것은 아니다. 중고차란 사고 여부보다는 현재의 성능이 어떤가가 더욱 중요하기 때문이다. 중고차 시장에서 사고차보다 더 큰 문제는 사고차를 무사고차로 속여 비싸게 판매하는 것이다. 사고가 났던 차라도 수리만 잘 됐다면 성능에는 별 지장이 없고 가격 면에서 무사고차보다 저렴하기 때문에 오히려 적은 예산으로도 좋은 차를 살 수 있는 기회가 되기도 하기 때문이다. 도색된 차도 마찬가지다. 중고차를 살 때 도색이 됐다면 꺼리는 사람들이 많지만, 중고차의 특성상 외관에 흠집이나 찌그러짐 등이 있어 도색을 해야 할 때가 있다. 즉, 도색을 한 차가 반드시 나쁜 차는 아니라는 것이다. 리모델링한 집이 더욱 높은 가치를 가지는 것처럼 차도 도색하고 가꿔 외관이 깨끗하다면 더 높은 가치를 가진다. 물론 사고가 났던 차는 반드시 모든 사고이력을 구매자에게 알려줘야 하고, 가격 면에서 무사고 차량보다 저렴해야 한다. 운전 경력이 쌓였고, 차에 대한 지식도 어느 정도 있다면 굳이 무사고차를 고집할 필요가 없다. 무사고차만을 고집하는 경향은 오히려 사고차를 무사고차로 속여 파는 딜러들을 양산하게 된다는 점도 잊지 말아야 한다.

02 | 범퍼를 교환했는데 왜 무사고일까?

사고차는 무엇이고, 무사고차는 무엇일까? 중고차를 사고차와 무사고차를 나누는 기준은 일반인이 생각하는 그것과는 다르다. 범퍼 교환 등의 외부 패널은 사고차가 아니라는 것이다. 자동차는 구조적으로 아주 많은 부품들이 서로 연결되어 있으며 그중 대부분의 부품들은 상호작용하는 유기적인 형태를 취하고 있다. 이렇게 서로 연결된 부품들은 자동차가 움직이기 위해서만이 아니라 자동차의 강성을 유지시키거나 충격을 분산시키기 위해서도 존재한다. 이는 우리가 흔히 볼 수 있는 구동계의 서스펜션이나 크로스멤버 같은 부분이다. 하지만 이런 부품들의 목적과 조금 다른 형태의 부품이 있다. 바로 충돌사고 등 만일의 경우에 대비하는 역할을 하는 부품들이 존재하는데 이 중에서 일반인들이 가장 쉽게 볼 수 있고 이해하고 있는 부품이 바로 범퍼라는 부분이다.

범퍼는 차량 전면과 후면에 장착되어 충격을 감소시키는 목적으로 이용된다. 기본적인 목적은 소모품으로써의 성격이 강한 부품인 것이다. 물론 자동차의 멋진 디자인의 한 부분으로서의 역할도 비중이 높지만 기본적인 역할을 본다면 디자인된 소모품으로 보는 것이 가장 적절하다고 생각된다. 시내에서 흔히 볼 수 있는 저속 접촉사고 시 손상되는 부분 중 가장 빈도수가 높은 부분을 생각해 본다면 바로 범퍼이다. 이는 정말 당연한 결과이다. 범퍼는 부딪힐 때 충격을 흡수하기 위해 파손이 잘 되도록 만들어졌다. 그래서 차량 전면, 후면에서도 가장 튀어나와 있다. 원래 만들어진 목적이 충격을 위한 부분이기 때문에 당연할 수밖에 없는 결과이다.

이렇게 충격 흡수를 위한 부품 범퍼를 교체하는 수리를 받은 차량이 왜 사고차가 아닌 것일까? 범퍼를 교체했다는 것은 분명히 사고가 났기 때문일 텐데 말이다. 물론 그러하지 않은 경우도 존재하기는 한다. 자차에 대한 애정이 아주 큰 차주인 경우 작은 흠집 또는 파손만으로도 아무 이상 없는 범퍼를 교체하는 경우가 있다. 하지만 보통 사람들의 경우 그러하지는 않으니 그러한 경우는 논외로 하기로 한다.

범퍼 교환이 왜 사고차가 아닌지 설명하자면 차량은 크게 기본 골격 즉, 사람으로 비유하자면 뼈에 대한 부분인 프레임과 사람들이 입는 옷 즉, 외부 패널 이 두 가지 부

> **범퍼 교환은 사고차 아니다**
>
> 사실 사고라는 단어의 의미 안에서 약간의 모순일지도 모르지만 범퍼가 부담할 수 있는 충격 이상으로 범퍼 뒤에 프레임 부분의 손상 여부 및 충격 정도가 더 중요한 부분이다. 범퍼 교환은 그 뒤 프레임 손상 여부를 알아봐야 할 상관관계에 있는 것 중에 하나일 뿐 차량의 손상 여부 판단의 절대적인 것이 아님을 기억하자.

분으로 나누어서 생각할 수가 있다.

　자동차의 프레임은 공장에서 기계를 통해 용접이라는 방법으로 프레임을 조립하게 된다. 프레임이 조립되면 외부에 멋진 디자인이 된 외장 패널을 부착하고 도색을 통해 차량을 완성한다. 크게 이 두 가지 과정 속에서 무사고와 사고를 나누는 기준이 생긴다. 용접으로 조립된 부품과 볼트로 조립되는 부품, 자동차의 뼈대를 이루는 프레임이 용접이라는 가공 방법을 통해서 조립되며 범퍼, 도어, 펜더 등은 볼트를 이용하여 프레임에 부착이 되어 조립된다. 사고가 발생했을 시 용접으로 가공된 프레임 등에 충격을 받아 수리를 할 경우는 사고차로 분류되며 볼트 등으로 조립된 외부 패널이 사고로 인해 손상되어 교체하는 경우 단순 교환 그중에서도 완충 작용을 위해 존재하는 범퍼라는 부품은 단순 교환도 아닌 무사고로 분류가 된다. 사실 사고라는 단어의 의미 안에서 약간의 모순일지도 모르지만 범퍼가 부담할 수 있는 충격 이상으로 생긴 범퍼 뒤에 프레임 부분의 손상 여부 및 충격 정도가 더 중요한 부분이다. 범퍼 교환은 그 뒤 프레임 손상 여부를 알아봐야 할 상관관계에 있는 것 중에 하나일 뿐 차량의 손상 여부 판단의 절대적인 것이 아님을 기억하자.

03 | 차 문을 교환했는데 왜 무사고일까?

　차 문이 교환된 차량을 구입하면서 "문이 교환되면 주행 시 바람이 들어오지 않나요?"라는 질문을 하는 사람이 의외로 많다. 일반적으로 차 문을 교환했다고 해서 차량의 풍절음이 들리거나 실내로 바람이 들어오지 않는다.

　최근 자동차 보험으로 인한 차량 수리가 많아지면서, 판금에 대한 수리 시간을 인정하지 않는 자동차 보험 보상 정책상 대부분의 문 수리 차량들이 판금을 할 수 있음에도 불구하고 간단한 교환으로 진행되는 것뿐이다. 그래서 단순하게 문짝만 교환한 경우 수리 후 풍절음이 들리거나 바람이 들어오는 경우는 있을 수 없다. 다만 정말 주행 시 문에서 그러한 일이 일어난다면 문을 둘러싸고 있는 A, B 필러와 쿼터패널의 손상으로 인해 일어나는 일이고, 대부분의 성능점검 진단이나 SK엔카 자체 진단 시 문을 교환할 경우 해당 문 주변의 프레임은 전부 확인하고 있다.

chapter 5

이런 중고차는 꼭 사라
절대 놓쳐서는 안 되는 중고차 알아보기

01 | 인기 있는 중고차? 인기 없는 중고차?

> **인기 있는 중고차**
>
> 전 차주가 남자였는지 여자였는지, 직업이 선생님이었는지 영업사원이었는지, 혹은 나이대가 30대였는지 50대였는지에 따라서 인기도가 달라진다. 아무래도 차량을 소중하게 여기고, 잘 관리하고, 운전습관도 비교적 안정적인 40~50대 공무원 혹은 직장인들의 차가 더 인기가 높다.

중고차도 마트에서 진열되어 있는 여러 가지 상품처럼 일종의 상품이다 보니 인기 있는 중고차도 있고, 상대적으로 인기가 없는 중고차가 있는 것은 당연하다. 똑같은 모델에 똑같은 사양, 같은 연식에 거의 비슷한 주행거리, 똑같은 무사고 차량이라도 여러 가지 요인으로 인기도가 달라진다. 중고차를 살 때 인기 있는 차를 사는 것은 살 때도 좋고, 나중에 되팔 때도 좋다. 그럼 대체 어떤 중고차가 인기가 있을까?

인기 있는 중고차는 당연한 이야기겠지만 좋은 자동차 제조사에서 정성들여 개발하고 제작한 품질이 좋은 자동차다. 하지만 그러한 제조사나 모델의 인기를 떠나 차량 이외의 요소들에 의해서 중고차의 인기가 결정되기도 한다. 그럼 어떠한 것들이 인기 있는 중고차 혹은 인기 없는 중고차로 만드는지 살펴보도록 하자.

첫째, 전 주인의 문제이다. 전 차주가 남자였는지 여자였는지, 직업이 선생님이었는지 영업사원이었는지, 혹은 나이대가 30대였는지 50대였는지에 따라서 인기도가 달라진다. 아무래도 차량을 소중하게 여기고, 잘 관리하고, 운전습관도 비교적 안정적인 40~50대 공무원 혹은 직장인들의 차가 더 인기가 높다.

둘째, 차량의 관리 상태이다. 당연히 차량의 관리 상태가 좋은 차량이 인기가 높다. 차량의 관리 상태는 적당한 주기별로 교체한 이력이 남아 있는 소모성 부품들의 상태를 보면 금방 파악할 수 있고, 차량의 외관도 관리를 한 차량과 아닌 차량의 인기도는 엄청나게 차이가 날 수밖에 없다.

셋째, 차량 내 흡연 여부이다. 운전자에게 차량은 단순히 운전을 위한 도구가 아니기 때문에 차량의 내부 환경은 굉장히 중요하다. 일단 운전자의 흡연 여부는 차량 내부에 냄새가 남아 있어서 금방 인식할 수 있고, 담배를 피운 운전자의 차량 곳곳에는 그 흔적이 남게 된다. 꼭 흡연 말고도 애완동물을 데리고 탄 경우에도 그 관리 상태 여부에 따라서 상당한 인기 차이가 난다.

넷째, 운행 지역 문제이다. 주로 바닷가 근처에서 운행된 차량은 바닷물로 부식이 잘 되어 인기가 많이 떨어진다. 실제 조그만 섬에서 운용된 차량을 진단해 보면 하부에 부식이 많은 경우를 목격할 수 있다. 이러한 극단적인 경우를 제외하고도 포장이 잘 된 지역에서 주로 운행되어 차체에 진동이 별로 없는 차량과 산악 지형이나 비포장 도로가 많은 지역에서 운행된 차량의 인기는 역시 다르다.

다섯째, 차량 내 추가 옵션 설치 여부이다. 시대에 따라 그 시대상에 맞는 옵션 트렌드가 형성된다. 몇 년 전만 해도 ABS니 TCS니 하는 기능이 상당히 특별한 옵션이었다. 하지만 지금은 거의 모든 RV, SUV차량에는 기본으로 장착되어 있다. 최근에는 선루프, 그것도 길게 천정 전체가 개폐되는 파노라마 선루프나 사이드 에어백, 좋은 사양의 내비게이션, 블랙박스를 추가로 장착한 차량이 이미 가격에 반영되어 있겠지만 인기가 높다.

여섯째, 운전자의 운전습관이다. 운전자의 운전습관이 어떠했는지는 차를 사는 사람이 간단히 파악하기는 어렵다. 하지만 똑같은 차량이라도 기업에서 중역이 사용했던 차량과 제주도에서 단기 렌터카로 사용되었던 차량은 겉은 똑같아도 사용자의 운전습관이 차량에 그대로 남아 있어 어디에서건 차이가 난다.

일곱째, 차량의 운행 목적이다. 차량이 출퇴근용이었는지, 주말에 주로 사용하는 놀이 행사용이었는지에 따라 인기가 다르다. 아무래도 출퇴근용 차량은 주행거리는 길지만 일정한 도로에서 주로 사용되어서인지 차량의 상태가 비교적 양호한 경우가 많고, 주말에 잠깐 놀이행사용으로 사용한 차량은 주행거리는 짧지만 어디에 다녔는지에 따라서 차량의 상태가 좋지 않을 수도 있다. 특히 출퇴근용 차량의 경우 고속도로 주행을 주로 했다면 좀 더 후한 점수를 받을 수 있다.

여덟째, 전 차주의 취미이다. 특히 RV, SUV차량의 경우 전 차주가 뒤에 캠핑카를 끌고 들로 산으로 다니는 걸 즐겼던 경우와 자전거를 뒤에 싣고 다녔던 경우는 차량의 상태가 다르다. 때문에 인기도 역시 달라진다고 할 수 있다. 최근에는 캠핑족이 늘면서 캠핑용으로 운행했던 차량의 인기도가 상승하는 중이다.

아홉째, 차량의 색상이다. 우리나라에 있는 차량의 색깔은 검정색, 은색, 흰색이 반 이상을 차지한다. 이러한 차종들이 되팔 때에도 비교적 무난하게 거래된다. 특정 색상의 경우 단지 색상 하나 때문에 판매가 어려워질 정도로 인기도가 하락하기도 한다. 이런 걸 볼 때면 세상에 자기만의 개성을 드러내고 누리는 것도 새삼 공짜가 아님을 느끼게 된다.

앞서 나열한 요소들을 종합해 예를 들어 보면 ①취미가 테니스이고 ②비흡연자인 ③중학교 선생님이 ④출퇴근용으로 ⑤매 5천km마다 엔진 오일을 잘 갈고 ⑥각종 유수명 부품을 제때 잘 교환하고 ⑦일산 지역에서 운행한 차량은 인기가 높다. 반대로 ①흡연을 하는 운전자가 ②제주도에서 ③단기 렌터카용으로 사용했던 차량의 인기는 당연히 낮을 수밖에 없다. 여기에 차종과 모델 그리고 사양까지 다르다면 정말 전국의 국민 한 명 한 명 생김새만큼이나 다양한 중고차의 인기도 또한 천차만별일 수밖에 없다. 유지비가 저렴하고 통행료나 주차비를 대폭 할인해주는 경차라도 유가가 적당히 떨어지고 경기가 살아나면 인기도가 금방 식어버리기도 한다. 이외에도 이루 말할 수 없는 여러 가지 사유로 차량의 인기도와 가격이 달라진다.

이렇게 중고차의 인기를 결정짓는 요인들은 많다. 그래도 몇 가지 인기 있는 중고차의 공통적인 조건들을 살펴보면,

---

차량 색깔도 중요하다

우리나라에 있는 차량의 색깔은 검정색, 은색, 흰색이 반 이상을 차지한다. 이러한 차종들이 되팔 때에도 비교적 무난하게 거래된다. 특정 색상의 경우 단지 색상 하나 때문에 판매가 어려워질 정도로 인기도가 하락하기도 한다.

- 개성이 강한 차종보다는 일반적으로 많이 팔린 신차의 차종이 중고차 시장에서 인기다.
- 동종 차종에 동종 모델이라면 무난한 색상의 흰색, 은색, 검정색이 인기가 높다.
- 같은 조건이라면 관리를 잘한, 제때 손볼 것을 손본 차량이 인기가 높다.
- 잔 흠집이나 구부러짐, 얼룩 등이 없이 깔끔한 외관을 갖춘 차량이 인기가 좋다 (이는 운전자의 성격과도 관련이 있다).
- 외관만큼 내부도 깔끔하고 냄새가 좋은 차량이 인기가 좋다.

같은 차량이라도 이러한 요인으로 인기 있는 중고차가 되기도 하고, 인기 없는 중고차가 되기도 한다. 중고차를 살 때뿐만 아니라 팔 때도 이러한 점을 기억해 두면 반드시 도움이 된다.

02 | 연비 좋은 차는 어떤 차? 연비에 대한 모든 것!

자동차를 사기 전에 꼭 확인해야 하는 것은 바로 연비다. 중고차를 사기 전에 사람들은 '내가 살 차량은 연비가 좋을까, 나쁠까?', '경유가 좋을까, 휘발유가 좋을까?'와 같은 이런 수많은 고민을 하게 된다. 특히나 요즘에는 각 자동차 제조사마다 다양한 라인업의 엔진을 제작하고 있어서 소비자의 행복한 고민은 점점 늘어나고 있다. 예를 들어 현대자동차의 YF쏘나타 모델의 경우 3개의 휘발유엔진, 1개의 LPI엔진, 1개의 하이브리드엔진 등 같은 차종 안에서 무려 총 5가지의 엔진 타입을 생산하고 있다. 예전처럼 배기량만 선택하는 것이 아닌 유종과 배기량이 조합되는 선택을 할 수 있도록 폭넓은 조건을 소비자에게 제공하는 것이다. 물론 아직까지 많은 소비자가 가장 평범한 2.0 휘발유엔진을 선택하지만 자신의 운전습관, 주행패턴을 고려한다면 좀 더 다양한 선택도 할 수 있다.

그렇다면 유종에 따른 엔진의 특성은 무엇일까? 흔히 사람들은 휘발유엔진은 '조용하고 진동이 적다.' 경유엔진은 '시끄럽고 진동이 많다.'고 생각한다. 이처럼 엔진을 구동하기 위한 연료의 차이에 따라 자동차 엔진은 다른 특징을 보여준다.

1 휘발유엔진은 조용한데 디젤엔진은 왜 시끄러울까? (나에게 맞는 엔진 찾기)

휘발유엔진이 경유엔진보다 조용하고 진동이 적다라는 사실만으로도 많은 사람들은 차량을 살 때 경유엔진 차량보다 휘발유엔진 차량을 좋아한다. 요즘에는 각 자동차 제조사에서 같은 모델이라도 다양한 엔진 라인업을 운용하고 있기 때문에 같은 모델에서도 휘발유엔진과 디젤엔진을 고를 수 있는 선택의 여지가 생긴다.

그렇다면 휘발유엔진의 장점은 무엇일까? 일반 운전자들이 장점으로 여기는 조용함과 적은 진동이 대표적인 장점이라고 볼 수 있다. 특히 승용차를 사기로 결정했다면 디젤엔진보다는 조용한 휘발유엔진을 선택하려고 할 것이다. 디젤엔진은 최근 들어 많이 조용해지고 진동도 줄어든 것은 사실이지만 아직까지 휘발유엔진의 조용함을 따라갈 수는 없다.

휘발유로 움직이는 엔진이 조용한 것은 엔진 설계에 비밀이 있다. 모든 엔진은 연소 반응을 통해서 움직이게 되는데 이 과정이 연료를 스파크를 통해서 점화시키는 것과 고압으로 압축된 공기에 연료를 뿌려서 점화시키는 것 두 가지로 나뉘게 된다. 말하자면 기름에 불을 붙이는데 성냥불을 이용해서 점화시키는 방법(휘발유엔진)과 공기를 아주 고압, 고온으로 압축해서 기름과 접촉하여 자연 점화시키는 방법(디젤엔진)으로 생각하면 간단하다. 이 두 가지 점화 방식에서 엔진의 성격이 결정된다. 휘발유엔진은 공기를 고온, 고압으로 압축하지 않고, 스파크를 통해 연료에 불을 붙이기 때문에 엔진 내 짧은 스트로크로 인해 진동과 충격이 덜하다. 즉, 디젤엔진에 대비하여 피스톤의 움직임이 적기 때문에 휘발유엔진이 더 조용하고 진동이 적은 것이다. 여기서 조용한 것에만 초점을 맞추면 디젤엔진의 장점은 없는 것 같지만 디젤엔진도 장점이 있다. 그것은 큰 움직임에서 나오는 '힘'이다. 디젤엔진의 큰 장점 중의 하나인 이 힘은 '토크'라고 부르는 수치인데, 아무래도 큰 움직임에서 비롯되다 보니 일정한 진동은 어쩔 수 없다.

2 연비 좋은 차를 선택하는 법

우리나라에서 LPG를 연료로 하는 자동차는 제조사에서 항상 강조하는 것이 있다. 저렴한 연료 가격에서 오는 유지비이다. 휘발유 대비 반값에 근접하는 LPG 가격은 좀 더 경제적으로 차량을 운행하고 싶은 운전자들에게 매우 끌리는 장점이기 때문에 마케팅 포인트로 자주 사용된다.

하지만 정말 LPG엔진은 경제적인 운행이 가능한 엔진일까? 자동차에 들어가는 엔진을 일반적인 소비자 입장에서 나눠보자면 휘발유, 경유, LPG, 하이브리드로 크게 네 가지로 나눠볼 수 있는데 연비를 기준으로 각각 엔진들의 장단점을 이야기해 볼 수 있다. 같은 배기량의 휘발유엔진과 동배기량의 LPG엔진의 연비를 비교해보면 일반적으로 LPG엔진의 연비가 휘발유엔진의 연비보다 좋지 않다. 그렇기 때문에 이런 경우 연비를 고려해서 차량 엔진을 선택하려는 구매자 입장이라면 잘 따져볼 필요가 있다. 그럼 휘발유엔진을 기준으로 각각의 엔진의 장단점을 살펴보자.

LPG엔진

LPG를 연료로 하는 엔진은 휘발유엔진에 비해 출력이나 연비가 떨어진다. 이는 엔진의 효율성에서 비롯된 것으로 LPG 연료의 특성상 화력이 강하지 못하기 때문에 나타나는 현상이다. 요즘엔 다양한 기술의 도움(LPI 등)으로 많이 개선되기는 했는데 동일 엔진에서 휘발유엔진만큼의 출력이나 연비를 기대하기는 힘들다. 특히 저온 상태일 때 시동성이 좋지 않다. 그리고 충전소가 타 유종에 비해 현저히 적다. 이러한 점을 이해하고 있고, 저렴한 유지비를 위해 운전하는 재미를 포기할 수 있다면 LPG엔진을 선택하는 것도 좋은 선택이 될 것이다. 하지만 보통 LPG엔진 타입일 경우 차량가격이 휘발유에 비해 비싼 경우가 있으므로 장기적으로 운행하였을 때 저렴한 연료의 가격으로 인해 유지비가 상쇄되는 시점을 파악하여 구입 계획을 세우는 것이 좋다.

경유엔진

경유를 연료로 하는 엔진은 단점과 장점이 명확하다. 휘발유엔진과 비교하여 장점은 높은 출력 그리고 뛰어난 연료 효율이다. 경유라는 연료 자체가 가지는 연료 효율에서 비롯되는 장점들은 현대에 진보된 많은 기술들과 접목되어 매우 좋은 효율을 가지게 해준다. 특히 거의 모든 디젤차에 들어가는 터보차저라는 과급기 시스템은 제한된 배기량에서 더 높은 배기량의 출력을 가질 수 있게 해주면서 연비를 상승시켜주는 효과를 가져다준다. 과급기 시스템은 말 그대로 불난 집에 부채질하는 경우로 더 많은 공기를 엔진에 공급하여 더 높은 효율을 이끌어내는 시스템이다. 요즘 경유엔진에는 없어서는 안 될 시스템 중 하나다. 하지만 경유를 사용하는 엔진에 정말 큰 단점이 있으니 바로 진동이다. 엔진은 내부의 피스톤이 수직으로 운동하는 것을 시작으로 움직이게 된다. 하지만 경유를 사용하기 위해서는 고열, 고압으로 압축된 공기가 필요한데 이를 위해서는 엔진 내부의 수직 피스톤 움직임이 길어질 수밖에 없다. 수직 운동이 길어진다는 것은 말 그대로 더 큰 진동이 발생하는 환경이 만들어지는 것이고, 바로 이 움직임이 차량 전체에 진동으로 전달되는 것이다. 물론 제조사들의 많은 노력과 연구 결과로 개선되어 일부 고급차량에서는 경유엔진임을 알아차리지 못할 정도로 진동을 느낄 수 없지만 대중적인 입장에서 보자면 아직 경유엔진의 진동과 소음은 휘발유엔진을 따라갈 수 없는 것이 현실이다. 높은 출력, 좋은 연비를 원한다면 디젤엔진을 선택하는 것이 최선이다. 단, 진동에 대해서는 무감각해질 것을 권한다.

하이브리드 엔진

환경에 대한 이슈가 커지면서 많은 연료를 소모하는 자동차에 대한 사람들의 걱정과 근심이 많이 늘어나게 되었다. 자원은 한정되어 있는데 무작정 소비만 하는 현실을 탈출해보고자 많은 기술도 개발되고 있다. 수소엔진, 태양열엔진, 전기엔진 등 엔진 개발을 위한 많은 시도를 하고 있다.

요즘 우리가 흔히 접할 수 있는 하이브리드엔진은 무엇일까? 하이브리드엔진은 수소, 태양열, 전기 등을 사용해서 주행하는 엔진의 중간 단계의 엔진이라고 할 수 있다. 수소, 태양열, 전기를 이용한 엔진은 불가능한 것은 아니지만 아직 상용화하는 데 문제가 있고 매우 고가라 대중적이지 못하다는 단점이 있다. 그렇기 때문에 중간다리 역할을 할 수 있는 하이브리드엔진이 개발되어 상용화 중인데 일반 소비자가 수용할 수 있는 만큼의 가격으로 생산되어 이제 길거리에서 어렵지 않게 볼 수 있다.

그렇다면 하이브리드엔진의 장단점은 무엇일까? 하이브리드엔진은 두 가지의 엔진이 결합된 형태로 메인 역할을 하는 엔진과 보조 역할을 하는 엔진으로 구성되어 있다. 이 중 보통 보조 역할의 엔진은 전기모터와 배터리를 통한 구동력을 가지게 되는데, 이 엔진이 엔진의 효율을 높여주는 역할을 하게 된다. 쉽게 말해 자전거를 타는 사람의 등을 타인이 밀어주는 역할을 맡게 되는 것이다. 메인 역할의 엔진은 우리가

> **하이브리드엔진 이란?**
>
> 하이브리드엔진은 두 가지의 엔진이 결합된 형태로 메인 역할을 하는 엔진과 보조 역할을 하는 엔진으로 구성되어 있다. 이 중 보통 보조 역할의 엔진은 전기모터와 배터리를 통한 구동력을 가지게 되는데, 이 엔진이 엔진의 효율을 높여주는 역할을 하게 된다.

생각하는 석유 연료의 엔진과 다른 점이 전혀 없다. 하지만 전기로 구동되는 보조엔진이 메인엔진의 효율이 떨어지는 시점에 개입하여 연료를 덜 사용하게 만들어 전체적으로 효율을 높여주는 결과를 가져오게 된다.

하이브리드엔진의 보조엔진 배터리를 충전하기 위해 자동차의 모든 불필요한 움직임을 전기로 만들려고 노력한다. 그렇기 때문에 하이브리드엔진의 차량에는 보통 별도의 인포메이션 시스템이 장착되어 있으며, 운전자는 이를 확인하고 주시하면서 주행해야 하이브리드엔진 시스템만의 고연비를 체감할 수 있다.

현재 하이브리드엔진의 단점은 단기적으로는 차량의 가격이며, 장기적으로는 차량에 탑재된 배터리의 교체 문제이다. 보통 휘발유 차량과 차이 나는 차량가격을 상쇄하기 위해서는 몇 년간의 주행이 필요하며, 그 몇 년이 지난 후에는 고가의 배터리를 교체하는 시점이 다가와 유지비가 복잡해지는 문제가 있다. 하지만 운전자의 연간 주행거리가 길다면 고려해볼 만한 엔진이다.

3 연비를 절감하는 법 (점검, 운전습관)

자동차를 구입하면서 연비에 대해 한 번도 생각해보지 않은 소비자는 없을 것이다. 그만큼 자동차의 연비란 소비자가 차량을 선택하는 데 있어서 중요한 요소 중에 하나라고 말할 수 있다. 자동차가 생산된 지난 100여 년간 연비는 자동차의 성적표와도 같은 존재로, 사람들은 좀 더 나은 성능, 연비를 가진 자동차를 구입하려고 고민해왔다. 하지만 대부분의 차량 도심 주행 실연비는 각 차량의 공인 연비에 미치지 못하는 연비를 기록하고 있으며, 특별한 기술이 들어간 하이브리드엔진을 제외한다면 운전자가 느끼는 연비는 실망스러울 수밖에 없다.

그렇다면 공인 연비에 근접 또는 넘어서는 연비를 기록하기 위해서 운전자가 할 수 있는 운전 방법은 어떤 것이 있을까? 대부분의 연비 증가를 위한 지침서에는 거의 비슷한 문구가 들어간다. 급발진, 급정거 등을 자제하는 운전습관을 기르라는 것이다. 이는 연비 운전의 정석이지만 대부분의 운전자들이 운전하는 영역인 도심 운전에서는 지키기 쉽지 않은 방법이다. 급발진 시에는 연료가 더 소모되어 연비가 나빠지는 것을 이해하기는 쉽다. 하지만 급정거를 한다고 해서 왜 연료가 더 들어가서 연비가 낮아진다고 할까? 사실 급정거 시에는 연료가 사용되지 않는다. 급정거를 자제함으로 연료를 아낀다는 것은 급정거할 만큼 더 과하게 주행하지 말라는 뜻이다.

자전거 탈 때를 연상해 보자. 자전거는 순수하게 탑승자의 다리 근육으로만 움직인다. 자전거를 빠르게 출발시키고자 한다면 그만큼 다리 근육을 더 써야 하는 셈이며, 같은 100m를 움직이더라도 50m까지 가속하고 페달을 멈춘 후 나머지 50m를 관성으로 주행하는 것과 90m까지 페달을 밟고 나머지 10m를 관성으로 주행하는 것을 비교하면 자전거 탑승자의 피로도는 당연히 후자 쪽이 더 심할 것이다. 자동차 엔진도 마찬가지이다. 같은 거리를 가는데 액셀러레이터를 더 밟아 가속하고 급하게 정지하는 것이 연비에 도움이 될 리가 없다. 결론은 명확하다. 운전할 때 여유를 가지면 그만큼 연비에도 도움이 된다.

■4 연비 운전에 도움이 되는 정보

연비 운전을 실천하기 위해서 차량의 엔진 스펙을 알아두면 많은 도움이 된다. 엔진은 직선 운동을 회전 운동으로 변환시켜 자동차를 움직이게 해주는 동력기관으로, 연료를 사용하는 기계이기 때문에 최적의 효율을 나타내는 조건이 존재한다. 외부의 온도, 습도 등 외적인 요소도 있지만 엔진이 제작될 때 부여된 최적의 작동 시점을 적극 활용한다면 최적의 연료 효율을 이끌어낼 수 있다.

보통 자동차 계기판에는 두 개의 큰 원으로 이루어진 계기가 표시되어 있는데 한 개는 속도를 알 수 있는 계기판이고, 다른 하나는 엔진의 회전수를 알 수 있는 계기판이다. 속도 계기판은 익숙하지만 엔진 회전수를 나타내는 계기판은 무엇을 의미하는지 모르는 운전자가 있다. 엔진 회전수라는 것은 말 그대로 엔진이 1분에 회전하는 수치를 나타내는 것으로 엔진의 작동 상태를 알 수 있는 가장 객관적인 표시이다. 이 회전수는 자동차가 주행하는 속도와 관계가 있으며, 이 회전수에 연비 향상의 나머지 비밀이 숨어있다. 엔진의 회전수를 통해서 연비를 향상시키고자 한다면 우선 엔진의 최적 효율을 사용자가 파악해야 한다. 최적의 효율이 나오는 시점은 차량 엔진 스펙에서 찾을 수 있는데 엔진의 힘이 시작되는 지점을 찾으면 된다.

조금 어려운 얘기로 들린다면 더 간단한 방법이 있다. 대략 엔진 회전수 계기판을 2,000rpm 정도로 유지하면서 운전하는 방법이다. 고배기량 또는 튜닝 자동차가 아니라면 대부분의 엔진은 2,000rpm 정도에서 최적의 연료 효율을 가진다. 이를 운전 시에 적극 활용한다면 연비 향상에 많은 도움이 될 수 있다.

두 번째로 본인이 운행하고 있는 차량의 소모품 교체에 대해 기록하는 것이다. 자동차는 기계이기 때문에 정기적인 점검과 관리가 필수다. 자동차 정비는 전문적인 분야이기 때문에 어렵게 느껴질 수밖에 없는데 쉽게 말하자면 운전자는 모든 것을 기록할 필요는 없다. 거창한 차계부가 아니라도 몇 가지만 기록하는 습관을 들이면 연비 향상에 대단히 도움이 되는데 그중 가장 중요한 항목은 엔진 오일 교환주기 기록이다.

엔진 오일은 자동차를 운전하는 사람이라면 모를 수 없는 단어다. 자동차가 운행하는 동안 가장 많이 교체되기 때문에 운전자라면 꼭 알고 있는 정비 항목 중 하나이다. 이 엔진 오일은 말 그대로 엔진 내부에서 각종 부품들이 원활하게 움직일 수 있게 하는 오일이다. 엔진 오일의 역할은 부품간의 마찰을 줄이는 것이기 때문에 연비와 관계가 매우 밀접하다. 엔진 오일은 사용 환경이 매우 열악하다. 작동 환경이 고온이기 때문에 일정 기간 사용 후 오일 자체의 물성이 변해버리면서 엔진 부품간의 작동을 방해하거나 고착되어 엔진 작동에 저하를 가져오게 된다. 이 시점이 바로 엔진 오일을 교환하게 되는 시기지만 보이지 않고, 만져지지 않는 엔진 오일을 교체하는 시기를 정확히 알아내기란 일반 운전자에게 매우 힘든 일이다. 그렇기 때문에 자신의 차량 엔진 오일 교환주기를 알고 기록하여 적절한 시기에 교환하는 것만으로 연비 향상에 많은 도움이 될 수 있다. 엔진 오일 교체 시점에서 부수적으로 교체하는 소모품(오일필터, 에어필터 등)들이 있기 때문에 엔진 오일 교체에 대한 일자와 누적주행거리만 기록해도 차량 관리에 많은 도움이 된다.

5 연비 높이는 최고의 방법? 느긋하게 운전하기!

이처럼 연비를 높이는 방법은 많이 있지만 이 중 최고의 방법은 무엇일까? 그것은 다름 아닌 마음을 편하게 하고 느긋하게 운전하는 것이다. 편한 마음으로 운전 시야를 넓게 가지고 도로의 흐름을 읽으면 불필요한 브레이크와 액셀러레이터 사용을 줄일 수 있다. 이를 위해 항상 계기판 위에 뜨거운 커피가 올려져 있다고 생각하고 운전하는 습관을 갖도록 하자. 그렇게 하면 연료 소모도 줄이고, 안전하게 운전할 수도 있다.

연비 높이는 운전요령

연비를 높이는 방법은 많이 있지만 이 중 최고의 방법은 무엇일까? 그것은 다름 아닌 마음을 편하게 하고 느긋하게 운전하는 것이다. 편한 마음으로 운전 시야를 넓게 가지고 도로의 흐름을 읽으면 불필요한 브레이크와 액셀러레이터 사용을 줄일 수 있다.

02 중고차 어떻게 하면 잘 살까?

중고차 구입하기 좋은 시기부터
실전 비법까지

chapter 1 중고차 언제 사는 것이 적기?
중고차 구입 적정 시기 알아보기

chapter 2 같은 가격에 더 가치 있는 중고차는?
중고차 가격을 결정하는 요인

chapter 3 중고차 어디서 살까?
온·오프라인 살펴보기

chapter 4 중고차 실전 고르기!
구입 전 점검포인트부터 계약 시 체크포인트까지

chapter 5 중고차 사기(詐欺) 사례
중고차 사기를 피하는 법

중고차 언제 사는 것이 적기?
중고차 구입 적정 시기 알아보기

중고차의 가격을 결정하는 가장 큰 요인은 해당 차량의 상태가 절대적이지만, 그 외 시장 요인들로 연식 변경과 수요패턴을 들 수 있다.

차량 연식은 사람의 나이로 볼 수 있으며, 움직이는 기계이기 때문에 사용한 만큼(=주행거리) 비례하여 닳거나 노후된다. 일부 차량 중에는 주행거리가 짧아 사용량이 많지 않은 차량도 있지만 이러한 차량도 차량의 중요 구성품의 하나인 고무 부품들의 경화는 계속 진행되고 있다. 그러므로 부품의 교환주기 타이머는 계속 진행되는 것으로 생각하면 된다.

그 외 감가가 이뤄지는 이유 중 하나는 신차보증기간의 만기도래이다. 차량마다 신차보증기간은 상이하지만 오래되지 않은 중고차는 신차 가격에 신차 보증비용이 반영되어 있듯이, 차량 가치에 보증수리 혜택이 있는 것이다. 보증 기간은 주행거리 조건과 시간 조건을 충족해야 하므로, 시간이 흘러감에 따라 보증 혜택 가능 시간도 줄어든다. 이 때문에 감가가 이루어지는 것이다.

중고차의 가격을 결정하는 차량의 나이는 어떻게 알 수 있을까? 오른쪽의 자동차 등록증을 보기 전에 최초등록일과 형식 및 연식의 의미를 이해하는 것이 필요하다.

최초등록일은 해당 차량을 본인 소유로 차량등록사업소에 신고한 날이다. 그러므로 임시번호판 최장 사용 기간인 10일을 고려하면 차량 나이와 최대 10일 정도의 오차밖에 나지 않는다. 그렇기 때문에 대부분 중고차 거래에서는 최초등록일 기준으로 거래를 하는 것이 바람직하다.

형식 및 연식은 쉽게 이해하자면 몇 년에 생산된 차량이냐는 의미가 아니라 몇 년형 차량인지로 이해하는 것이 옳은 이해 방법이다. 대부분 신차제조사에서는 차량을

> **중고차 구입 적기**
>
> 거래 우위를 점할 수 있는 비수기와 매매시장에서 중고차 재고량이 많아지는 시기가 적기이다. 추천하는 시기는 ❶ 5월 중순부터 말 ❷ 7월 중순부터 8월 중순 ❸ 11월 중순 이후이다.

제조하여 공급하기 위해서 해당 국가에 승인을 받아야 하는데 이때 승인받는 것이 형식인 것이다. 같은 차량이라고 하더라도 페이스 리프트 변경이나 일부 기능 변경을 할 경우 형식 및 연식 승인을 다시 받는데 자동차등록증의 형식 및 연식이 그에 해당하는 내용이다(아래 이미지 참조).

대부분의 신차제조사에서는 신차 수요를 진작시키기 위한 마케팅의 일환으로 다음 해에 나올 차량을 일찍 형식 및 연식 승인을 받아 출시하게 된다. 최근에는 그러한 시기가 점점 몇 달씩 당겨지고 있다. 구입 시 유의할 점은 일부 중고차 판매업자가 온라인 광고에 형식 및 연식에 나오는 것을 최소 몇 달이 차이가 나는 차량 연식으로 고지를 하여 판매를 하고 있다는 것이다. 이는 실제 차량 연식을 속이는 행위이므로 구입자는 반드시 자동차등록증을 확인하고 구입하여야 한다.

최근 이러한 피해를 방지하기 위하여 SK엔카는 보험이력조회 데이터를 이용하여, 최초 보험가입일을 제공하고, 이를 통한 매물 등록을 진행하여 소비자의 피해를 없애고 있다.

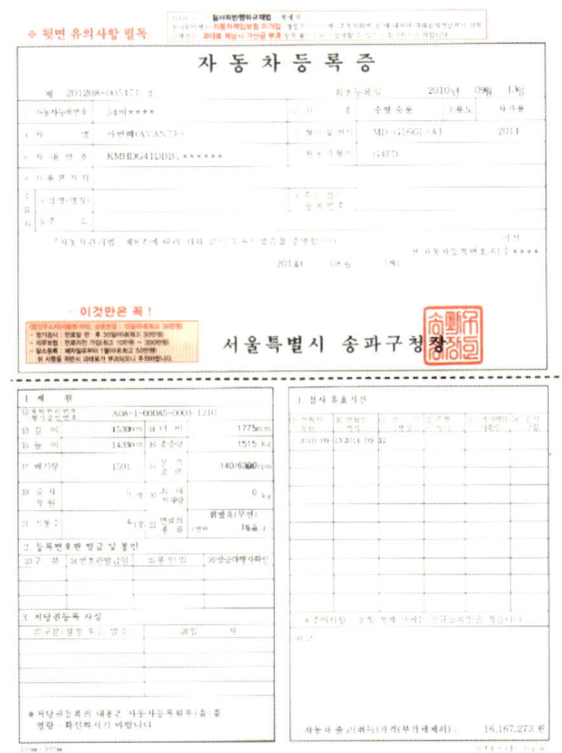

중고차의 가격을 결정하는 두 번째 요인은 수요·공급패턴으로, 대한민국의 중고차 시장은 일정의 소비패턴을 가지고 있음을 알 수 있다. 일정한 소비패턴이 반복되는 주요인은 위에서 언급한 연식 변경과 연식 변경에 따른 차량가격 변화, 마지막으로 그러한 가격 변화에 대한 기대심리로 인한 대기 수요 발생이다. 또 하나의 요인은 중고차 평균거래금액이 지속적으로 늘어나면서, 가계 소비에서 차지하는 비중이 커진 것이다. 이 때문에 일반적으로 가계 지출이 많은 시기에는 중고차 수요가 감소하는 것을 볼 수 있다.

1월	연식 변경에 대한 대기 수요가 시장으로 나오는 시기이므로 구입 수요가 늘어남.
2월	설날 혹은 설날 이후 시기로 매수 여력이 떨어지고, 매매업 기준으로 영업일 수 적음.
3월	봄, 신학기 등을 맞아 외부 활동이 증가하고, 차량 사용량이 늘어나면서 매년 최대 매수기 형성.
4월	매수세는 여전히 있으나, 3월 판매량으로 시장에 나와 있는 매물이 적음.
5월	가족 행사가 많고, 지출이 많은 달로 매수 여력 떨어지는 전통적 비수기.
7, 8월	휴가철로 7월 중순 이후에는 매수세 약화.
9월 이후	여름 휴가철 이후 2~3주, 추석 이후 2~3주 매수세 회복. 이후 지속적으로 거래량 감소.
12월	연식 변경 전 판매하려는 개인 매물 증대로 당사자 거래는 조금 회복되지만, 매매업자는 11월 이후에는 베스트셀러 모델 외에는 차량 매입을 아예 안 하거나, 매입금액을 매우 보수적으로 진행하여 당사자 거래가 조금 더 늘어남.

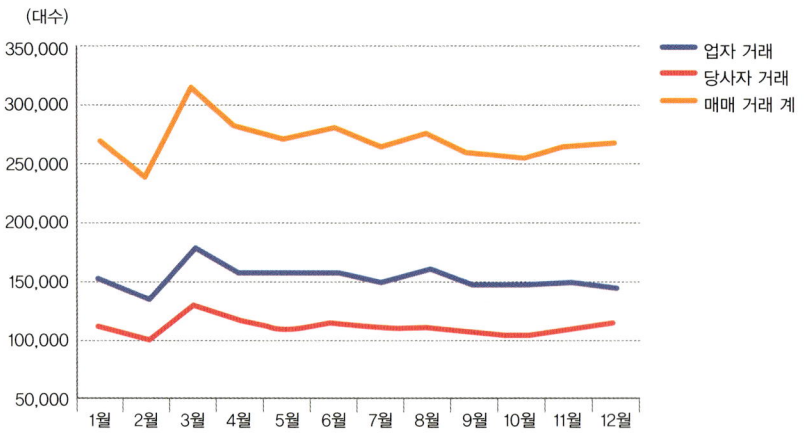

※ 국토해양부 통계 자료 (2011)

그렇다면 언제 차량을 구매하는 것이 좋을까? 왼쪽의 중고차 수요패턴에서 볼 수 있듯이 수요자 경쟁이 덜하고, 매도자에게 거래 우위를 점할 수 있는 비수기와 매매 시장에서 중고차 재고량이 많아지는 시기가 적기이다. 추천하는 시기는 ① 5월 중순부터 말 ② 7월 중순부터 8월 중순 ③ 11월 중순 이후이다.

특히 11월 중순 이후는 "중고차는 시간이 지나면, 가격이 내려간다."라는 대명제가 매수자의 구매심리와 매도자의 판매심리를 지배하는 시기이다. 또한 해당 연도에 판매를 예상하여 매입한 차량을 해당 연도에 판매하고자 하는 매매업자들의 재고 관리 기간이고, 매수세 약세로 매입된 차량이 전국 매매단지를 꽉 채우는 시기이며, 우수한 매물들이 가장 많이 나오는 시기이다. 이때 구매의사를 밝히는 매수자는 대우받으면서 좋은 차량을 고르고, 좋은 조건으로 구입할 수 있는 최대의 구매 찬스 기간을 누릴 수 있다.

11월이면 대부분의 중고차 매수자들은 다음과 같은 생각을 한다. '조금만 더 기다리면 연식 변경으로 가격이 더 내려갈 것이다.' 과연 그럴까? 다음은 실제 판매 데이터를 분석한 내용이다.

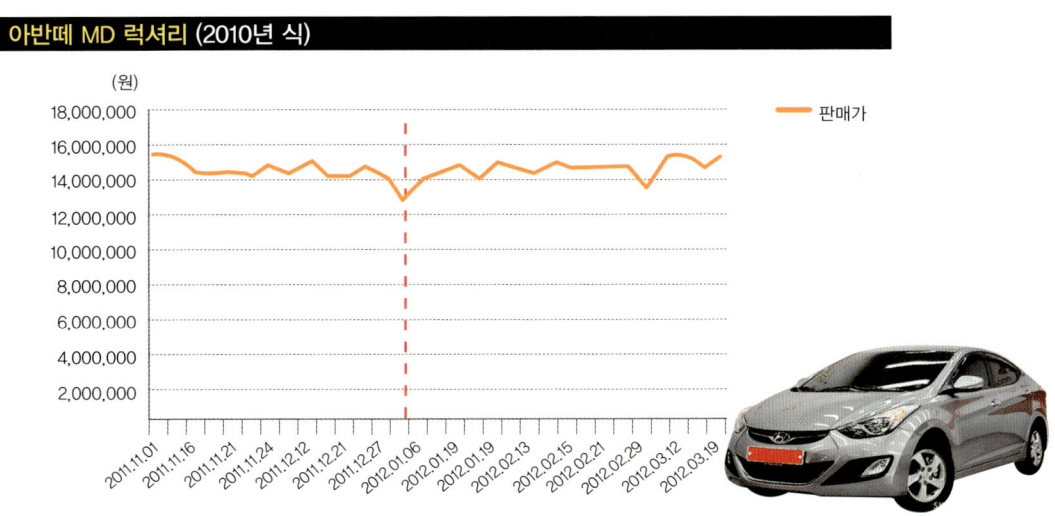

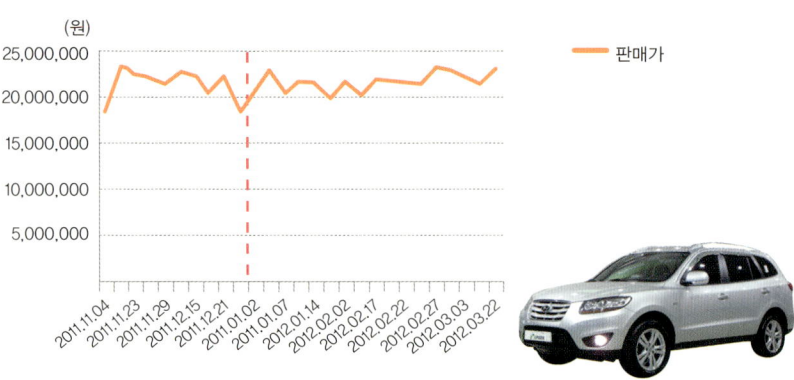

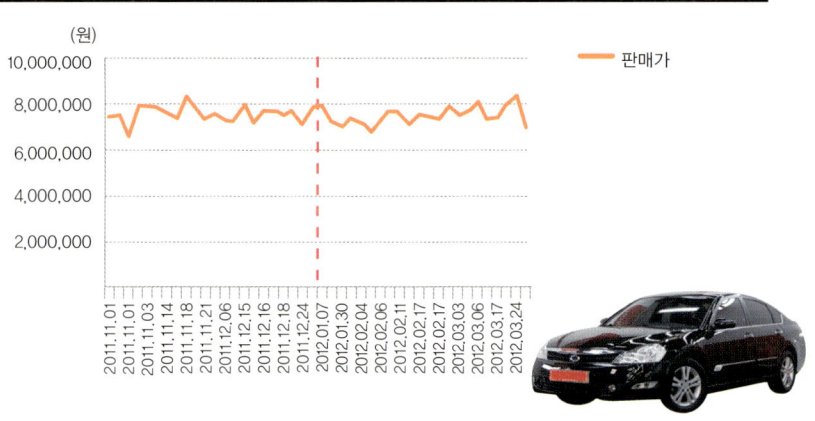

위와 같이 매매시장에서 거래량이 많고, 수요가 꾸준한 차량들은 전년 11월의 매매거래 평균금액과 다음 해 상반기 매매거래 평균금액에 큰 차이가 없으며, 판매금액 그래프 추이도 하향이 아닌 거래금액 유지 추이를 보이는 것을 볼 수 있다.

이는 매년 11월쯤이면 매수 수요와 거래량이 줄어들어 판매가격 약세로 접어들고, 판매하는 차량 수가 많아져 경쟁 차종이 많아지면서 매수자가 우위인 시장이 형성됨을 나타내는 것이다. 반대로 연초가 되면 매수세가 급증하게 되고, 매수자끼리 오히려 경쟁하게 되므로 매도자 우위의 시장이 형성된다. 그러므로 결론적으로 비수기에 많은 차량 중에서 이것저것 비교해보고 구입하는 것이 적절한 구매 방법이라 할 수 있다.

chapter 2 같은 가격에 더 가치 있는 중고차는?
중고차 가격을 결정하는 요인

01 | 중고차 구입 적정 가격 산정 포인트

내가 원하는 차종, 색상, 등급만 보고 차량을 사고 나서 후회하는 경우가 종종 발생하게 된다. 중고차 가격 산정 포인트 중 중요한 것 몇 가지를 알아보자.

1 신차 A/S 정비이력을 확인한다

단순히 정비를 많이 한 차량을 고르라는 뜻이 아니다. 차량을 최종 구매하기 전 신차제조사 A/S이력을 확인해 보라는 것이다(차량을 가지고 내방하여 실제 구매할 예정인 차량이라고 하면, 출력된 페이지는 제공하지 않지만 조회한 화면은 일반적으로 협조, 확인 가능하다).

최근 신차들은 오일교환권, 쿠폰 등을 신차 구입과 동시에 지급한다. 그러므로 예전보다 제조사 A/S망을 많이 이용하게 되는데, 정기적으로 정비이력과 내역이 나와 있는 차량은 주행거리에 대한 신뢰도가 높은 차량이라고 할 수 있다.

신차 보증은 일반 부품 보증과 엔진 및 동력 전달계통 부품 보증으로 나눌 수 있다. 대체적으로 보증수리이력이 많은 차량은 전 차주가 차량에 대해 관심이 많고, 잘 관리한 차량일 확률이 높은 차량이다. 아직까지 국산차와 수입차를 막론하고, 신차제조사 보증수리 A/S는 많이 알고 따지고 요구하는 고객은 받아도 적극적으로 요구하지 않는 고객은 받을 수 없는 것이 신차 보증수리의 현실이기 때문이다.

보증수리이력은 많은 것이 대체적으로 좋지만, 신차 출고 후 얼마 되지 않아 엔진 혹은 동력계통의 보증수리이력과 횟수가 많은 차량은 제조 때부터 하자가 발생한 차량일 확률이 높다. 이러한 차량은 수리 후에도 기능을 100% 발휘를 못하거나, 연계 부품의 연쇄적인 하자 발생률이 높으므로, 의심 가는 부분이 있으면 해당 내역을 꼼꼼히 신차제조사 A/S센터에 문의하는 것이 좋다.

2 신차 출고 후 3년 차 차량, 같은 연식이면 연말에 나온 것을 선택한다

차량 감가는 출고장에서 나와 고객의 손에 차 키가 쥐어지면서부터 사정없이 시작된다. 출고 대기 기간이 엄청나게 길어져 중고차 가격이 신차 가격을 상회하는 경우는 가끔 있지만, 이 역시 곧 정상적인 감가를 따르게 된다.

차량 감가는 제조사와 차종에 따라 편차가 있지만, 대부분의 차량은 3년까지의 감가율이 가장 높으며 4년 차부터는 그 감가율이 낮아지는 것이 일반적이다. 따라서 신차 대비 최대 감가율을 누리기 위해서는 출고 후 3년째 들어서는 차량을 구입하는 것이 신차 구입 대비 가장 혜택을 많이 보는 것이다.

또 3년 차 차량을 권하는 이유가 있다. 일부 소형차를 제외하고 국산차 일반 부품 보증은 3년 6만km, 엔진 및 동력 전달계통 부품 보증은 5년 10만km가 일반적으로 적용되고 있다.

앞서 이야기했듯이 신차금액에는 차량 자체의 금액만 있는 것이 아니다. 신차 보증수리는 잘만 이용할 수 있다면 똑똑한 고객은 수십만 원에서 수백만 원까지의 차량수리비를 절감할 수 있다. 또한 이는 차량의 수명과 성능을 연장할 수 있는 소비자의 권리이기도 하며, 신차 구입가격에 포함된 보험이다.

3년 차 차량을 구입할 때도 같은 조건이면, 해당 연도에 나온 차량 중 연말에 나온 차량을 선택한다. 이유는 3년 차 감가상각은 똑같이 적용되지만, 만 3년인 일반 보증 기간이 조금이라도 더 늘어나기 때문이다. 이를 이용하여 구입한 뒤 소모품 외 모든 부품의 하자는 신차 보증으로 처리 가능하고, 대부분의 부품은 새것으로 무상 수리하여 탈 수 있다.

> **보증수리기간 확인하기**
>
> 3년 차 차량을 구입할 때도 같은 조건이면, 해당 연도에 나온 차량 중 연말에 나온 차량을 선택한다. 이유는 3년 차 감가상각은 똑같이 적용되지만, 만 3년인 일반 보증 기간이 조금이라도 더 늘어나기 때문이다.

3 주행거리가 짧은 차량이 항상 좋은 매물은 아니다

똑같은 연식의 비슷한 조건의 차량인 경우 대부분의 매수자들은 주행거리가 짧은 차량을 선호한다. 주행거리가 짧은 차량의 선택이 틀린 선택은 아니지만, 주행거리에 따른 고려사항을 이해하면 더 좋은 차량 구매가 가능하다.

장기 렌터카와 리스 차량의 기간이 일반적으로 3년 약정이고, 해당 기간이 만료된 차량은 이용 고객에게 판매되거나, 매각 처리된다. 그리고 일반적으로 일반 부품 보증 기간이 3년이고, 일부 소형차는 엔진 및 동력전달 부품의 보증 기간도 3년까지이다.

왜 3년이라는 숫자가 공통적으로 쓰일까? 차량 운용에 있어 주행거리에 따른 체크리스트를 보면 이유를 알 수 있다. 아래 표를 보면 알 수 있듯이 3년 차가 되는 시점이 관리비가 많이 들어가는 시점이다. 최근 차량의 내구성과 내마모성이 증대되어 차량의 수명과 부품의 수명이 많이 늘어났지만, 늘어난 만큼 부품 교환주기가 도래했을 때 교환비용도 예전보다는 더 고가이거나 비싸졌다. 따라서 포괄적 위험부담을 줄이기 위해 3년 차 되는 차량에 대한 매각이 일반적으로 이뤄지는 것이다.

소모품 항목	교환주기	비고
점화플러그	매 2년 30,000km	
점화케이블	매 2년 30,000km	
엔진 오일	4~5,000km	
벨트 교환	3~40,000km	타이밍 벨트의 경우 7~80,000km
냉각수(완충)	매 2년	
연료필터	2~30,000km	
에어컨 가스	매 2년	
전 브레이크 패드 교환	2~30,000km	
후 브레이크 패드(라이닝)	4~50,000km	
브레이크 오일	40,000km	
휠얼라이먼트	4~50,000km	
수동미션	4~50,000km	
자동미션	2~30,000km	

*주행거리 단위는 1,000 km

ITEM \ KM CHECK	5	10	15	20	25	30	35	40	45	50	55	60	65	70	75	80	85	90	95	100	105	110
구동벨트				O				O				O				O				O		
에어클리너/얼라인먼트		O		O		O		O		O		O		O		O		O		O		O
브레이크 패드				O				O				O				O				O		
브레이크 라이닝						O				O					O							
브레이크 액												O										
엔진 부동액						O						O										
엔진 오일		O		O		O		O		O		O		O		O		O		O		O
엔진 오일 필터		O		O		O		O		O		O		O		O		O		O		O
연료 필터										O										O		
고압 케이블								O						O								
점화플러그								O						O								
댐퍼																			O			
타이어와 휠								O						O								
와이퍼 블레이드			O					O				O				O				O		

위 체크리스트를 보면 자동차는 항상 관리와 소모성 부품의 교환을 요하는 기계이므로, 신차 때부터 관리는 필수임을 알 수 있다. 그러므로 관리와 소모성 부품의 교환이 3년 차 차량에만 국한된 문제는 아니다. 중요한 점은 3년 차 때 주요 부품 및 소모성 부품 중 고가의 비용이 들어가는 항목이 많으므로, 구입 시 체크를 해보고 대상 차량에 대한 상태 이해도를 높이는 것이 좋은 구매라는 것이다.

간단한 예를 들어보자. 3년 차 4만km 차량과 3년 차 6만km 차량이면, 앞서 이야기한 대로 주행거리가 짧은 차량이 우선 구입 대상이다. 하지만 매수자가 구입 후 주행거리가 그리 길지 않다면, 해당 차량의 정비이력을 비교하면 보다 경제적인 구매가 가능하다.

4~6만km 사이에 가장 큰 돈이 들어가는 품목은 타이어이다. 특히 중대형 차량이나, SUV차량이 구입 대상이라면 4만km의 타이어 미교환 차량보다는 6만km의 타이어 교환 차량이 통상적으로 100만 원에서 많게는 200만 원까지 구입 후 이득을 보거

나, 구입 후 재투자가 가능한 금액이 되는 것이다. 100만 원에서 200만 원 차이는 평균 중고차 거래금액 기준이면 차량 연식을 하나 넘나드는 금액이니 최근 정비이력을 꼼꼼히 챙겨보는 것이 필요하다.

4 사고 부위를 활용한 구매

　대한민국 중고차 시장에서 대부분의 매수자들은 너무 무사고차에 집착하는 경향이 있다. 특히 자동차에 대한 이해가 부족한 매수자일수록 이런 경향은 더 강한 것을 알 수 있다. 이러한 편중된 수요 때문에 일부 매도자(딜러)들이 성능점검기록부를 숨기거나, 왜곡시키고, 어두운 곳에서 사고와 침수 등을 고객에게 숨기는 작업들을 위험을 감수하고 계속하는 것이라 생각한다.

　사고차는 무조건 기피해야 하는 것일까? 사고차가 문제가 되는 경우는 사람에 비유하자면 주요 골격에 충격이나 파손이 난 경우다. 이것만 제외하면 사용상 문제가 없을뿐더러 일반인들은 구별조차 어렵게 수리가 잘 되어 있는 차량이 더 많다. 주요 차량 골격은 모노코크 방식과 프레임 방식에 따라 조금 차이는 있지만, 중요한 것은 사고 발생 시 얼마나 큰 충격이 있었고 그 충격이 어느 부위까지 파급되었는지 이다. 사고 현장에 없던 매수자가 그것을 알 수는 없지만, 교환 부위로 유추가 가능하다.

　차량이 움직이기 위해서는 도로 위를 달려야 한다. 도로와 차체가 이어지는 부분은 타이어와 서스펜션, 그리고 서스펜션이 차체에 고정되는 부위인 휠하우스인데 이 부분까지 충격과 수리가 진행된 차량은 일반적으로 원상복구가 힘들다.

어디에 | 엔진 양쪽 앞 바퀴 위

앞 범퍼

어딜봐 | 접합 부위 스폿 용접, 실링!

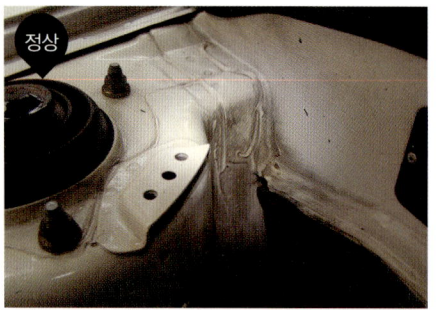 

 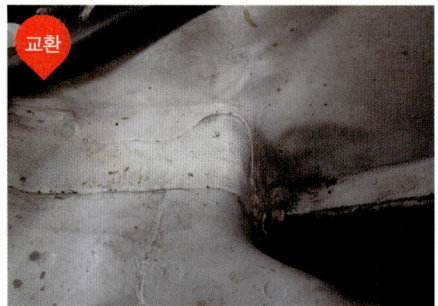

제조사 신차 생산라인이 아닌 사업소 (제조사 직영 수리공장)에서 작업한 스폿 용접 자국

스폿 용접 깊이가 일정하지 않고 2번 용접한 자국도 보인다 (오른쪽 끝 스폿 용접 자국).

그 외 차체 손상이 있더라도 위의 부분에 손상이 없다면, 감가를 이용하여 일반 시세보다 저렴하게 차량 구입이 가능하다. 더욱이 차체에 볼트로 고정이 되어 있는 문짝, 트렁크, 엔진후드(보닛), 앞 펜더 등은 사람이 옷을 벗었다 입었다 하는 것과 같은 개념으로 차량 성능과는 무관한 교환 부위라 할 수 있다.

어떤 사람은 차 문이 교환되어서, 주행 중에 외부 바람이 차량으로 유입된다고 하는데, 그것은 문에서 원인을 찾기보다 앞서 말했듯 문을 둘러싸고 있는 차체가 틀어졌거나 손상에서 원인을 찾는 것이 문제 해결에 더 가깝다.

정리를 하자면, 사고가 나서 교환된 부분이 있다고 하더라도 연쇄적으로 파손이 있는 차량이 아니라면 그리고 핵심 골격 부분의 손상이 아니라고 한다면 매도자에게 충분히 어필하여 보다 저렴한 가격으로 경제적인 구매를 할 수 있다. 아니면 제대로 중고차 매매업을 하고 있는 매매업자는 애초에 감가요인을 충분히 반영하여 저렴한 가격을 제시할 것이다.

5 중고 수입차 구입 시 이것은 꼭 확인하자

수입차에 대한 수요가 늘어난 만큼 곧 이러한 차량이 중고 시장에 유입되고, 중고 시장에서 수입차를 보는 것이 점점 흔한 일이 되어 거래량도 계속해서 늘고 있다. 수입차는 당연히 국내에서 생산을 하지 않으므로 별도의 수입 경로가 존재한다. 이때 공식적으로 유통된 차량과 그렇지 않은 차량이 존재하는데, 간단하게 말하면 해당 차량제조사에서 판매를 목적으로 동의를 얻어 들여오는 차량이 정식수입차량이고, 그 외는 해외 딜러 등에게서 사오는 차량으로 유통 구조의 차이가 있다. 또 중고차는 해외 경매나 최근엔 이삿짐을 통해 유입되는 경우도 많다.

중고차 시장에서 구입할 차량의 유통이력을 확인해야 하는 이유는 A/S나 수리비용에서 많은 차이를 두고 있어서이다. 따라서 중고차 시장에서 시세도 정식수입이냐, 아니냐에 따라 많은 차이가 있으므로 구입 시 해당 차량의 유통경로는 차량제조사나 A/S센터에 문의하여, 정식수입차량은 정식수입차량 시세대로, 그렇지 않은 차량은 보다 경제적으로 구입하는 것이 적정 가격 산정 포인트라고 할 수 있다.

차량의 유통이력 확인

중고차 시장에서 구입할 차량의 유통이력을 확인해야 하는 이유는 A/S나 수리비용에서 많은 차이를 두고 있어서이다. 따라서 중고차 시장에서 시세도 정식수입이냐, 아니냐에 따라 많은 차이가 있으므로 구입 시 해당 차량의 유통경로는 차량제조사나 A/S센터에 문의하는 것이 좋다.

02 | 카테크(자동차 재테크) 하는 방법

카테크가 가능할까? 여기서 이야기하는 것은 포니2, 그라나다 같은 올드카를 잘 운용하고 가꾸어서 일정 시간이 지난 뒤 이동용이 아닌 소장용으로 가치를 높이는 개념이 아니다. 재테크의 의미가 자금을 운용하여 수익을 얻는 것일 수도 있다. 하지만 이제 자동차가 생활필수품이 된 시대를 살고 있기에 필수품을 운용하는 데 있어 보다 경제적으로 운용하여 비용을 최소화하고, 그러면서도 내가 원하는 차량을 타는 것도 자동차 재테크 혹은 차테크라고 정의할 수 있지 않을까? 그래서 자동차 재테크를 위한 몇 가지 비법을 공유하고자 한다.

1 신차를 살 때에도 중고차에서 답을 찾는다

신차를 사기 전 사람들은 얼마나 좋은 조건에 살 수 있는지만 열심히 알아본다. 그런데 신차를 살 때 한 번 들여다볼 것이 중고차 사이트에서 해당 차량의 거래금액이다. 당해에 출고가 된 차량도 있고, 전년 출고 차량도 있을 것이다. 신차금액에서 당해 출고된 차량들의 평균값을 뺀 금액이 구입하자마자 감가되는 내 돈이다. 또 신차금액에서 전년 차량금액을 빼 보면 1년 뒤 내 차량 가치의 하락 분을 계산할 수 있다. 눈여겨볼 점은 제조사마다 차이가 있고, 차종마다 차이가 있다는 점이다. 일반적으로 가격이 높은 차량의 감가가 더 높고, 국산차보다는 수입차가 더 높다.

신차를 사면서 가족들에게 가장 흔하게 하는 거짓말이 "이 차 사면 평생 탈 거다." 혹은 "10년 탈 거다."이다. 그리곤 평균적으로 2.5년이 지난 뒤 차를 바꿀 가장 논리적인 이유를 찾는 것이 대한민국 자동차 오너들이다. 신차는 제조사별로 비슷한 급은 가격차가 얼마나지 않지만, 2.5년 뒤에는 차량별로 천양지차가 되므로, 꼭 중고차를 사지 않더라도 중고차 거래 사이트는 차를 살 때마다 들여다보면 들여다볼수록 많은 정보와 새어나가는 돈을 막아준다.

2 시간을 거스르는 차가 있다

시간이 흐르고, 세대가 바뀌면 차에 대한 수요층도 바뀌고, 차에 대한 개념과 인식도 바뀐다. 그랜저라는 차는 출시 때는 소위 '사장님 차'로 인식되는 차였으나, 시간이 흘러 지금의 그랜저는 시장 포지션을 훨씬 젊은 고객층으로 잡고 있다. 그에 따라 차

카테크 하는 방법

신차는 제조사별로 비슷한 급은 가격차가 얼마나지 않지만, 2.5년 뒤에는 차량별로 천양지차가 되므로, 꼭 중고차를 사지 않더라도 중고차 거래 사이트는 차를 살 때마다 들여다보면 들여다볼수록 많은 정보와 새어나가는 돈을 막아준다.

량의 외관도 중후한 면보다는 세련되고, 스포티한 디자인을 추구하고 있다.

2000년 이전에는 중형차에 대한 심리적인 벽이 있었다. '내가 2,000cc 중형차를 타도 될까? 유지가 될까? 자동차세를 그렇게 많이 낸단 말이야? 쏘나타는 아무나 타는 차가 아니야…….' 그러던 심리적인 벽이 아반떼, 스펙트라, 누비라 등의 1,500cc, 1,600cc 배기량 준중형차 시장이 형성되고 많은 차량이 공급된 후, 차량 교환주기가 오면서 깨지기 시작했다. 사람들이 첫 차에 이은 다음 차를 찾으면서 더 넓고, 더 좋은 고급사양을 찾는 수요가 증대되었고, 그러한 수요가 중형차에 대한 심리적인 벽을 자연스레 깨면서, 본격적으로 중형차 전성시대가 도래하게 됐다.

그러던 중 2,000cc 중형차의 벽을 피해서, 시장을 만들고자 했던 차들도 있었다. 아우토반에서 포르쉐를 동원해 광고를 찍었던 엘란트라 1.6과 대부분의 중형차 라인업에 필수로 자리 잡았다 지금은 흔적도 없이 사라진 1,800cc 엔진 라인업들이 그것이다. 하지만 결국 시대의 흐름과 맞지 않아 이들은 미완에 머물렀다.

2,000cc의 심리 장벽이 무너진 뒤, 고배기량의 수요가 발생되기 시작했다. 하지만 중고차 시장에서는 사업의 특성상 위험부담 최소화를 위해서, 이러한 시장 수요를 선제적으로 반영하지 않고, 보수적으로 받아들이거나 관망했고, 완전히 시장이 형성된 뒤에 따라오게 되었다. 이러한 흐름 때문에 시간을 거스르는 몇몇 차가 나오게 되었다. 대표적인 모델로 NF쏘나타의 최고사양인 F24 모델과 베라크루즈를 들 수 있다. 다음은 NF쏘나타 F24S 모델의 판매를 8년간 추적한 그래프이다.

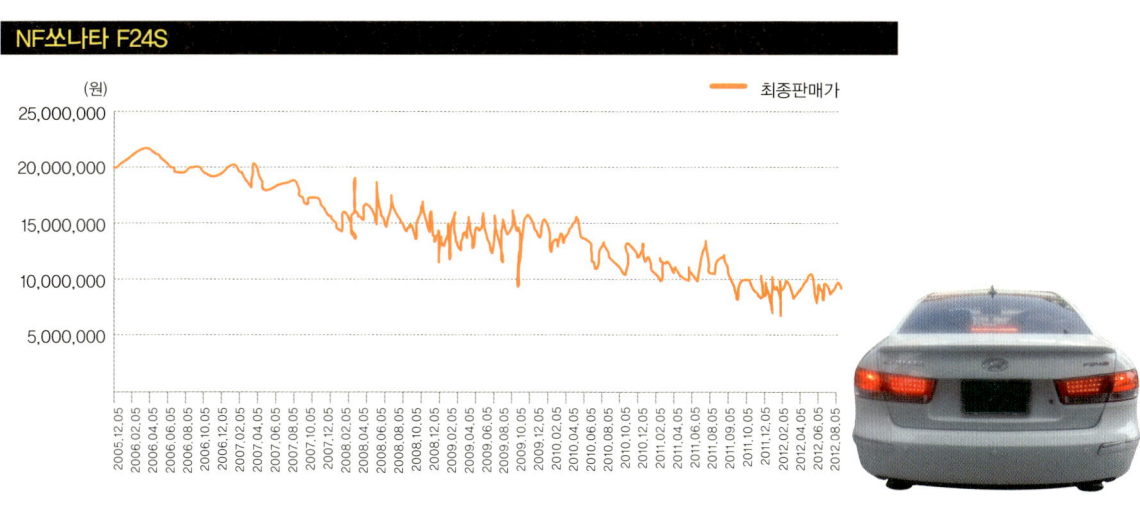

앞의 판매 그래프를 보면 2004년 9월 NF쏘나타가 NEW EF쏘나타 후속으로 출시되면서, 많은 판매량을 기록해 나간다. 이때 NF쏘나타의 최고사양은 2.4 세타엔진을 탑재한 F24 등급과 3.3 람다엔진을 탑재한 V33 등급(05년 출시)이 최고사양으로 시장에 나온다.

현대자동차 입장에서는 쏘나타 주력 엔진인 세타엔진을 수출 대상인 미국 시장 공략을 위해 2,400cc로 개발했고, 당시 국내에서는 중형차 배기량에 대한 소비자 선입견과 2,000cc 이상에 대한 구매 시장이 형성되지 않았기 때문에 국내용 2,000cc 세타엔진을 별도로 만들게 된다. 현대자동차는 어차피 2.4와 3.3 라인업은 수출 라인업으로 만든 스펙이었기 때문에 별도 개발 없이 판매를 시작한다. 그리고 현대자동차는 NF쏘나타 단종 때까지 최고사양인 두 차량의 판매량에 큰 재미를 보지 못했다.
그런데 재미있는 일이 중고차 시장에서 일어난다. NF쏘나타 F24 모델이 중고차 시장에 나오자 매수자와 중고차 매매업자가 매수가격을 책정할 때 엄청난 감가금액으로 유통이 된 것이다. 이유인즉 당시 TG 그랜저가 나오지 않은 상황에서 쏘나타 위 등급인 NEW 그랜저XG R25 기본 등급 신차가격이 2,500만 원대인데, 쏘나타인데도 신차가격이 2,800만 원에서 옵션을 넣으면 3,000만 원에 이르렀다. 중고차 시장에서 판매자들은 그 금액 기준으로 감가를 해서 그랜저보다 비싼 쏘나타를 팔 자신이 없었던 것이다.

그리고 또 한 가지 요인은 2,000cc를 훌쩍 넘는 엄청난(?) 배기량 수요에 대한 확신이 없다는 것이었다. 당시 대한민국 자동차 시장에서 중형차는 2,000cc라는 선입견을 넘어선 지 얼마 되지 않았다. 그래서 자동차 딜러들이 중고차 매입 시 위험부담이 컸고, 이는 NF쏘나타 F24S의 최초 거래가격을 낮게 설정하는 원인이 되었다. 앞의 그래프를 보면 신차 출고 후 1년 된 차량이 신차금액의 1/3이 떨어져 나가 거래가 되고, 2년 차 때까지는 최초 감가금액을 기준으로 1년마다 조금씩 더 하향된 금액으로 감가 거래가 된다.
2년이 조금 넘어 3년 차 되던 때 중고차 시장에서 이상한 흐름이 보인다. F24 모델에 대한 수요가 발생되면서, 2007년에서 2009년까지는 거의 감가가 이뤄지지 않는 일이 발생된 것이다. 일반적으로 신차 출고 후 3년까지는 차량금액의 10% 정도의 감가, 고가 차량이 아닐 때는 200만 원 정도의 감가가 이뤄진다. 그런데 F24 모델은 초기에 너무 많은 감가가 이뤄져서 이후에는 중고차 수요가 살아나자 몇 년 동안 감가가 이뤄지지 않는 시간을 거꾸로 가는 차가 되어버린 것이다.

이와 같이 시간을 거꾸로 가는 차가 만들어진 것은 수입차 시장이 열리고, 소비자 머릿속에 다양한 배기량이 자리 잡게 되면서 자연스럽게 2,000cc 중형차에 대한 선입견이 약화된 데서 그 원인을 찾을 수 있다. 또한 고출력 차량, 남들과 차별화할 수 있는 흔하지 않는 차량에 대한 수요가 증대되었고, 이후 출고되는 신차들이 3,000만 원 이상 넘는 경우를 쉽게 볼 수 있는 배경이 있었기 때문이라고 생각된다.

결론은 2005년, 2006년도에 NF쏘나타 F24S를 중고차로 구입한 사람들은 2~3년을 차에 기름만 넣고 공짜로 타고 다닐 수 있었던 카테크의 달인들이 되었다는 것이다. 이런 일들이 우연이고, 행운일까? 아니다. 자동차 시장을 관심 있게 보는 사람들 눈에는 돈 버는 차들이 보인다.

또 어떤 차량들이 있을까? 이전까지 오프로드와 강한 이미지를 내세웠던 SUV 시장에 LUV(Luxury Utility Vehicle)라는 새로운 콘셉트를 가지고 도전한 베라크루즈 역시 위와 같은 시장이 형성되어 카테크가 가능한 차량이었다. 베라크루즈 신차 출고 금액은 당시 기준으로 어마어마한 금액에 제시되었고, 많은 사람들은 "그 가격이면 수입차 타지."라고 빈정거렸다. 감히 이전에는 겁이 나서 다들 2,900cc로 제시했던 3,000cc 배기량도 전면에 내세워 1년에 자동차세 100만 원 내는 차라는 선입견에도 막혔다. 그러나 중고차 시장에서는 확연히 달랐고, NF쏘나타 F24와 같은 그래프를 똑같이 보여준 차량이었다.

그 밖에도 수출 수요가 가격을 끌어올린 스타렉스, 라비타, 클릭, 아반떼HD가 시간을 거슬렀고, 그냥 그렇게 쓸쓸히 감가곡선을 타고 갔던 테라칸이라는 늙은 차종도 단종이 된 훨씬 후에 수출 대상 차량이 되어 매매가격이 회복하는 모습을 보여주었다.

시간이 거꾸로 가는 차에 대한 공통점을 찾아보면 다음과 같다.

- 신차 가격이 높다. 가격이 높아야 최초 많은 감가가 이뤄지고, 이후 감가곡선이 멈추는 시점이 생긴다.
- 이전에는 없는 고정관념을 깨는 사양이나 최고를 지향하여 새로운 수요 창출에 도전하는 모델에서 많이 생긴다.
- 수출 대상 차량이 많다. 수출에 유리한 차량은 일반적으로 사람이 많이 타는 승합차다. SUV는 4륜구동이 장착 조건이고, 외관 색상이 흰색은 대상에서 제외되는 경우가 많다. 이러한 정보를 수시로 업데이트하자.
- 신차 판매량은 신통치 않으나 마니아가 형성될 가능성이 높은 근본적으로 잘 만든 차량이다.
- 마지막으로 신차 출고 후 중고차 시장에 주목하여 판매 제시 금액이 많은 감가가 이뤄지고, 시장에서 판매 제시가격이 들쑥날쑥한 차량이다.

위에 언급한 공통된 내용들을 주목하자. 그러한 차는 시간을 거꾸로 가는 차, 재테크가 되는 차가 될 확률이 높다.

3 차량 모델도 수명이 있다

모든 상품에는 상품 수명이 있듯이 자동차 모델도 그러하다. 신차제조사들은 엄청난 준비를 해서 차량을 개발하고 출시한다. 그리고 출시되자마자 해당 상품의 수명과 경쟁력을 고민하고 또 준비한다. 때론 비장의 무기를 숨겨둔 채 신차 출고를 했는데, 우려한 대로 판매가 신통치 않거나 경쟁이 치열하면 신차 출고와 많은 차이 없이 비장의 무기를 탑재한다. 이후 개선 모델을 내어 초기 모델을 구입한 고객들의 원성을 온몸으로 받아내기도 한다.

차량의 개발과 개선은 모델이 출시된 뒤에도 계속된다. 수많은 테스트를 해서 출고를 하지만, 판매 뒤 다양한 사람들이 다양한 환경에서 사용하면서 예상치 못했던 차량의 보완점 및 개선점이 지속적으로 발견되고, A/S가 접수된다. 그러한 데이터를

> **차량 모델에도 수명이 있다**
>
> 차량이 상품의 생명을 다하여, 신모델 출시가 얼마 남지 않았을 때 출고되는 차량들은 대부분 파격적인 조건들이 제시된다. 다양한 D/C 조건과 금융 조건 외 차량의 기본 등급과 고급 등급을 나누었던 옵션 사양의 차별 적용이 없어지게 된다.

기반으로 신차제조사들은 눈에 보이지는 않지만 지속적으로 부품을 개선하고, 차량 완성도를 높여간다. 따라서 중고차 시장에서 차량을 선택할 때 선택한 모델이 언제부터 출시된 모델인지, 몇 번의 페이스 리프트 변경이 있었는지, 단종은 언제 되었는지 혹은 단종될 시기는 언제인지 정보를 수집하여 차량을 구매하는 것이 바람직하다.

차량 완성도 측면에서 초기 모델보다는 차량 판매량이 가장 무르익는 시기인 2년차 차량이 가장 추천하는 차량이다. 3년 이상 지속되는 모델들은(대한민국의 일부 제조사만 그럴 수도 있지만) 많은 원가절감을 하여 오히려 들어가는 부품의 질이 떨어지고, 고객이 주목하지 않는 일부 기능은 없어지는 경우도 있다.

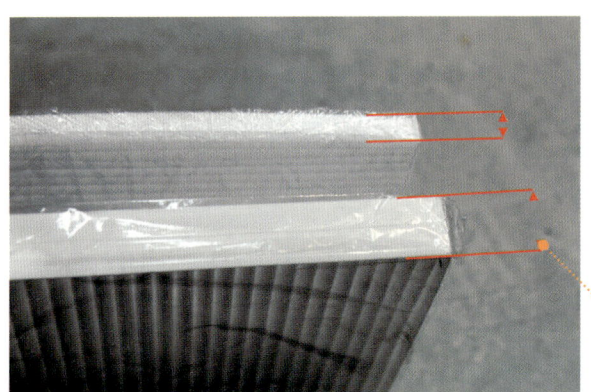

원가절감

차량이 상품의 생명을 다하여, 신모델 출시가 얼마 남지 않았을 때 출고되는 차량들은 대부분 파격적인 조건들이 제시된다. 다양한 D/C 조건과 금융 조건 외 차량의 기본 등급과 고급 등급을 나누었던 옵션 사양의 차별 적용이 없어지게 된다. 따라서 단종 전에 나온 차량들은 이미 앞에서 언급했던 원가절감 부분은 어쩔 수 없다 하더라도 초기 모델보다는 훨씬 옵션의 적용이 다양하고 고급스러우며, 차량 자체의 결함은 대부분 해소가 된 완성도 높은 차량임을 고려하면 된다.

중고차 어디서 살까?
온·오프라인 살펴보기

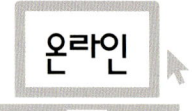 손품을 팔아야 내 마음에 딱 맞는 차량을 구할 수 있다. 차량을 구입하고자 할 때 가장 먼저 알아봐야 할 것은 자동차 매물 정보다. 온라인상에서 꼼꼼한 검색을 통해 나의 적정 예산과 나의 라이프 스타일에 맞는 차량을 선택해 보자.

요즘 크고 작은 온라인 중고차 사이트들이 활성화되면서 소비자들은 중고차 매매단지를 방문하기 전에 온라인에서 마음에 드는 중고차를 먼저 찾아보는 것이 보편화되었다. 수많은 중고차를 검색하다 보면 상대적으로 가격이 저렴한 차량이 눈에 먼저 들어오기 마련이지만, 이런 소비자들의 구매심리를 이용해 시세보다 터무니없이 낮은 가격으로 둔갑한 허위 매물이 나오는 경우가 많으므로 주의해야 한다.

01 | 믿을 만한 곳에서 구하라

평소에 신뢰할 수 있는 사이트에서 매물을 선택하는 하는 것이 좋다. 포털사이트에서 중고차 매매로 검색 시 링크되는 사이트는 광고비의 순위일 가능성이 크며 신뢰도와는 관계가 없다고 할 수 있다. 인터넷으로 법상으로 게시하게 되어 있는 내용들만 정확히 알고 있다면 허위 매물 여부와 판매자의 정보를 정확히 판단하는 기준이 될 것이다.

1 인터넷으로 매물 검색 시 필수 확인사항!

자동차 관리법상으로 인터넷 차량 광고 시 필수로 제시하도록 지정한 사항은 다음 내용과 같으며 매물 검색 시 필수로 확인하는 것이 좋다.

- 자동차의 압류 및 저당에 관한 정보
- 중고자동차 성능·상태점검기록부(자동차 관리법 별지 제82호 서식)
- 중고자동차 제시 신고 번호
- 자동차 매매업자, 매매사업조합의 상호, 주소 및 전화번호에 관한 사항
- 매매사원의 사원증 번호 및 성명에 관한 사항
- 자동차 등록번호, 주요제원 및 선택적 장치(옵션)에 관한 사항

check 1

중고차 판매자가 온라인상에 오픈한 정보들을 확인하고 허위 매물에 속고 사는 일이 없도록 하려면 판매자에 대한 신뢰를 뒷받침해줄 수 있는 정보들을 확인하는 것이 중요하다.

중고차 매매상사, 상호, 주소, 전화번호, 제시신고번호와 자동차 매매사업 조합명을 온라인상에서 확인하는 것이 기본이나 실제로 온라인상에 정보를 정확하게 게재한 판매자들은 많지 않다. 그렇다면 어떻게 확인해야 할까?

온라인 사이트에 등록된 중고차 판매자 확인을 위해서는 자동차 관리법상으로 매매사업자의 경우 중고차 매물 판매 시 법적으로 판매자 정보를 오픈하도록 되어 있다. 매물 검색 후 믿을 수 있는 판매자 정보를 얻고 싶다면 등록되어 있는 가입조합번호와 판매자 정보를 조회해 보는 것이 좋다. 조합번호로 전화를 걸어 오픈되어 있는 판매자 정보가 정확한지 확인하면 된다. 보통의 인터넷 중고차 매물 사이트를 보면 조합가입정보를 오픈하지 않고 판매자 이름과 전화번호만 오픈하여 판매하고 있는 인터넷 사이트가 많이 있다. 믿을 수 있는 중고차 거래를 원한다면 투명하게 조합정보를 오픈하는 인터넷 사이트를 통해 구입하는 것이 좋다.

2 너무 싼 차량은 허위 매물?

온라인 중고차 사이트가 보편화되고, 크고 작은 온라인 중고차 사이트들이 활성화되면서 저렴한 매물을 찾는 소비자들을 현혹시키기 위한 허위 매물이 등장하기 시작했다.

허위 매물이란 실제로 존재하지 않는 매물과 실제로 존재하더라도 딜러가 판매를 할 의지가 없는 매물을 말한다. 즉, 소비자를 유인할 목적으로 없는 매물을 올리거나 가지고 있는 매물이라도 판매할 의지가 없이 정상적인 판매가보다 낮은 금액으로 광고하는 것이다. 이를 통해 허위 매물을 보고 매매상사를 찾아 온 소비자들에게 다른 차량을 소개해주고 이를 구매하도록 유도하는 것이다.

허위 매물이 생기는 이유는 중고차를 저렴하게 구매하고자 하는 자연스러운 소비자의 욕구와 이를 악용해 부당하게 이득을 취하려는 일부 딜러들이 존재하기 때문이다. 특히 소비자가 느끼는 허위 매물의 수가 실제 허위 매물보다 더 많아 보이는 이유는 일반적으로 소비자들이 성능 대비 가격이 싼 차를 많이 찾기 때문이다. 같은 매물 100대 중 1~2대가 허위 매물일 경우 대부분의 소비자들은 가격이 저렴한 그 1~2대의 허위 매물을 골라 구입하려고 하기 때문에 실제 허위 매물로 느껴지는 빈도가 더 높게 되는 것이다. 따라서 가격이 시세보다 싸면 허위 매물일 수도 있다는 점을 의심해 보는 것이 좋다. 중고차 사이트를 통해 원하는 동급 매물의 시세를 확인해 보면 된다.

시세 확인 어플

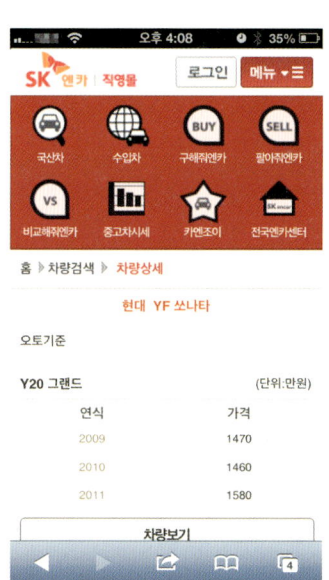

3 인터넷 허위 매물 패턴

1. 동일한 차가 각기 다른 가격으로 여러 대 존재하는 경우

이런 경우 연락해서 차량을 직접 판매하는 사람인지를 확인하고, 차량등록증을 보내 달라고 한다.

2. 차량 가격이 수시로 변동되는 경우

주로 낮에는 정상 가격 밤에는 좀 더 낮은 가격으로 가격이 변동되면 허위 매물일 가능성이 매우 높으므로 주의해야 한다.

3. 객관적으로 좋은 조건의 차임에도 오랫동안 광고하는 경우

좋은 가격, 좋은 색상, 좋은 상태의 차임에도 불구하고 팔리지 않고 지속적으로 광고가 되는 경우는 허위 매물임을 의심하고 좀 더 오랜 기간 동안 지켜보는 것이 좋다. 광고가 삭제되었다고 다시 올리는 등의 패턴을 보이므로 주의하는 것이 좋다.

4. 허위 매물이 많은 단지를 피하자.

주로 허위 매물을 올리는 조직적인 악덕 매매상사가 대부분의 허위 매물을 양산하므로 해당 단지는 방문을 피하는 것이 좋다. 허위 매물이 많은 단지는 SK엔카 클린엔카 팀에 문의하면 안내받을 수 있다.

02 | 객관적 정보를 수집하자

정보의 바다 인터넷에 접속하는 순간 그 안에 자동차업체 홈페이지부터 자동차 전문 사이트, 자동차 동호회까지 정보를 얻을 수 있는 곳이 쏟아져 나온다. 차종별로 수많은 동호회들이 개설되고 그곳에 일반 소비자들이 많은 정보들을 게재하고 있다. 내가 사려는 자동차를 결정했다면 동호회를 통해 실질적인 정보를 수집해 보는 것도 구입 후 운행 관리 면에서 좋은 정보 창구로 이용될 수 있다.

1 내가 원하는 자동차 내가 직접 접수한다

인터넷은 제품 구입에 있어 많은 영향력을 끼치는 매체가 되었다. 자동차 부문에 있어서도 다르지 않다. 국산차, 수입차를 가리지 않고 차종별로 많은 동호회 사이트가 개설되어 있고 차량 구입부터 등록, 자동차 관리, 매매까지 모든 과정에 대한 정보를 많은 사이트들이 제공하고 있다.

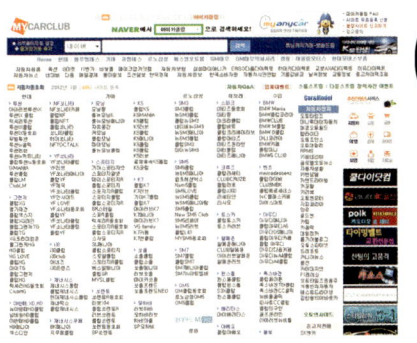

마이카클럽
www.mycarclub.co.kr

나에게 딱 맞는 차량을 선정했다면 내가 선택한 자동차의 정보를 수집할 만한 동호회에 가입해 보도록 하자. 활발한 활동과 질문으로 내가 원하는 정보들을 수집하게 되면 적어도 차를 모르는 상태에서 벗어나 내 차에 대한 전문 지식들을 습득할 수 있을 것이다.

특히 포털사이트의 블로그나 카페에는 제조사의 공인 연비대비 실연비, 제조사별 결함이 잦은 차량 등 실제 운행을 통해 생성된 솔직한 차량에 대한 데이터들이 작성되어 올라오고 있다. 온라인상에서 소통으로 손쉽게 전문가들의 차량 구입부터 관리까지 생생한 노하우를 전수받을 수 있을 것으로 기대된다.

2 차량등록증과 성능상태점검기록부는 확인이 필수!

사려는 차를 소유한 딜러에게서 성능 및 상태점검기록부와 차량등록증 내용을 확인해야 한다. 일반적으로 매매업체 소속딜러들이 판매하는 중고차는 법으로 정해진 성능점검을 받은 뒤 상품이 쇼핑몰에 게재되기 때문에 허위 매물을 올린 딜러라면 제시하기가 힘들 것이다. 소비자 보호원에 따르면 매년 5,000건이 넘는 중고차 피해 사례가 접수되고 있다고 하며 특히 허위 매물은 대표적인 사기 수법이다. 그러므로 온라인상에서 미리 고지하지 않을 시에는 오프라인상에서 메일이나 팩스로 확인하는 것도 한 방법이라고 할 수 있다.

3 구입하려는 차량의 과거가 궁금하다면?

인터넷으로 차량의 사고이력조회를 할 수 있다. 내가 사려는 차가 중고차임을 생각할 때 구입하는 차량의 이력을 조회하는 과정은 필수 항목이다.

보험개발원에서 제공하는 사고이력조회 인터넷 사이트인 카히스토리는 스마트폰이나 컴퓨터를 이용해 차량 번호를 입력하면 사고이력을 검색할 수 있다. 차량에 따라 다르지만 1회 보험처리금액에 따라 사고 여부를 판단해 보도록 한다.

사고이력조회는 해당 차량의 모델명, 연식 등 일반사양 정보는 물론 용도 이력 및 소유자 변경, 침수 및 도난사고, 보험사고, 렌터카 사용이력 등을 한눈에 확인할 수 있어 허위 고지된 사고차를 판별하는 데 유용하며, 또한 차량등록증의 이전등록일과 보험개발원에서 제공하는 소유자 변경이력 정보가 일치하는지 확인하고 불일치할 경우 허위 매물임을 의심해봐야 한다.

> **인터넷으로 차량 이력 확인 가능**
>
> 인터넷으로 차량의 사고이력조회를 할 수 있다. 내가 사려는 차가 중고차임을 생각할 때 구입하는 차량의 이력을 조회하는 과정은 필수 항목이다. 보험개발원에서 제공하는 사고이력조회 인터넷 사이트인 카히스토리는 스마트폰이나 컴퓨터를 이용해 차량 번호를 입력하면 사고이력을 검색할 수 있다. 차량에 따라 다르지만 1회 보험처리금액에 따라 사고 여부를 판단해 보도록 한다.

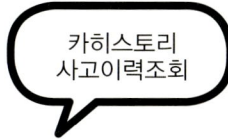

*** 사고이력조회란?**
보험개발원 카히스토리(www.carhistory.or.kr)에서 제공하는 보험처리내역 조회로 차량 정보를 이용해 차량이력을 확인할 수 있는 서비스다.

단, 사고이력조회의 경우 보험처리내역임을 생각할 때 개인이 자비로 수리한 내역은 조회가 되지 않으니 다양한 각도에서 구입할 차량의 상태를 파악할 필요가 있음을 염두에 두도록 하자.

4 마지막으로 다시 한 번 확인!

중고차 구입 시 속지 않고 구입하려면 매매상사, 상호, 주소, 전화번호, 제시신고번호와 자동차 매매사업 조합명 확인까지 꼼꼼하게 해야 한다.

판매자가 오픈한 조합 사이트에 접속하면 자동차번호와 제시번호조회를 통해 온라인상으로 매물차량등록현황과 매매상사현황, 사원현황 등을 확인할 수 있다. 중고차 구입 시 꼭 필요한 정보를 숙지하고 매물을 구입하도록 하자.

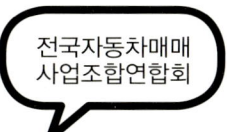

오프라인

01 | 중고차 거래에서 승자가 되는 비법

매매단지 내에 들어서면 수많은 호객꾼들이 발길을 잡을 것이다. 그럴 땐 주저하지 말고 만나기로 한 매매업자를 찾아가도록 한다. 만남 전에는 온라인을 통해 시세 등 충분한 정보를 수집한 후 매매업자를 찾아야 하며 사전에 연락한 판매자가 아닌 다른 사람이 나온다면 거래를 피하는 것이 좋다.

또한 동일한 차량을 보여주겠다며 말을 바꾸거나 시세보다 비싼 차량을 권하는 경우가 다반사인데 그럴 땐 그냥 뒤돌아보지 말고 단지를 떠나는 것이 좋다. 왜냐하면 이 경우 온라인상에 허위 매물을 게재하고서 말 바꾸기 식으로 다른 매물을 보여줄 가능성이 더 높기 때문이다. 이런 경우 구입하지 말고 처음부터 다른 차를 알아보는 것이 좋다. 그럼 방문 전 꼭 확인해야 할 사항을 자세히 알아보자.

중고차 매매단지를 방문하기 전에 성능점검기록부와 차량등록증을 요청하여 꼭 미리 확인하는 것이 좋다.

성능상태 점검기록부

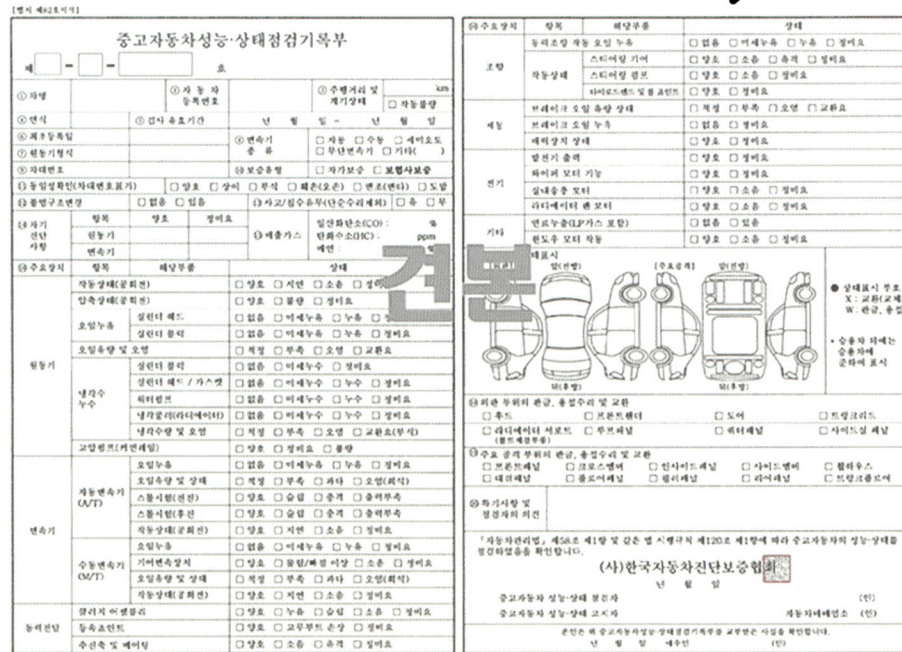

1 차량 성능상태점검기록부 확인

성능점검기록부는 차량명, 차량 번호, 연식, 최초등록일 등 차량의 기본 정보와 함께 오일, 모터, 변속기 등 차량 내외부의 이상 유무를 표시하는 차량 진단서이다. 이때 자동차등록증, 사원 명함, 사원증 사본을 팩스로 요구해서 받은 후 만나는 것이 가장 확실한 방법이다.

성능점검기록부는 차량점검내역을 토대로 작성되어 있고, 자동차 비전문가도 차량의 전반 상태를 파악할 수 있으며, 중고차 판매 시에 국토교통부에서 정한 현행법으로 1개월 2천km를 차량 성능점검기록부 내역으로 보증하도록 하고 있다.

2 자동차 등록원부 확인

부동산처럼 차량도 압류, 근저당 여부를 알 수 있는 구청이나 차량등록사업소에서 확인 가능하므로 미리 상대방에게 요구하자.

민원24
www.minwon.go.kr

3 자동차등록증 확인

최초등록일과 현 소유주가 누구인지 조회가 가능하다. 소유주와 판매자가 다르다면 판매자와의 관계를 확인하기 위한 인감과 자동차등록증을 확인해야 한다. 우선 차량 명의자와 판매자가 일치하는지 확인하고 판매자가 다른 경우 인감도장을 찍은 위임장이 있는지 살펴야 한다.

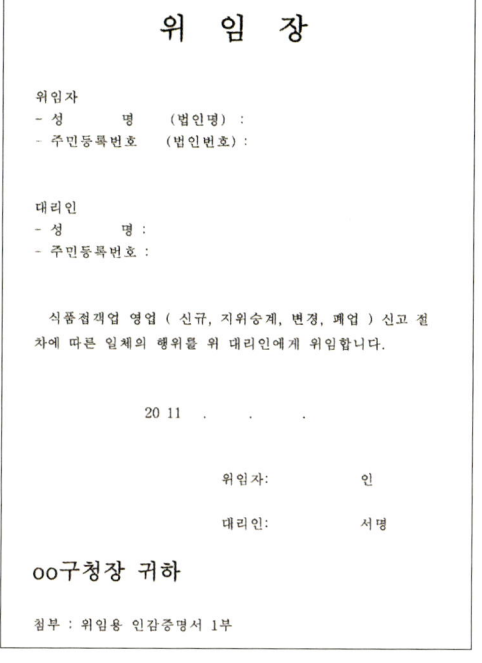

check 2

1) 최초등록일
신차 구입 시 등록한 최초 날짜

2) 마지막 등록증 교부일
재교부했거나 소유권 이전한 날짜

3) 자동차 검사 유효기간 (승용차 기준)
신차등록 후 4년 뒤 2년에 한 번
정기검사 진행

4 종사원증, 사원 명함 확인

  필수 확인해야 할 마지막 항목은 매매종사원증 소지 여부이다. 중고차의 매매는 종사원증을 발급받은 사원만이 가능하며 실제 매매상을 운영하고 있는 실제 딜러라면 매매종사원증을 필히 지참하고 있어야 한다. 실제 판매담당자가 종사원증을 보여주기를 거부한다면 매매에서 낭패를 볼 수 있음을 명심하도록 한다.

02 | 날씨 좋은 날 꼼꼼하게 체크하기

내가 사려는 차량이 중고차임을 감안하여 몇 가지 항목은 직접 확인하는 것이 좋은 중고차 구입 방법이다. 중고차를 구입하기 좋은 날이란 화창한 날씨인 날로, 이때 매장을 방문하고 방문지가 외부가 아니라면 밝은 곳에서 차량 상태를 꼼꼼하게 체크하는 것이 좋다.

새 제품이 아닌 중고 제품이고 고가의 상품을 구입한다고 생각할 때 사소한 티 하나라도 구입 후 발견한다면 중고차 구입에 대해 후회할 수 있을 것이다. 성능에 대한 것이 아니라 사소한 것들이 당신을 괴롭히지 않게 하려면 다음 항목들을 꼼꼼하게 체크해 보도록 하자. 하지만 실내에 매장이 있는 경우 비 오는 날이 한가하므로 더욱 꼼꼼히 시간 들여 차량을 볼 수 있다는 점을 고려하자.

check 3

1 겉만 보지 말고 기본부터 확인하자

내가 사려는 차량이 중고차임을 마음 깊이 되새기며 겉만 보지 말고 기본부터 확인하도록 한다. 시동 걸기, 창문 작동, 에어컨 작동 등 구입 시 꼼꼼하게 제대로 확인만 하여도 판매자와 구입 종료 후 사사로운 트러블을 줄일 수 있다. 엔진과 미션 항목 이외에 기본적인 소모품의 작동 오류를 놓치고 가게 되는 경우 판매자가 도의상 수리비를 돌려줄 수 있겠지만 실제적으로 계약 종료 후 법적으로 보호를 받을 수 있는 항목이 아니므로 구입 시 꼼꼼하게 확인하도록 한다.

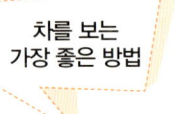

차를 보는 가장 좋은 방법

차를 반으로 나눠 대칭으로 비교하자. 예를 들어 헤드라이트가 이상이 있는지 보려면 오른쪽과 왼쪽 헤드라이트를 대칭으로 해서 비교해 보면 된다.

▶▶▶ 꼭 확인해야 할 7가지!

1 차량 하체 상태 확인하기 : 마음에 드는 차량을 발견했다면 외관만 볼 것이 아니라 리프트에 올려 판매자와 함께 오일 누수 등 하체 상태를 꼭 확인하도록 한다.

2 **점등 상태 확인하기** : 전조등 / 테일 램프 / 미등 / 비상등 / 방향지시등은 구입 시 이상 징후를 모르고 이후 발견하게 되는 경우가 많은 항목이다.

3 **창문 상태 확인하기** : 실제 창문 작동 오류에 대한 부분에 대하여 구입 후 확인하게 되는 경우가 많으니 창문 앞뒤, 좌우 작동 상태를 확인하는 것이 좋다. 특히 운전석을 제외한 창문 좌우도 잊지 않고 확인하도록 한다.

4 **오디오 상태 확인하기** : 오디오 작동은 잘 되는지 살펴보자. 특히 CD 작동 여부는 사용할 때 오류가 많이 발생하는 항목이니 필수 확인하도록 한다.

5 **에어컨 및 히터 확인하기** : 겨울에 차량을 구입하고 여름에 에어컨이 작동되지 않는 것을 안 경우 수리비는 고스란히 내 몫이다. 그러므로 에어컨, 히터 작동 여부를 확인하도록 한다.

6 오일류 확인하기 : 오일류는 상태를 직접 보고 확인하는 것이 좋으나 일반인들의 경우 육안으로 교환주기를 판단해내기는 힘들다. 판매자에게 교체 시기를 확인하고 정비주기를 체크해 두도록 하자.

7 차량 내부 및 외관 확인하기 : 밝은 날 외부에서 확인하며 긁힘, 찌그러짐 등 미세한 부분을 꼼꼼하게 확인하는 것이 좋다.

2 가격제시보드 내용이 실제와 일치하는지 확인하기

가격제시보드는 자동차 관리법상으로 차량 판매자가 해당 차량에 게재하도록 되어 실제 제시하여야 하는 항목들로 자동차 등록번호, 거래유형, 연식, 주행거리, 차종, 연료 종류, 변속기 종류, 검사유효기간, 체납세액, 체납범과금액, 저당여부, 차량가격, 사고이력 등의 항목을 내용으로 제시하도록 되어 있다.

실제 매매센터에 가서 가격제시보드를 제대로 작성하여 전시되어 있는지를 확인하고 제시 내용과 실제 차량의 일치 여부를 확인하도록 한다. 그리고 법적으로 차량의 번호판은 상품용 차량으로 등록될 시에 차량 앞 번호판을 탈착하여 지정 장소에 보관하도록 하고 있다. 방문한 매매상이 앞 번호판을 그대로 부착하여 둔 상태로 전시를 하거나 차량제시보드를 제시하여 두지 않고 차량가격을 흥정하는 곳이라면 매물의 신뢰도를 재판단하는 것이 좋을 것이다.

차량의 전시 상태에서 내용까지 작은 것부터 확인하여 실제 차량 판매자의 신뢰도를 파악할 수 있을 것이며 실제 거래에서 실패하지 않는 방법이 될 것이다.

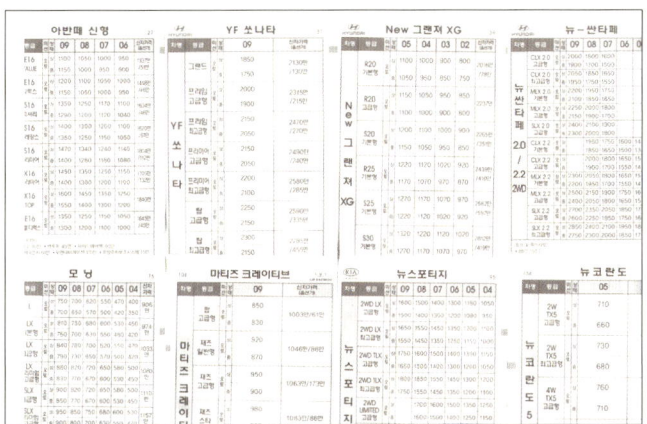

*2010년 8월 기준 가격기준표 (자료출처 SK엔카)

3 판매자가 상품용 차량 운행 여부를 거부한다?

상품용 차량은 운행이 불가능한 것은 아니다. 하지만 법규상의 내용을 보면 실제 판매용 차량의 운행에 있어서는 해당 구청과 담당자에게 신고 후에 운행을 할 수 있으며 상품용 차량의 앞 번호판은 조합 및 구청이 보관하게 되어 있어(자동차 관리법 시행규칙 제121조) 도로에서 운행을 하려는 경우 번호판을 부착해야 하고 책임보험에 가입하여야 한다. 상품용 차량은 법적으로 책임보험 미가입 대상이므로 도로 운행이 불가하다. 판매자가 거부하는 것은 소유권을 이전하기 전엔 실제 운행을 할 수 없기 때문임을 알고 있도록 하자. 시승을 못하더라도 보증을 해준다면 시운전을 하지 않아도 된다. 그러면 추후 문제가 생겼을 때 보증으로 해결할 수 있다.

지금까지 언급한 실제 중고차 구입 시 필수 확인해야 할 나만의 체크포인트를 꼭 기억하여 실제 거래에서 승자가 되길 바란다.

중고차 실전 고르기!
구입 전 점검포인트부터 계약 시 체크포인트까지

01 | 차량 검색

원하는 차량을 찾을 때까지 인터넷을 통해 중고차 매물을 살펴보거나 직접 매매시장에서 발품을 팔 수 있다. 방법은 개개인의 선택에 달려있지만 구입 목적과 예산에 따라 차종을 어느 정도 미리 선정해 두어야 괜한 시간 낭비를 줄일 수 있다.

중고차 시장에 나오는 차량은 크게 딜러가 판매하는 차량과 개인이 직접 판매하는 차량으로 나뉜다. 개인이 판매하는 차량은 서로가 개인이기에 현금거래나 개인 신용대출을 통한 거래만 가능하다는 단점이 있다. 이유는 판매자가 사업자가 아니므로 카드가맹점이 될 수 없어 카드결제가 불가하기 때문이다(최근 개인 간 카드결제 서비스가 일부 시행되기도 하나 아직 보편적이지 않으므로 제외한다). 또한, 자동차 성능에 대한 판매자의 수리보증 서비스를 받을 수 없다(자동차 제조사 수리보증 기간이 남아 있다면 가능).

딜러가 판매하는 차량의 경우 개인이 딜러에게 판매를 위탁한 위탁 판매 차량과 (이 경우 차량 소유주는 개인) 딜러가 직접 매매상사로 소유권을 이전하여 상품용 차량으로 등록하고 판매하는 차량으로 나뉜다. 딜러가 판매하는 차량의 경우 카드결제가 가능하고 1개월, 2천km의 법정 수리보증을 받을 수 있다(단, 정식으로 매입되어 성능점검업체를 통해 점검을 받은 경우에 한함). 또한, 계약서 작성, 이전등록 등의 서류행정 처리도 전문가의 도움으로 깔끔하게 해결할 수 있어 바쁜 현대인에게 매우 유용하다. 다만 개인 거래에 비해 판매 가격이 높을 수 있으며 기존의 중고차 매매단지에 대한 불신과 좋지 않은 이미지들로 인해 중고차를 처음 구입하는 경우나 보통 차를 잘 모르는 여성들의 경우 불안감을 느낄 수도 있다. 그러나 정식으로 등록된 딜러를 통해 거래한다면 안전하고 편리하게 거래할 수 있으므로 뒤에서 설명할 정식 딜러 여부 확인 방법만 잘 숙지하면 걱정하지 않아도 된다.

항목	개인 판매 차량	딜러 판매 차량		
		직접 판매	위탁 판매	미등록 위탁 판매
판매 방식별 상세 내용	개인이 본인 소유의 차량을 직접 판매	딜러가 차를 매입(구입)해 와 상품 차량으로 직접 판매하는 차량	개인 소유의 차량을 딜러가 수수료를 받고 대신 판매하는 차량	위탁 판매와 같으나 중고차 조합 전산망에 등록하지 않고 판매
중고차 조합 전산망 등록 여부	해당 없음	○	○	X
성능점검기록부 교부 여부	해당 없음	○	○	X
법정 보증수리 (1개월/2천km)	해당 없음	○	○	X
판매 시점의 차량 소유권	개인 (보통은 판매자 본인)	매매상사(딜러)	개인 (판매를 맡긴 개인)	개인 (판매를 맡긴 개인)
매매계약서 형태	자동차 양도 증명서 (양도인, 양수인 직접 거래용)	자동차 양도 증명서 (자동차 매매업자 거래용)	자동차 양도 증명서 (자동차 매매업자 거래용)	자동차 양도 증명서 (양도인, 양수인 직접 거래용)
결제 수단	현금만 가능	현금, 카드, 할부금융	현금, 할부금융	현금, 할부금융
장점	차량가격 협상 용이	- 법정 보증수리 가능 - 객관적인 차량 상태 확인 가능 - 언제 방문해도 차량 확인 가능	- 법정 보증수리 가능 - 객관적인 차량 상태 확인 가능 - 언제 방문해도 차량 확인 가능	언제 방문해도 차량 확인 가능
단점	- 판매자 보증수리 불가 - 객관적인 차량 상태 확인 어려움 - 차주와 시간 약속 잡기 어려움	상대적으로 고가	상대적으로 고가	- 거래의 법적 안정성 결여 - 객관적인 차량 상태 확인 어려움

02 | 차량 확인

　마음에 드는 차량을 발견하면 판매자에게 연락을 하여 자동차등록증과 중고자동차 성능 점검기록부를 팩스로 요청하여 받는다. 그러나 아무리 요청을 해도 보내주지 않거나 딱 잘라 안 된다고 하는 경우 허위 매물일 가능성이 있으므로 주의한다. 정식 딜러가 판매하는 차량의 경우 딜러 사무실에 해당 서류가 다 구비되어 있으므로 제공을 해주지 않을 이유가 전혀 없기 때문이다(판매자가 개인일 경우는 해당하지 않음).

　이제 가격 조건을 흥정한 뒤 어느 정도 타협하게 되면 직접 만나 거래를 위한 차량 확인 작업에 들어간다. 개인이 판매하는 차량이라 직접 차량의 상태를 점검할 수 없는 경우 인근의 정비소, 차량제조사 정비사업소, 중고차 진단센터 등을 이용하여 점검을 받을 수 있다. 딜러가 판매하는 차량의 경우 미리 팩스로 성능점검기록부를 받지 못한 경우 현장에서 성능점검기록부를 요구하여 확인하면 된다.

　차량을 확인할 때는 맑고 밝은 날 평평한 실외에서 차를 확인하는 것이 좋다. 먼저 약간 멀리 서서 차량의 자세가 똑바른지, 기우뚱한 부분은 없는지 확인한다. 평지임에도 차가 기우뚱하다면 어딘가 이상이 있는 경우가 많으니 반드시 확인해야 한다

(사고로 인한 차체의 변형 혹은 쇼크 업소버의 고장 등을 의심해 볼 수 있다). 또, 색상이 주변과 다른 부위가 있다면 교환, 판금, 도색 등을 의심해 볼 수 있다.

그 다음 가까이 다가가 외관을 살펴보자. 운전석 앞문부터 반시계 방향으로 돌며 하나하나 꼼꼼하게 체크한다. 중고차 특성상 도색은 문제시되지 않아 판매자에게 별다른 설명을 듣지 못하는 경우도 있다. 그러나 도색된 차량이 싫다면 햇볕에 비스듬히 비춰보았을 때 먼지 등의 이물질이 페인트 아래 갇혀있거나 도장 표면이 고르지 못한 것을 확인하는 방법으로 찾아낼 수 있다. 다만 경험 없이는 처음부터 쉽게 바로 보이진 않는다. 또 문 아래쪽이나 사이드실(문 아래쪽에 위치하며 앞바퀴와 뒷바퀴 사이를 가로지르는 부분) 등의 하단 부위는 위에서 내려다보는 특성상 긁힘이나 찌그러짐을 놓치는 경우가 있으므로 유의해서 아래 부분까지 모두 살펴본다. 외관을 살펴보다 발견한 이상 부위는 기록해 두었다가 꼭 금액 협상에 활용한다.

사이드실

이제 엔진룸 내부를 살펴보자. 엔진룸 내부에서 중점적으로 확인할 부분은 각종 오일의 상태와 누유 여부이다. 엔진 오일, 변속기 오일, 브레이크 오일, 파워스티어링 오일, 냉각수의 상태가 정상인지, 양은 적절한지 확인하고 누유되는 부분은 없는지 확인한다. 가솔린엔진의 경우 오일 색깔이 진하거나 탁해지면 주행거리로 쉽게 상태를 확인할 수 있으나 디젤엔진의 경우 교환 후 몇 번만 시동을 걸어도 검게 변하므로 직접 손끝에 오일을 묻혀 손가락으로 문질러 보면서 점도를 체크해야 한다.

LPG차량의 경우 거의 변색이 없으므로 이 또한 점도로 체크를 하며 만약 LPG차량 엔진 오일에 변색이 있다면 당장 교환해야 한다. 정상 점도는 손가락으로 비볐을 때 미끌미끌한 정도가 적당하고 끈적끈적하다면 교환 시기가 도래했다고 판단해도 된다. 변속기 오일은 보통 색상으로 체크하는데 포도주 색상이 정상이고 그 외의 색상은 오일이 오염된 것이다. 주로 포도주색 → 갈색 → 검정색으로 변색되며 검정색일 경우 즉각 교환해야 한다.

엔진룸 확인

　색깔로 상태를 판단했다면 이제 양이 적절한지 판단한다. 노란 손잡이가 달린 긴 막대인 엔진 오일 게이지를 뽑아서 끝부분을 휴지로 닦고 다시 꽂았다가 뺀 뒤 F와 L 사이에 오일이 묻어 나오는지 확인한다. 엔진 오일은 평지에서 시동을 끈 채 확인한다.

　변속기 오일은 교환비용이 일반적인 경우 엔진 오일의 2~3배가량이므로 잘 확인하여 가격 협상에 활용한다. 수동변속기의 경우 오일의 양만 확인하면 되나 일반인이 혼자서 직접 확인하기는 어렵다. 자동변속기의 경우 엔진 오일 점검 방법과 마찬가지로 오일 게이지를 뽑아 휴지로 닦은 다음 다시 꽂았다 빼어 양과 색상을 확인한다. 정상 상태의 색상은 보통 선홍색이며 점점 갈색으로 변색되어 간다. 일부 차종

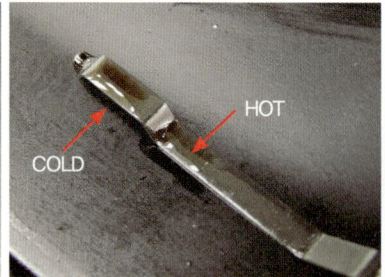
엔진이 차가울 때는 COLD 위치
엔진이 뜨거울 때는 HOT 위치가 정상

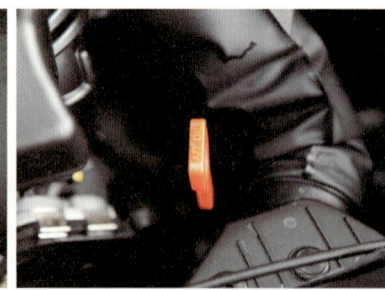
자동변속기 오일은 평지에서 변속기 레버를 N에 두고 핸드 브레이크(일명 사이드 브레이크)를 채우고 시동을 건 채 확인한다.

의 경우 무색에 가까운 오일을 사용하기도 하지만 이 역시 사용할수록 점점 갈색으로 변색되어 간다.

　브레이크 오일과 파워스티어링 오일의 경우 대개 양이 적정한지 확인하는 것만으로 충분하다. 다만, 브레이크 오일은 브레이크 패드가 마모된 높이만큼 오일의 양이 줄어들므로 무조건 오일의 양이 부족하다 판단하면 안 된다. 브레이크 오일 양이 부족할 경우 일단 브레이크 패드의 남은 양을 확인하고 양이 충분히 남은 경우 오일 양 부족으로 판단해도 늦지 않다. 실제로 패드를 새로 교환하면 오일탱크의 오일 수위가 높아진다. 또한, 모터로 작동되는 전동식 파워스티어링 시스템은 오일이 없으므로 파워스티어링 오일탱크가 없을 경우 이를 찾느라 시간을 허비하지 말기 바란다.

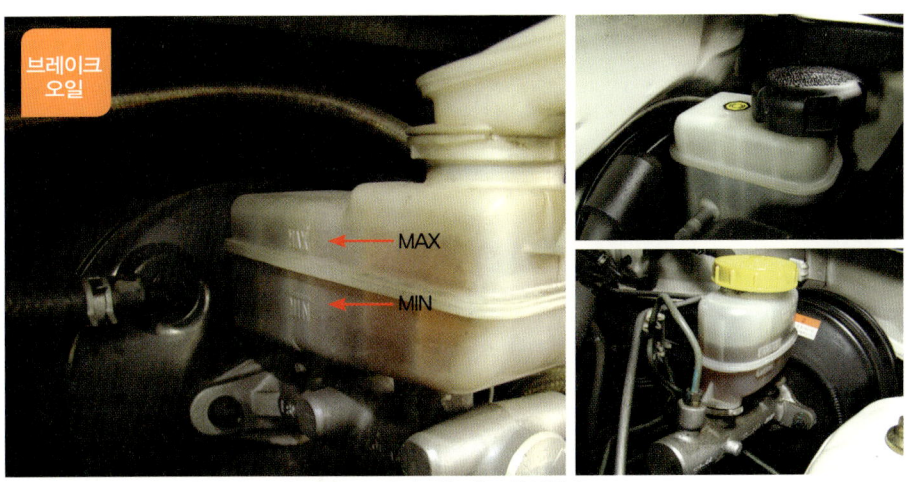

MAX-MIN 사이에 오면 정상! 주변 부위로 누유가 되는지도 확인한다.

파워 스티어링 오일 리저버라고 불리는 파워오일 보조통은 냉각수 및 워셔액 근처에 있으며 파워 펌프에 연결되어 있는 호스를 눈으로 따라가도 쉽게 찾을 수 있다.

HOT - COLD 구분없는 경우도 많음

파워 오일 보조통 겉면에 쓰여 있는 MAX-MIN 사이에 오일이 위치하면 정상. 잘 보이지 않을 경우 통을 살짝 흔들어주면 오일이 출렁거리며 이때 오일 양을 확인할 수 있다.

다음으로 타이어를 확인한다. 타이어는 자동차 부품 중 유일하게 지면과 맞닿는 부분으로 성능과 승차감, 안전에 핵심적인 역할을 담당하는 매우 중요한 부품이다. 바닥과 닿는 면은 홈의 깊이가 적정한지 확인하면 되며 마모 한계선에 근접할 경우 교환해야 한다. 이보다 더 중요하게 체크해야 하는 부위는 타이어 옆면으로 이 부위에 손상이 있는 경우 고속 주행 시 매우 위험하므로 반드시 타이어를 교환한다.

타이어 마모 한계선

만약 가능한 경우 리프트로 차량을 띄워 하부를 확인한다. 하부에서도 오일 누유 여부를 점검하고 드라이브 샤프트(엔진의 힘을 바퀴로 전달하는 막대 모양의 파이프) 손상 여부를 점검한다. 정비 현장 용어로는 등속조인트 혹은 줄여서 등속이라고도 부른다. 드라이브 샤프트는 관절식으로 제작되어 핸들을 돌려도 바퀴를 굴릴 수 있게 되어 있다. 이 관절 부위에 윤활 작용을 하는 그리스를 채우고 고무로 씌워놓았다. 보통 고무부싱, 고무부트라고 불리는 부위로 이 고무는 주름 잡힌 모양으로 되어 있어

차량 하부

핸들 조작에 따라 접혔다 펴졌다 하여 오랜 시간 사용할 경우 고무가 찢겨져 내부의 그리스가 새어 나오게 된다. 다만 그리스 점도가 매우 높아 오일처럼 뚝뚝 떨어지며 새는 것이 아니라 운행할 때 원심력에 의해 주변 부위로 뿜어져 나간다. 따라서 주변 부위에 실리콘을 뿌려놓은 듯한 흔적이 있는지 확인한다.

찢어진 고무부트 내부에서 그리스 누유

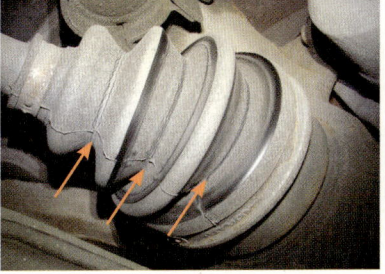
고무부트가 갈라져 찢어지기 직전 모습

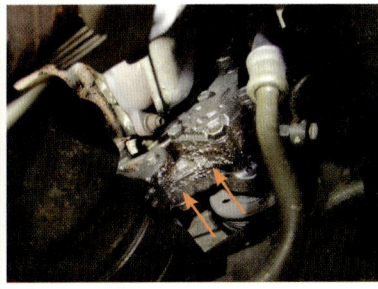
드라이브 샤프트에서 그리스가 누유된 모습

다음으로 흔히 중통이라 불리는 촉매를 손으로 두드려 손상 여부를 확인한다. 시동 직후라면 매우 뜨거우므로 반드시 장갑을 끼고 두드려야 한다. 만약 속에서 깨진 쇳조각이 움직이는 소리가 난다면 손상된 것으로 출력 저하 연비 저하가 나타나게 된다. 교환비용도 매우 비싸 반드시 확인해 봐야 한다. 뒤쪽으로 가서 소음기를 확인한다. 외관상 부식된 부위가 있는지 확인하고 손으로 두드려 속에서 쇳조각 소리가 나는지 확인한다(이것도 뜨겁다).

차량 하부

마지막으로 앞뒤 쇼크 업소버를 확인하여 기름을 흘린 것처럼 누유 흔적이 있다면 손상된 것으로 판단할 수 있다. 단 오일식의 경우만 해당한다. 가스식 쇼크 업소버는 오일 누유 흔적이 없어 이 방법으로는 체크할 수 없다.

이제 차량의 실내에 탑승하여 실내 장치를 하나하나 가동하며 점검한다. 모든 장치를 한 번씩 다 작동해 보리라 마음먹고 시작하는 편이 좋다. 시동 한 번 걸고 가속 페달을 우웅~ 하고 밟아보고 끝내는 것은 좋은 차량을 고르는 데 별 도움이 되지 않는다. 참고로 시동을 걸면 오랫동안 세워둔 차량의 경우 엔진 하부에 가라앉은 엔진 오일이 충분히 퍼지지 않아 시동 초기에 칼칼한 소리가 날 수 있다. 시동을 걸고 이 상태로 스티어링 휠(핸들)을 지그시 손으로 감싸 쥐고 진동을 확인한다. 가솔린, LPG 차량인데 핸들을 통해 진동이 심하게 느껴지는 경우 엔진을 받치고 있는 고무 부품인 엔진마운트(현장 용어로 미미)를 교환해야 한다.

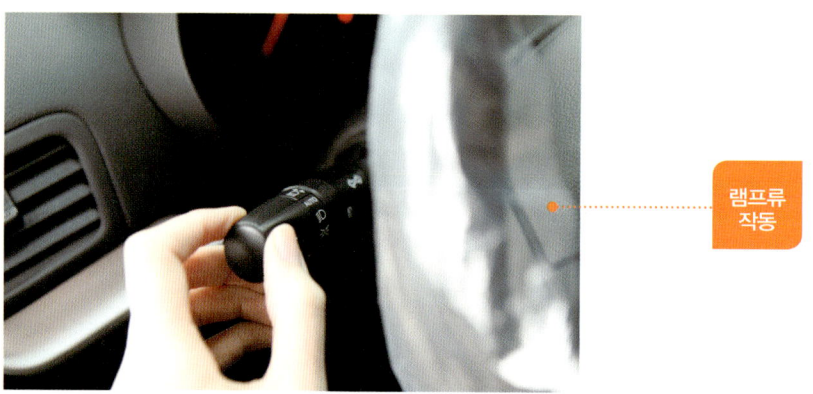

램프류 작동

계속해서 헤드라이트, 방향지시등 등의 등화장치류가 정상적으로 켜지는지 확인하고 특히 계기판 조명이 정상적으로 들어오는지 확인한다(야간 주행 중 계기판 조명 이상을 발견하게 되면 난감할 뿐만 아니라 상당히 위험하다). 그 다음 파워윈도가 모두 정상 작동하는지 확인하고 오디오와 AV 장치들을 다 작동시켜보며 에어컨, 히터 등의 공조 장치도 모두 작동시켜 본다. 열선시트가 있다면 이 또한 작동시켜 본다. 고장 시 어지간한 엔진 고장보다 더 많은 수리비가 발생할 수 있는 부분들이므로 철저하게 점검한다. 전동시트, 뒷유리 열선, 선루프 등도 모두 작동시켜 본다. 실내 장치들이 모두 이상 없이 작동하고 여기까지 별다른 문제가 없다면 좋은 차량에 한결 더 다가간 것이다.

　이제 변속기 레버를 P에 두고 가볍게 길지 않게 가속페달을 밟았다 떼어 RPM 게이지가 올라갔다 내려오는 모습이 자연스러운지 확인한다(수동변속기일 경우 중립에 두고 핸드 브레이크를 채운 다음 시행한다). 중간에 게이지가 부들부들 떨리면서 올라가거나 내려간다면 정비소에서 엔진을 점검해 봐야 한다. 그리고 시동을 걸고 한참이 지났는데도 엔진 소리가 이상하다면 이 또한 정비소에서 점검을 해봐야 한다. 그 다음 변속기를 확인한다. 자동변속기의 경우 스톨 테스트로 확인할 수 있는데 매우 위험한 방법이므로 절대 초보자 혼자 해보는 일이 있어서는 안 된다. 전문가의 도움을 받거나 그럴 수 없는 경우 생략한다. 수동변속기는 클러치를 밟았다 떼면서 엔진 시동이 꺼지는 시점이 정상적인지 확인한다. 클러치를 많이 뗐는데도 시동이 유지된다면 클러치 디스크(일명 삼발이) 교환이 필요한 상태일 가능성이 높다.

03 | 계약하기

1 종사원증 확인(정식 매매딜러 여부 확인)

마음에 드는 차량을 고르고 난 뒤, 내 차로 만들기 위해 매매계약을 하게 된다. 중고차 딜러로부터 구입을 하는 경우 딜러가 정식으로 허가받은 사람인지 확인해야 한다. 정식 딜러는 중고차 매매사업조합에서 발행하는 중고자동차 매매사업 종사원증이라는 일종의 신분증을 목에 걸고 있으므로 종사원증의 사진과 실물이 일치하면 허가받은 정식 딜러라고 생각해도 된다. 확인이 끝나면 본격적인 계약서 작성 단계로 들어간다.

2 매매업자용 계약서 사용 여부 확인

계약서는 개인 간 거래와 달리 관인매매계약서(정식 명칭은 자동차 양도 증명서(자동차매매업자용))라는 양식의 계약서를 이용하므로 이 양식의 모양을 잘 기억해둔다. 위탁 판매 차량이든 직접 판매 차량이든 정식으로 중고차 조합 전산망에 등록한 차량일 경우 관인계약서로 매매하게 된다. 따라서 딜러가 내민 계약서가 개인 간 거래 양식인 경우 조합 전산망에 정식 등록되지 않은 차량이라는 뜻이다. 즉, 개인 소유의 차량을 전산망에 등록하지 않고 판매하는 것으로 이 경우 법정 수리보증을 받기 어렵고 계약 자체에 대한 법적 안전장치가 없어 주의를 요한다.

3 계약서 작성하기

계약서에는 매매하려는 자동차에 대한 정보와 판매자, 구매자에 대한 정보를 기입하게 된다. 즉, 어떤 차를 누가 누구에게 얼마에 판매하는지 쓰는 것이다. 따라서 확인사항은 ① 계약서에 쓰인 자동차가 내가 구입하기를 희망하는 그 차가 맞는지 ② 계약서에 쓰인 판매자가 내가 확인한 그 정식 딜러가 맞는지 ③ 판매 금액은 맞는지 여부이다.

계약서의 차와 내가 본 차가 맞는지 확인하는 가장 간편하고도 확실한 방법은 계약서, 자동차등록증, 성능점검기록부 그리고 실제 자동차의 차대번호를 비교해 모두 일치하는지 보는 것이다. 일치한다면 안심하고 거래해도 된다. 다만 이 차대번호는 실제 차를 인수해 갈 때 다시 한 번 확인해보길 바란다.

관련된 피해 사례를 들자면, 인천의 모 매매단지에서 구매자에게 무사고차를 보여주고는 매매계약을 체결한 뒤에, 실제로는 보여준 차와 등급 및 색상이 동일한 대파차(사고가 크게 났던 차)를 탁송기사를 통해 구매자 집으로 보내준 뒤 잠적한 경우가 있었다. 이 사례의 피해자는 두 가지 실수를 했는데 ❶ 계약서상의 차가 실제 내가 본 차(구입을 희망하는 차)인지 확인하지 않았고 ❷ 차를 본인이 직접 가져가지 않고 나중에 탁송으로 받았다는 것이다. 정식 딜러들은 계속 장사를 해야 하기에 이런 일을 벌이는 경우가 적지만 100% 안심할 수는 없으므로 돈을 모두 지불했다면 차를 반드시 그 시점에 직접 인수해 와야 안전하다.

반대의 경우로는 딜러에게 내 차를 파는 경우를 생각해 볼 수 있다. 딜러가 성능점검을 받고 차 상태에 따라 나머지 차 값을 지불하겠다는 명목으로 계약금만 주고 차를 가져가려고 하는 경우가 있다. 그러나 이는 매우 위험한 방법으로 딜러가 차만 가지고 잠적해 버리는 경우가 실제 발생했었다. 바보가 아닌 다음에야 누가 그런 실수를 하거나 속겠느냐 생각할지 모르겠지만 한 순간의 방심으로 집 다음으로 큰 재산인 자동차를 잃게 될 수 있으니 매우 주의해야 한다. 또, 구매자가 일명 다운계약서의 작성을 요구하는 경우가 있는데 이는 세금을 포탈하는 행위로 명백한 위법이다. 너무나 공공연하게 이루어져서 불법이라는 생각이 안 들지만 위법이므로 주의하기 바란다.

자동차는 연식에 따라 잔존가치가 줄어들며 이를 세금에도 반영하여 연식이 오래된 자동차는 세금이 줄어든다. 이때 연식별로 차량의 잔존가치를 계산하여 그 금액을 기준값으로 사용하게 되는데 이를 과세표준액이라고 한다. 따라서 과세표준액이 500만 원인 자동차는 500만 원에 해당하는 세금을 취득세·등록세로 납부하게 된다. 다만 매매금액이 이보다 높은 경우엔 매매금액을 기준으로 세금이 부과된다. 즉, 과세표준액은 500만 원이지만 매매를 700만 원에 했다면 세금은 700만 원을 기준으로 부과된다. 반대로 과세표준액이 500만 원인 차량을 100만 원에 샀다고 다운계약서

> **자동차 세금 이해하기**
>
> 자동차는 연식에 따라 잔존가치가 줄어들며 이를 세금에도 반영하여 연식이 오래된 자동차는 세금이 줄어든다. 이때 연식별로 차량의 잔존가치를 계산하여 그 금액을 기준값으로 사용하게 되는데 이를 과세표준액이라고 한다. 따라서 과세표준액이 500만 원인 자동차는 500만 원에 해당하는 세금을 취득세·등록세로 납부하게 된다.

를 작성했을 경우엔 과세표준액인 500만 원을 기준으로 세금이 부과된다. 매매금액과 과세표준액 중 높은 금액을 기준으로 세금이 부과되는 것이다. 따라서 차를 100만 원에 샀다고 거짓으로 계약서를 작성해봐야 아무 소용없다. 자세한 세금 관련 사항은 뒤에서 다시 설명하기로 한다.

4 특약사항란 적극 활용하기

매매계약서에는 특약사항을 기록하는 공란이 있다. 이 공란을 이용해 거래 중에 발생하는 각종 특이사항들을 모두 기록해두는 것이 좋다. 추후 분쟁 소지를 줄일 수 있기 때문이다. 예를 들어, 차에 작은 고장이 있으나 당장은 운행에 문제가 없는 부품이니 일단 차를 구입해서 운행하다 부품이 입고되면 수리를 해주겠다고 딜러가 약속한 경우 이대로 구두상으로만 끝낸다면 나중에 약속이 지켜지지 않을 때 약속이행을 요구하거나 이를 강제하기 어려워진다. 이때 특이사항란에 딜러가 약속한 사항을 기록해 둔다면 이후에 문제가 생겨도 당황하지 않을 수 있다.

5 소유권 이전하기

매매계약을 체결했어도 소유권을 이전하기 전까지는 아직 내 차가 아니다. 소유권 이전은 자동차 이전등록이라는 절차를 통해 가능한데 딜러들은 줄여서 '이전'이라고 많이 부른다. 이전은 구매자가 직접 하거나 대행업체를 통해 맡길 수 있는데 초보자가 처음 하기에는 복잡하기에 보통은 대행업체를 통해 진행하는 경우가 많다. 간혹 자동차 관리법에 따라 매매상사에서 판매한 차량은 상사에서 직접 이전해야 한다고 말하는 경우가 있다. 틀린 말은 아니지만 이는 법을 반만 읽고 본인들에게 유리하게 적용한 것으로 실제 자동차 관리법에는 구매자가 직접 이전을 원할 경우 이전 관련 서류를 내어주도록 되어 있다. 다만, 계약일로부터 15일 이내에 이전등록을 마쳐야 하므로 시간을 내기 어려운 경우 이전대행 서비스를 이용하는 것이 바람직하다.

직접 이전을 하기 위해서는 서울의 경우 각 구청 민원실의 자동차등록팀을 찾아가면 되며 지역에 따라 차량등록사업소라는 별도의 기관을 운영하는 곳도 있다. 구매자가 직접 이전을 하기 위해서 필요한 서류는 다음

과 같다.
- 이전등록 신청서(구청 민원실에 비치되어 있다)
- 매매계약서 원본
- 자동차등록증 원본
- 자동차 보험가입 증명서(사본)
- 자동차 번호판(앞/뒤)

> *** 자동차 번호판은 아래와 같은 경우에만 지참한다.**
> - 번호 변경을 희망하는 경우
> - 과거 녹색의 지역별 번호판이 부착된 차량을 다른 지역에 등록하는 경우
>   예) 서울 00 가 1234 차량을 부산으로 가져가 등록하는 경우
> - 번호판이 훼손되어 식별이 어려운 경우

앞에서 이야기한 서류를 들고 해당 관청으로 찾아가면 취득세·등록세 납부, 공채 매입을 해야만 자동차를 등록할 수 있게 되며, 모두 현금으로만 가능한 점에 유의한다. 취득세·등록세, 인지·증지비용, 공채를 모두 납부하고 나면(공채는 매입 후 바로 매각하는 공채할인일 경우) 보통 거래금액(혹은 과세표준액)의 8~10% 사이가 된다.

등록세 = 매매금액과 과세표준액 중 높은 금액의 5%
취득세 = 매매금액과 과세표준액 중 높은 금액의 2%
인지·증지 = 4,000원(2013. 3. 기준)
공채 = 지역별, 일자별 수시로 변함

예를 들어, 과세표준액이 500만 원인 자동차를 500만 원에 구입했다면 이전등록 시 드는 비용으로 총 40~50만 원까지 생각하고 있어야 한다는 뜻이다.

공채는 나라에서 발행하는 채권으로 공공기관의 세수 증대를 목적으로 중고차 이전 시 의무적으로 구입하게 되어 있으므로 구입하도록 한다(매입한다라는 표현을 사용한다).

여기에는 2가지 선택권이 있다. 공채를 매입하여 7년간 쭉 가지고 있다가 나중에

팔아서 이자까지 받는 방법과 매입한 즉시 되팔아 초기 부담을 줄이는 방법이 있다. 매입한 즉시 되파는 것을 공채할인이라고 하는데, 이 방법은 약간의 금전적 손실은 있지만 비싼 자동차를 구입하는데 초기부담을 조금이라도 줄이기 위해 대부분은 매입 즉시 되파는 공채할인을 택하고 있다. 공채 매입 서류 작성 방법은 자동차등록팀(혹은 차량등록사업소) 내의 은행창구에서 자세하게 안내받을 수 있으며 양식 또한 제공받을 수 있다.

취득세·등록세 납부 및 공채매입이 모두 끝났으면 이제 서류를 제출하여 소유권 이전등록을 한다. 서류만 제출하면 담당 공무원이 알아서 전산 등록을 마치고 자동차 구매자의 이름이 찍힌 자동차등록증을 발급해주며 이를 받으면 끝난다. 번호판 교환을 신청한 경우 기존 번호판을 반납하고 새 번호판을 받아 직접 장착하면 된다. 그렇게 하고 나면 법적으로 완전한 내 소유의 자동차가 된다.

* 개인 차량을 구매할 경우 간혹 전 차주가 대출을 이용해 자동차에 저당권이 설정되어 있는 경우가 있다. 이런 경우 저당 해지 절차를 밟아야 하는데 직접 이전 시 복잡하므로 이전대행 서비스를 이용할 것을 권한다.

> **중고차 소유권 이전하기**
>
> 매매계약을 체결했어도 소유권을 이전하기 전까지는 아직 내 차가 아니다. 소유권 이전은 자동차 이전등록이라는 절차를 통해 가능한데 딜러들은 줄여서 '이전'이라고 많이 부른다.

04 | 보험

자동차는 중고차이든 신차이든 자동차 보험가입이 의무사항이다. 보험에는 크게 법정 의무사항인 책임보험(대인, 대물Ⅰ)과 선택사항인 임의보험(종합보험-대인Ⅱ, 자차, 자손 등)이 있다. 일단 중고차 구입 후 소유권 이전과 이동을 위해서는 책임보험만으로 차량 운행이 가능하지만, 책임보험만으로 차량을 움직이는 데는 많은 위험 부담이 따르게 되므로, 중고차 구입 후 차량을 인수하여 이동 시에는 반드시 임의(종합)보험을 가입하여 운행하길 바란다. 보험가입 시 알아야 할 정보는 아래에 소개해 놓았으니 읽어보자.

1 운전자 범위 한정

운전자 범위 한정은 구입할 차량을 운전하는 사람의 범위를 한정하는 것으로, 일반적으로 1인 한정, 부부 한정, 가족 한정이 많이 선택된다. 그 외 누구나 운전할 수 있게 하거나, 특정인을 지목하여 운전을 하게 할 수 있으나 범위 한정이 많을수록, 구체적이지 않을수록 범위 한정으로 인해 보험료 할증이 많이 된다. 특히 가족 한정에는 형제자매는 들어가지 않으므로, 형제자매 특약을 선택하거나 아예 부모님 명의로 선택을 하면 형제자매까지 운전이 가능해진다.

운전자 범위 한정을 하면 범위 중 최소연령자의 연령을 조건에 넣어야 하는데, 이 때 26세 미만이 들어가게 될 경우 할증이 높으므로, 할증을 유발하는 사람이 운전의 빈도가 많지 않을 경우, 모든 경우의 수를 따져서 운전자 범위 한정을 하여 필요 없는 보험료를 더 내기보다는 이후 필요 시 일일보험 등을 넣는 것이 오히려 경제적이다.

2 차량별 할증

포르테 쿱, 제네시스 쿠페 등의 차량은 엄밀히 이야기할 때, 스포츠카는 아님에도 불구하고 해당 차량을 스포츠카로 분류하여 보험료 책정을 많이 하는 보험사가 있다. 내가 타는 차가 3도어 쿠페형이고, 일반적으로 젊은 소비자의 구매가 많은 차량을 선택한다면 차량 분류가 스포츠카로 되어 있는지 확인하고, 일반 승용차로 분류되어 있는 보험사를 선택하는 것이 훨씬 경제적이다. 인터넷을 이용한 비교 견적이 많이 도움이 되는 경우이다.

3 동일증권

한 가구 혹은 한 사람의 명의로 자동차가 두 대 이상인 것이 이상하지 않은 시대이다. 이때 자동차 보험을 가입할 때 하나의 보험증권으로 묶어서 관리하는 것이 동일증권이다. 최초 차량 출시 및 보험가입일이 다르더라도 먼저 도래한 차량의 보험가입 시 동일증권으로 해달라고 요구하면, 남은 차량의 보험일자만큼 계산하여 하나의 보험증권으로 묶어서 가입 안내해준다. 동일증권의 장점은 만기일이 동일하므로 자동차 보험 갱신 및 관리가 편리하고, 사고에 따른 할증이 전체 자동차로 배분되기 때문에 보험료가 절감된다는 것이다.

4 대인배상 II

대인배상 II는 대인배상 I에 가입하는 경우에 한해서 가입할 수 있다. 대인배상 I은 자동차 손해배상 보장법에 의해 의무가입이며, 최대 1억까지 보상이 가능하다. 그 이상의 피해 발생 시에는 개인이 변상해야 한다. 그런데 피해자의 직업과 연령에 따라 대인배상 금액이 초과하는 피해를 수십억 원까지도 배상해야 하는 경우가 있다. 이를 고려하여 무한배상으로 가입할 것을 반드시 권한다. 일반적으로 무한배상으로 하더라도 보험료는 대인배상 I 보다 훨씬 저렴하다.

5 대물배상

피해자의 차량이나 재물을 파손했을 때 손해를 보상하는 보험으로 1천만 원은 의무가입이지만 그 이상의 보상기준을 설정해야 하는데, 최근 도로에 부쩍 늘어난 수입차 혹은 고급차들을 염두에 두고 보험을 가입한다면, 대물배상 역시 1억 이상으로 가입을 하는 것이 안전하다. 배상한도의 조건을 바꿔서 알아보다 보면 1억 정도의 배상한도를 늘리는 데 연간 1만 원 정도면 가능한 수준이다. 좁은 길에 이동 중 고가 수입차 사이드미러를 툭 쳤는데, 사이드미러 교체비용이 150만 원이 나왔다는 신문기사를 접하는 것은 흔한 일이 되었다. 하물며 플

라스틱 덩어리 사이드미러가 그러한데, 엔진쪽 추돌이나 후미추돌 시 넉넉한 대물보상이 아니면 큰 낭패를 본다.

6 무보험차 상해

앞에서 이야기한 바와 같이 중요한 게 자동차 보험인데, 길에 무수히 많은 무보험 차량이 돌아다닌다. 대포차는 보험이 없고, 사고를 내어 놓고 본인은 보험도 안 들었고 돈도 없으니 법대로 하라고 하면 난감하기 짝이 없다. 이때 필요한 것이 무보험차 상해 보험이다. 최소라도 가입을 해놓자.

7 자기 차량 손해

다른 차량과의 사고가 아닌 본인 과실로 차량이 파손되거나, 피의자를 알 수 없는 손해를 입었을 경우, 차량의 도난, 화재 등으로 손해를 입었을 경우 사용한다. 자기 차량 손해제도는 정액(5, 10, 20, 30, 50만 원) 부담에서 차량 손해액의 20%, 30%를 부담하는 정률로 변경되었다. 그리고 최소한도와 최대한도를 정한 뒤 차량손해액의 20%, 30%가 최대한도보다 높을 때는 최대 자기 부담금까지만 부담을 하고, 차량손해액의 20%가 최소한도보다 낮을 때는 물적 할증에 따른 최저 자기 부담금을 부담하는 것으로 바뀌었다. 당연히 차량의 연식이 짧을수록 신차 가격이 높을수록 보험료는 올라간다. 신차 혹은 짧은 연식, 고가차량인 경우에는 부담이 되지만 가입을 검토해 보는 것이 좋겠다.

8 그 외 서비스

그 외 보험사항은 본인의 생활패턴을 고려하여 가입여부를 따지면 된다. 긴급출동 서비스 같은 서비스는 일반적인 상황에서는 필요 없다고 생각할 수도 있으나, 도심지를 벗어난 외딴 곳에서의 사고나 차량 문제 발생 시, 그리고 운전자가 익숙하지 않은 곳, 외딴 도로, 고속도로에서는 1~2만 원 정도가 소요되는 그 보험료가 문제가 안 되는 일들이 언제든지 일어날 수 있다. 특히 여성들에겐 남자친구, 남편, 아버지보다 든든한 지킴이가 되어줄 것이다. 기본 이상의 프리미엄 서비스 같은 경우는 필요가 있을까 라는 생각은 든다.

9 경제적으로 보험 들기

이제 자동차 보험을 인터넷으로 직접 가입하여 가격을 낮추는 것이 일반적인 자동차 보험가입 방법이 되었다. 추가적으로 보험료를 더 낮추는 방법을 알아본다.

1 연간 주행거리가 짧은 차량

연간 누적 주행거리가 7천km 이하로 짧은 주행거리를 운용하는 차량이라면 각 보험사별로 에코마일리지 특약을 알아보고 가입을 하면, 최소 5~12% 할인이 가능하며, 선 할인과 후 할인 등의 다양한 방법이 있다.

2 블랙박스 특약

블랙박스도 차량의 필수품이 되었다. 차량에 블랙박스가 있다면 가입 시 블랙박스 특약을 이용하여 가입하자. 블랙박스의 제조회사, 모델명, 일련번호 등만 입력하거나 알려주면 보험사별로 2~5%까지 할인이 가능하다.

3 요일제 특약
요일제 특약은 주중에 하루 날을 정해 놓고 자동차를 운행하지 않는 사람들을 위한 제도이다. 월요일~금요일 중 하루를 정하고 운행을 하지 않는 대신 보험료를 절감하는 것이다. 보험료는 차종에 따라 8~9% 정도 절약이 가능하다. 운행기록을 보험사에서 알 수 있도록 차량에 OBD가 설치되어 있어야 하고, 앞서 언급한 마일리지 특약과 중복해서 가입할 수는 없다.

4 친서민 특약
2010년 금융위원회가 발표한 자동차 보험 개선 대책의 하나인 서민 경제지원형 자동차 보험 상품이다. 자동차 소유자가 기초생활 수급자인 사람이나, 연소득이 4천만 원 이하인 사람들은 세부 조건을 살펴본다면 3% 정도의 추가 절감이 가능하다.

5 사고 수리 시 중고 부품 사용 특약
일부 보험사 특약을 보면 사고 수리 시 일정 부분의 부품을 중고 부품을 수리하여 사용하게 하면 보험료를 깎아 준다는 특약도 있다. 여기서 말하는 중고 부품은 쓰다가 제거하여 다시 쓰는 부품이 아니라 부품의 기능에 문제가 없도록 재가공된 부품으로 기능과 내구성에 문제가 없으며 적용되는 부분도 범퍼, 전조등, 문, 트렁크 등이기 때문에 특약을 선택하여 절감하는 것이 효과적이다.

10 자동차 보험의 할부 결제
　자동차 보험에 처음 가입하거나, 사고 경력이 있거나, 가입하는 차량이 고가의 차량으로 보험료가 비쌀 경우 한꺼번에 많은 비용이 부담되는 경우가 많다. 일반적으로 소비자는 보험사와 제휴하고 있는 신용카드로 무이자 결제를 하거나, 여의치 않은 경우에 카드할부를 이용하게 된다. 일반적인 카드할부는 높은 이자율을 물어야 하는데, 이때 유용한 팁은 보험사별로 분할납부 특약을 운용하는 보험사가 있는데 이를 이용하는 것이다. 분납은 각 보험사마다 차이가 있지만 최대 11회까지 가능하며 수수료율이 최대 2%를 넘지 않기 때문에 이를 통해서 비용을 절감할 수 있다. 이때 꼭 알아야 할 것은 분납할부 특약을 하더라도 자동차 보험 중 책임보험 부분은 결제 완료 후 발효가 되므로, 일시 납부 처리가 되며, 나머지 임의보험만 분할납부가 된다는 것이다.

11 판매 시 자동차 보험

상기 내용이 매수자의 자동차 보험가입 조건이라면, 매도자 입장에서도 자동차 보험과 관련 주의사항이 있다. 차량 판매 시 반드시 소유권 이전을 확인하고 자동차 보험을 해지해야 하는 것이다. 차를 구입해 가는 매수인이 중고차 딜러나 전문업체면 응당 매도 후 익일까지는 반드시 소유권 이전이 완료된 차량등록증이나 자동차원부를 요구하여 팩스 등으로 수령한 뒤 보험사에 전화해 자동차 보험을 해지하고, 보험의 잔여기간에 대해 환불이 가능하다.

일부 중고차 딜러들이 자동차 매입 시와는 다르게 이런 저런 핑계를 대면서 소유권 이전을 미루고, 해당 차량의 책임보험을 본인이 든다고 구두로 이야기하는 경우가 많은데 이때 우선순위는 ① 차량 소유권 이전을 다시 한 번 요구하는 것 ② 협의하여 일정 기간 소유권 이전을 미뤄줬다면 차량의 책임보험 가입 증명서를 요구하는 것 ③ 매도된 차량을 상품용 전시 외 일절 운행하지 않겠다는 내용의 서약서 등을 요구하는 것이다.

대부분 곤란한 상황은 개인 간 거래일 때 많이 발생하게 되는데, 서로 웃으면서 만나 소유권 이전은 본인이 하겠다고 하며, 돈만 주고 헤어지는 경우가 많은데 이는 매우 위험한 거래이다. 자동차는 반드시 소유권 이전이 완료된 것을 확인하고 키를 넘겨주어야 한다. 소유권 이전을 위해서는 반드시 매수자 명의의 보험가입이 되어 있어야 하는데, 이를 통해서 소유권 이전, 그리고 해당 차량의 보험가입 두 개를 다 확인함으로써 해당 차량의 운행에서 일어날 수 있는 모든 사고에 대해 책임을 면하게 되는 것이다. 아무리 계약서에 서명날인을 하였다고 하여도, 10대 중과실의 경우 차량 소유주에게 책임이 있고, 매수자가 인적 사고 후 도주라도 하는 경우가 발생하면 매도자는 매우 곤란한 상황에 처하게 된다.

따라서 꼭 개인 간 거래를 해야 한다면, 소유권 이전과 보험가입 및 확인이 가능한

> **소유권 이전 확인하고 키를 받자**
>
> 대부분 곤란한 상황은 개인 간 거래일 때 많이 발생하게 되는데, 서로 웃으면서 만나 소유권 이전은 본인이 하겠다고 하며, 돈만 주고 헤어지는 경우가 많은데 이는 매우 위험한 거래이다. 자동차는 반드시 소유권 이전이 완료된 것을 확인하고 키를 넘겨주어야 한다.

평일에 거래를 하도록 하고 계약 시 반드시 보험가입 확인을 하고, 끝으로 계약서 차량 계약과 인수 시간을 명기하여 이후 해당 차량의 인적, 물적 사고의 책임이 매수자에게 있음을 명기하는 것이 좋다.

 아무도 알려주지 않는 가벼운 접촉사고 처리법

주행 중에 사고가 발생했다면 우선 첫 번째 확인할 것은 사고로 인한 환자가 발생했는지 확인하는 것이다. 어떠한 경우라도 사람의 안전이 우선이기 때문에 꼭 기억해야 한다. 하지만 시내에서 환자가 발생하지 않는 가벼운 접촉사고가 발생했을 경우 사고로 인해 당황하여 사고처리가 매끄럽지 않게 진행되는 경우가 대부분인데 가벼운 차량 접촉사고 시 처리하는 방법은 매우 간단하다.
우선 접촉사고 발생 시 주변 교통 상황을 파악한 후 본인의 안전뿐 아니라 주변 차량의 안전에 위해하지 않은 환경을 만드는 것이다. 커브가 끝나는 지점 또는 후방에 주행하는 차량들이 사고차를 보지 못하고 추돌하는 경우 2, 3차 사고가 발생할 수 있기 때문에 사고 현장의 안전조치를 제일 우선으로 한다.

현장에 대한 안전이 확보되었다면 사고차량의 운전자들은 각각 자신의 보험사에 전화하여 사고를 접수하고 안전한 장소에서 보험사 직원을 기다리면 된다. 경미한 사고의 경우 보험사를 통하지 않고 사고 당사자들 간에 직접 해결하려는 경우가 종종 발생하는데 이는 사고처리에 있어서 좋은 방법은 아니다. 물론 현장에서 가해자, 피해자에 대한 정의를 내리는데 각 당사자들 간에 합의가 있고 추후 원만한 처리가 가능한 경우도 있지만 그렇지 못하고 피해차량의 견적에 대해 가해자가 인정하지 않고 처리를 미루는 등 원만하게 해결되지 않는 경우가 더 많기 때문에 사고처리 방법으로써는 좋지 않다.

보험사에 사고를 접수하는 것만으로 보험처리를 꼭 해야 하는 것이 아니다. 간혹 보험사에 접수하는 것만으로 보험처리가 되어 보험료가 인상되는 것을 걱정하여 현장에서 해결하려는 운전자들이 있는데 이는 사고처리를 원만하게 하는 데 도움이 되지 않는다. 보험사에 접수하는 것은 말 그대로 보험이다. 피해자, 가해자 간에 과실이 결정되고 그 결과를 바탕으로 당사자들 간에 합의를 통해 보험사를 통하지 않고 직접 해결해도 무방하다. 하지만 보험사의 처리로 해결하는 것이 가장 깔끔하다. 인사 사고가 아닌 경우라면 보험사를 적극 활용하는 것이 사고처리에 매우 큰 도움이 된다는 것을 기억하자.

05 | 대출

일반적으로 자동차를 현금으로 100% 다 주고 거래하는 고객의 비율은 그리 많지 않다. 그리고 최근에는 그 비율도 점점 떨어지고 있다. 그래서 대부분 차량 구입 시 검토하게 되는 것이 중고차 대출 혹은 중고차 할부이다. 최근엔 은행권 중고차 할부금융 상품까지 출시되어 중고차 금리가 많이 떨어졌다고는 하나, 차를 파는 딜러가 본인이 거래하는 할부금융사를 사용하지 않으면 시간, 절차상 번거로움을 핑계로 판매를 거부하는 일까지 생겨 낮은 금리의 중고차 할부금융 상품의 시장 점유율 확대 및 고객 이용 증대가 어려운 상황이다.

딜러가 차를 팔지 않겠다는 말까지 하는 주된 이유는 할부 진행 후 받게 되는 대출 중개수수료가 많기 때문이다. 최근 중고차 판매 광고가 인터넷으로 일어나게 되면서 보다 낮은 가격으로 매입이 어려워지고, 남들보다 비싸게 파는 영업이 어려워지면서 차량의 대당 마진이 예전보다 많이 줄어 수익성이 낮아졌다. 때론 차량 전체 금액에서 할부금액 비중이 높은 경우, 차량을 판매하고 남는 마진보다 대출 중개수수료가 더 많은 경우도 일어나니 중고차 딜러 입장에서는 대출 중개수수료를 받을 수 있는 제휴 할부 금융사를 고집하는 것이다.

중고차 할부금융의 영업구조는 일반적으로 캐피탈 – 대출 제휴점 – 딜러 – 고객으로 이뤄져 있다. 대출 제휴점이 규모가 큰 경우에는 대출 제휴점 밑에 또 중소 대출 제휴점이 있는 경우도 있어 상품을 이용하는 고객까지 연결에 많은 이해관계자가 있고, 그들의 중간 수수료가 전부 고객이 부담하는 할부 수수료가 되기 때문에 이자율이 그렇게 높은 것이다. 중고차업체 입장에서 대출 중개수수료 외에도 많은 매입을 캐피탈사의 채권 공매 차량이나 리스반납 차량을 하고 있는데, 해당 캐피탈사의 상품을 많이 이용해주지 않으면 입찰권이 거부되거나 아예 불러주지도 않기 때문에 중고차 매입을 위해서라도 치열한 금융 상품 판매를 하고자 한다.

그렇다면, 중고차를 할부로 구입해야 하는 고객은 어떻게 해야 할까? 중간 수수료를 더 취하거나, 그러한 이해관계의 단계가 짧을수록 소비자는 낮은 금리로 중고차 할부를 이용할 수 있으므로 무턱대고 차부터 고르지 말고, 먼저 구입처의 할부 금융사의 금리를 물어보고 차량 구입 진행을 하는 것이 좋다. 그리고 은행권에서 자동차 관련 대출이 아닌 다른 대출 조건을 먼저 검토해 본 뒤에 마지막으로 자동차 할부 금융을 선택하는 것이 더 지혜로운 할부 구매 방법이라 하겠다.

06 | 보험과 대출, 그 후

대표적인 매수자와 매도자의 정보 불균형 시장이었던 중고차 시장이 적어도 가격에 있어서만큼은 그 불균형이 거의 해소되었다. 따라서 판매하는 중고차 매매상의 마진이 일반적으로 고객들이 생각하는 것보다 훨씬 적어졌다. 그래서 예전에는 거들떠 보지도 않던 자동차 외 연관 상품 판매에 그렇게 목을 매는 것이다.

소비자 입장에서는 상품의 질이 똑같다면 보다 저렴한 조건을 선택하는 것이 현명한 소비라고 생각할 것이다. 그런데 필자의 생각은 조금 다르다. 적어도 구입하는 것이 자동차라면 말이다. 자동차는 그것이 신차이든, 중고차이든 반드시 관리비용이 생기는 기계이고, 그 비용 또한 만 원짜리 몇 장으로 처리되지 않는 경우가 많다.

예를 들어 신차 구입 시 월말 실적에 쫓기는 신차 영업사원의 상황을 이용하여 영업사원의 수당을 깎아 차에 선팅하고, 내비게이션을 달아 차량을 출고하고, 그 뒤 차량에 문제가 생겨 영업사원에게 전화했다고 하자. 다행히 전화 연결이 된다 하더라도 그 영업사원은 문제를 적극적으로 나서 회사에게 어필해주지 않거나, 어쩌면 아예 당신의 전화를 받지 않을지도 모른다.

중고차도 마찬가지다. 위와 같은 내용을 생각하면서 중고차 구입 시 중고차 딜러와 서로 윈윈하는 조건을 만들어가야 한다. 그런데 보험은 인터넷으로 다 들어서 오고, 대출은 은행에서 먼저 진행한다고 해보라. 이후 중고차 딜러는 남는 것이 별로 없는 장사를 한 상황이므로, 차량에 문제가 발생했을 때 방어적으로 나오면서, 시간적·금전적으로 손해 보는 일은 절대 하지 않을 것이다.

인터넷에 어떤 보험을 알뜰살뜰 알아본들 1~3만 원 차이다. 대출 이자는 솔직히 부담이 되는 금액 차이기에, 중고차 대출 상품은 꼼꼼히 따져야 하겠지만 많지 않은 금액은 굳이 중고 판매상 앞에서 다른 금융사에 전화하여 진행하기보다 중고차 판매상에게 대안이 있음을 알리고 중고차 판매상이 제시하는 금융할부 조건을 들어보자. 그렇게 보험을 들어주고, 대출을 해주는 조건으로 딜러들에게 과하지 않은 딜을 제시해보자. 그것이 차량가격이어도 좋고, 부가 서비스라도 좋다.

뻔히 보이는데 돈을 더 주고 사라는 뜻은 아니다. 지혜로운 소비자라면 무조건 본인에게 유리한 게임 룰만 고집하지 않는다. 상대방도 얻는 것이 있게 만들어 더 큰 거래를 성사시키는 것이 사후 관리가 필요한 고가 상품을 살 때 실속을 챙기는 구매 방법이다.

07 | 차량 인수

인수하기 전에 스크래치 확인

일단 차량을 인수해서 가져가면 뒤늦게 심한 스크래치 등을 발견하여도 인수 이전부터 있던 스크래치인지 인수 후에 운행하다가 발생한 스크래치인지 책임소재가 불분명하기 때문에 보상을 요구하기 어려울 수 있다.

자동차를 인수할 때에는 차량을 인수하는 날짜와 시간을 적은 인수증을 2부 작성하여 판매자와 구매자가 나눠 갖는 것이 좋다. 이는 차량 인수 시점을 명확히 하여 추후 발생할 수 있는 분쟁 소지를 줄이기 위함이다. 예를 들면, 과태료가 발생할 경우 인수 시점이 불명확하면 과태료를 누가 부담해야 하는지 분쟁이 발생할 수 있다. 이때 명확한 인수 시점이 적힌 서로의 서명이 있는 인수증이 있다면 억울한 일을 당하지 않는 경험을 하지 않을 수 있다.

차량을 인수할 때는 마지막으로 차량의 상태를 점검한다. 특히 외관의 스크래치, 깨짐 등의 상처를 꼼꼼히 확인하여야 한다. 일단 차량을 인수해서 가져가면 뒤늦게 심한 스크래치 등을 발견하여도 인수 이전부터 있던 스크래치인지 인수 후에 운행하다가 발생한 스크래치인지 책임소재가 불분명하기 때문에 보상을 요구하기 어려울 수 있다.

또 엔진 오일과 변속기 오일, 냉각수, 브레이크 오일을 확인하여 운행 중 문제발생 소지를 사전에 차단한다. 이미 성능점검을 받은 차량이지만 경우에 따라 판매되기까지 오랜 시간을 상품전시장에 세워졌던 차량일 수 있기 때문에 반드시 확인을 해야 한다.

08 | 차량 인수 후 관리

요즘 자동차는 전자장비가 발달하여 운전자의 운전 패턴을 학습하여 연료분사, 변속타이밍 등의 정밀 조정을 통해 성능을 향상시키는 기능이 있다. 이에 따라 인수 직후엔 전 차주의 운전 패턴이 자동차 메모리에 남아 있어 운전자 변화에 따른 각종 고장이 유발되기도 한다. 따라서 신차를 산 것처럼 초기에는 부드럽게 가감속하고 저속·중속·고속으로 다니며 다양한 영역대에 대해 새 주인의 운전습관을 자동차가 익힐 수 있도록 하는 것이 좋다.

특히나 오일류의 경우 교환주기를 지켜 교환하는 것이 좋으며 최근의 오일은 성능이 향상되어 교환주기가 긴 경우도 있으니 오일전문점이나 자동차 제조사 정비사업소에 잘 확인하여 교환하도록 한다. 외관이 지저분한 경우 광택을 하기도 하는데 광택업체에서 사용하는 광택약은 표면을 약하게 갈아내는 컴파운드와 비슷하다. 따라서 가끔 이용하는 광택전문점은 외장관리 측면에서 좋은 효과를 볼 수 있지만 잦은 전문 광택은 차량에 좋지 않다. 평상시에는 마트에서 판매하는 광택왁스로 광택을 내는 것이 좋다. 광택전문점에서 사용하는 광택약에 비해 표면을 갈아내는 정도가 현저히 약하기 때문이다. 하지만 광택 효과는 그만큼 떨어진다는 걸 명심하자.

tip! 똑똑한 소비자도 놓치기 쉬운 중고차 구매 후 행동요령 4가지

많은 사람들이 중고차를 구입할 때 좋은 차를 사기 위해 많은 양의 정보를 수집한다. 본인에게 맞는 최적의 차량을 찾기 위해 허위 매물 구분법을 익히는 것은 물론이고, 보험개발원에서 제공하는 사고 이력조회와 성능점검기록부도 꼼꼼히 챙긴다. 하지만 과정만큼 결과도 중요한 법. 종종 만족스러운 중고차 구입에만 집중한 나머지 구입 후 행동요령에 대해서는 간과하는 사람들이 있다. 이럴 경우 본인이 원했던 중고차를 샀더라도 구매 후 벌어지는 몇 가지 불미스러운 상황들로 인해 속았다고 생각하는 불상사가 발생하기도 한다.

❶ 중고차 계약서 작성 때 특약 사항을 표기해라

일반적으로 중고차를 사는 사람들이 차량의 침수나 사고 여부를 완전히 알아내기는 어렵다. 그래서 대부분 중고차업체의 말을 믿고 사지만 나중에 문제가 생겨도 보상을 받지 못하는 경우가 있다. 이러한 상황을 방지하기 위해선 계약서 작성 시 특약 사항에 주행거리 조작, 침수, 고지하지 않은 사고 등에 대한 환불을 표기하는 것이 좋다. 압류나 자동차세 관련 부분도 처리 기간과 당사자를 계약서상에 명확히 명시하면 좋다. 또한 구두로 약속했던 내용도 매매계약서에 모두 명기하면 문제가 발생했을 때 분쟁을 줄일 수 있다. 믿을 만한 업체를 선정하는 것도 중요하다. 구입 후 문제가 생겼을 때 책임을 회피하거나, 아예 업체가 사라지는 경우도 있다. 매매상사는 문제가 발생했을 때 보상

을 해줄 수 있는 비교적 규모가 크고, 한 곳에서 오래 영업을 한 곳을 선택하는 것이 안전하다. 보증을 해주는 곳에서 중고차를 구입하면 더욱 안전하게 중고차를 구입할 수 있다. 중고차 전문기업 SK 엔카는 전문 차량평가사가 엔진, 미션부터 사고 부위까지 안전 및 기술과 관련된 18단계 115가지 항목을 꼼꼼하게 진단하고 보증해준다.

❷ 명의이전은 15일 이내로 완료하고 영수증은 꼭 받아라

중고차 구매자는 계약 직후 바로 명의이전을 해야 한다. 계약일로부터 15일 이내 명의이전을 하지 않으면 최고 50만 원의 과태료가 부과된다. 판매자에게 받은 자동차등록증, 매매계약서, 인감증명서와 본인의 보험가입 증명서를 준비해 관할 구청이나 차량등록사업소를 방문하면 된다.

최근 많은 중고차업체들이 복잡하고 번거로운 명의이전을 대행해주는 서비스를 제공하고 있다. 이때 일부 중고차업체들이 소비자들의 이전비용 정보 부족을 악용해 금액을 과다 청구하는 경우가 있다. 이러한 상황을 피하기 위해서는 실제 발생할 이전비가 얼마일지 대략적으로 먼저 계산해 보고 추후 차이가 나는지 비교해야 한다. 또한 차량 매매가격과 등록에 소요되는 가격을 반드시 분리해 작성하고 취득세·등록세, 채권매입 영수증을 돌려줄 것을 요구해야 한다.

❸ 무심코 던진 한마디, 과잉 정비의 덫에 빠질 수도 있다

중고차업체에서 진단을 거치고 보증을 받은 차를 구매했더라도 소비자들은 차를 인도받은 후 대부분 가까운 정비소로 향한다. 혹시 속아서 산 부분은 없는지, 성능에는 이상이 없는지를 확인하기 위해서다.

이때 "중고차를 샀는데 상태 좀 봐주세요."라고 말하는 것은 과잉 정비를 부르는 지름길이다. 이는 중고차를 새로 구입한 소유자가 현재 상태를 잘 모른다는 점을 악용해 과잉 정비를 유도할 수 있기 때문이다. 전체적으로 상태를 봐달라는 말보다는 "엔진 오일, 미션 오일 교체해야 되는지 봐주세요.", "소리가 나는데 이상이 있나요?" 등 구체적인 부분을 짚어주는 것이 과잉 정비를 줄일 수 있는 방법이다. 또한 신차 브랜드 A/S센터를 가는 것도 좋은 방법이다. 정기적인 소모품 점검을 받으면서 차를 진단받을 수 있다.

❹ 오일 교환 후 차의 교환주기를 만들어라

각종 벨트, 오일이나 필터 등 대표적인 소모품들은 중고차 구입 후 꼼꼼히 점검하고 새롭게 교체해줘야 한다. 소비자들 중에는 정비소에서 소모품을 교체해야 된다는 말을 들을 경우 중고차를 속아서 샀다고 오해하는 경우가 있다. 하지만 중고차 시장에는 무상 보증기간이 끝난 차량들이 대부분이기 때문에 새로운 소모품으로 교체된 차량을 만나는 경우는 드물다. 오히려 중고차를 사서 소모품을 제때 교환하고 차의 교환주기를 만들어 꾸준히 관리해준다면 신차 못지않은 만족감을 얻을 수 있다.

chapter 5

중고차 사기(詐欺) 사례
중고차 사기를 피하는 법

> **중고차 사기 예방**
>
> ● 제3자가 개입하는 모든 거래는 조심한다.
> ● 최종 계약 완료까지 번거롭다 하더라도 본인이 참여하여 매각할 수 있도록 한다.
> ● 모든 서류를 매도자에게 넘겨주지 않는다.
> ● 차량등록증, 인감증명서의 원본을 주지 않는다.
> ● 관인계약서에 매수자가 정해지지 않은 상태에서 인감날인은 위험하다.

앞서 말한 대로 중고차는 거래 단위 거래 금액이 집 다음으로 큰 재화다. 때문에 중고차를 가지고 나쁜 마음을 먹고, 나쁜 꾀로 남을 속이려는 사람들이 간혹 있다. 연간 중고차 거래대수가 증가함에 따라 중고차 관련 사건 사고도 늘고 있다. 한국소비자원에 따르면 중고차 관련 소비자 피해구제 요청은 매해 증가하고 있으며, 이런 피해들은 중고차 피해 사건으로 미디어를 통해 지속적으로 노출되고 있다. 이는 소비자가 중고차 시장에 신뢰감을 갖는 데 걸림돌이 되게 하고, 나아가 중고차 시장에 대한 막연한 거부감을 느끼게 한다.

소비자 입장에서는 억울하다고 할지 모르겠지만, 거의 대부분의 사기 사건은 나쁜 마음을 먹는 가해자 있고, 기본을 지키지 않거나 제대로 알아보지 않고 당하는 피해자도 있어야 성립된다. 중고차 구입 피해 사례를 통해 어떤 점을 주의하면 사기 사건의 피해자가 되는 것을 피할 수 있을지 알아보자.

01 | 중고차 시장에 남의 차를 대신 팔아먹고 도망가는 먹튀가 있다

1 제3자가 개입하는 모든 거래는 조심

> **〈 사례 〉** A라는 개인이 차량을 팔기 위해서, 인터넷에 매물 등록을 하였다. 다음 날 B라는 사람이 전화를 해 차량이 마음에 든다며 보러 간다고 해 A와 B는 다음 날 만나기로 약속한다.
>
> 그 뒤 C라는 사람이 인터넷을 보니 아주 좋은 조건의 차량이 좋은 가격에 나와 있어 전화를 하는데 B가 받는다. C는 차량이 마음에 들어 차량을 보고 싶다고 하고 B는 C와도 다음 날 만나기로 약속한다.
>
> A가 B와의 약속으로 차를 가지고 와서 기다린다. C는 B를 만나러 간다. 이때 A에게 B의 전화가 오고, 갑자기 급한 일이 생겨서 직접 차를 보러 가기 힘들다고 하며, C의 연락처를 가르쳐 준다. 그리곤 C에게 전화를 해서 급한 일이 생겨서 본인이 직접 차를 가지고 나가기 힘들어 A를 대신 보내겠다고 한다. 차를 보고 마음에 들면 차주는 본인이기 때문에 본인(B)에게 연락을 달라 한다.
>
> A와 C가 만난다. A는 열심히 차를 보여 주고, C는 열심히 차를 본다. C는 차가 마음에 든다. 차를 본 뒤 A에게 감사하다고 한다. A와 헤어지고 C는 B에게 전화를 해서 차가 마음에 들어 구입하고 싶다고 하고, B는 A에게 전화를 해서 차가 마음에 들기는 한데 당장 결정하기가 어려워 시간을 달라 한다.
>
> 그리고 B가 C에게 전화 도중 차량이 마음에 들면 계약금을 달라고 요구한다. 때론 C가 차에 푹 빠져 있거나, C의 구매에 대한 확신이 크다고 생각되는 정황이 있을 때 B는 대동강 강물을 팔아 먹었던 김삿갓보다 더 대범한 사람이 된다.

계약금이나 차량 금액이 입금된 후 어떻게 되었을까? 당연히 C는 B와 연락이 되지 않는다. 영문을 모르는 A와 C가 경찰서에 앉아서 서로를 마주보며 뭐 이런 일이 다 있을까 한다. 이는 실제 있었던 일이다. 이런 경우는 보통 A의 자동차처럼 아주 훌륭한 차량이 있고, 그로 인해 C처럼 차량 구매자가 차량에 푹 빠져 버려 그 차량에 대한 소유욕에 경계심을 풀었다는 공통점이 있다. 사례를 읽어 보면 'B가 갑자기 바쁘다고 하는 시점부터 의심할 수 있지 않을까?' 그리고 '어떻게 차만 보고 계약금을 넣을 수 있지?'라고 생각을 하게 된다. 그런데 실제 이러한 일들이 지금도 일어나고 있다. 빠른 결정을 요구하는 상황에 마음에 드는 차가 내 눈앞에 있고, 차의 위치도 파악하고 있어 의심이 들지 않는 상황이라면 C가 당신이 되지 않는다고 장담할 수 없다.

> **꼭 기억하기!**
>
> 모든 거래의 기본은 소유주와 거래를 하는 것이다. 제3자가 개입하거나 상황상 그렇게 될 경우 더욱 명확하게 거래를 요구할 필요가 있다. 자동차는 소유권이 등록되는 재화이다. 그래서 차량등록증을 보면 자동차에 대한 정보와 자동차 소유주에 대한 정보가 나온다.
>
> - 거래 전에 차량등록증을 확인한다.
> - 차량 소유주의 신분증을 요구하여 차량등록증 소유주와 동일한지 확인한다.
>
> 개인 간 거래일 경우 계약금만 넣는 계약이 아니라 모든 서류를 완비해 차량과 서류 그리고 차량금액이 모두 그 자리에서 교환되는 완결형 거래를 하도록 한다. 그리고 즉시 소유권 이전을 한다.
>
> - 상대방이 계약금을 요구할 때 이것 하나만 기억하자. 상대방은 내가 처음 본 사람이다!

2 제3자가 자동차 관련 종사자라도 확인할 것은 확인해야 한다.

> **〈 사례 1 〉**
>
> A는 가족들이 자주 거래하는 신차 영업소와 영업사원이 있다. 중고차 매각이 번거로워 이번에도 예전과 같이 지금 타고 있는 차를 매각하면서 신차 계약을 했다. 중고차 매각에 필요한 서류 일체와 차량을 주고 계약금으로 대신했다. 그런데 며칠 뒤부터 영업사원이 연락이 되지 않는다. 신차 영업소에 전화를 했더니 영업사원이 출근도 하지 않고 있다 하고, A의 신차 계약도 해지가 되어 있었다. A가 영업소에 본인의 중고차를 찾으러 갔더니 이미 A의 차량을 사고 차량을 찾으러 온 중고차업체와 업자 여러 명과 A와 비슷한 처지인 고객들로 북적거렸다. A의 차는 지방의 어떤 매매업자 주차장에서 발견되었으나, 해당 매매업자는 정상적으로 상품용 차량으로 소유권 이전까지 마쳤다며, 이전된 등록증을 보여주며 차를 줄 수 없다고 한다.

〈 사례 2 〉 사례1의 A와 같이 중고차 매각 의뢰를 하였는데, 며칠 뒤 경찰서에서 전화가 와 가보니, 차량에 여러 건의 저당권 설정이 되어 있었고, 해당 차량의 소유권을 주장하는 캐피탈 회사 여러 곳이 나타났다.

〈 사례 3 〉 중고차 단지의 한 중고차 매매업자에게 차량 매각을 위탁으로 맡겼다. 이때 매각 시 또 방문해야 하는 번거로움이 있다며 서류 일체와 계약서에 인감날인을 요구한다. 서류와 차를 맡기고 몇 달이 지났는데, 차량의 매각이 이뤄졌다는 말이 없었다. 답답한 마음에 중고차 매매업자를 찾아 갔는데 매매업자는 연락이 두절되고, 매매업자에게 매각을 맡긴 차량도 없어졌다.

사례 1, 2, 3에 나오는 자동차 관계자가 일반적이지 않고, 대다수도 아니지만, 실제 억울한 피해자가 발생한 사례이다. 더 안타까운 것은 피해자와 해당 자동차 관계자가 여러 번의 거래로 인연이 있던 사이였다는 점이다. 아는 사이라고 해서 기본적인 것을 무시하고 '알아서 잘 해주겠지'라는 맹목적인 믿음이 본인의 재산에 피해를 주고, 그들이 범죄자가 되게 한 것이다.

먼저 사례 1, 2에 나오는 일을 방지하기 위해서는 신차 영업소와 영업사원은 말 그대로 내 차의 매각 정보를 알아보는 채널 정도로만 사용해야지 모든 것을 일임해서는 안 된다. 왜냐하면 신차 영업소의 영업사원은 중고차 전문가가 아니기 때문이다. 또 중고차 매각 시 영업사원은 매각 채널 제공에 대한 수수료를 전체 매각금액에서 따로 책정할 수도 있다. 소비자 입장에서 생각해 볼 때 조금 더 경제적으로 구입하는 것이 무조건 좋다고 생각하겠지만 소비자의 과도한 요구는 소비자가 모르는 뒷거래를 부르고, 그러한 것들은 바른 거래를 위해 열심히 영업하는 이들을 힘들게 한다. 결과적으로 소비자도 표면적으로는 신차를 더 좋은 조건으로 구입한 것 같지만, 중고차 매각에서 더 손해를 보아 조삼모사의 결과가 된다.

사례 1, 2, 3 피해자의 공통점은 자동차 매각에 필요한 모든 서류를 남에게 모두 맡겼다는 것이다. 사례 1은 그러한 서류를 가지고 영업사원이 평소에 거래하는 중고차 업체 여기 저기에 매각을 진행하여 발생된 일이고, 사례 2는 거래금액이 큰 수입차를 영업사원이 여러 명의 매수자와 서류를 만들어 하루에 여러 캐피탈에서 동시다발적으로 대출을 진행하여 업체 계좌로 입금된 돈을 가지고 사라진 경우다. 사례 3 역시 매매업자에게 서류 일체를 맡겼다가 피해를 본 경우다.

> **꼭 기억하기!** 중고차를 인감증명서와 인감날인된 계약서까지 다 맡겨서 판매를 의뢰하지 않는다.

- 최종 계약 완료까지 번거롭다 하더라도 본인이 참여하여 매각할 수 있도록 한다.
- 모든 서류를 완비하여 넘겨주지 않는다.
- 차량등록증, 인감증명서의 원본을 주지 않는다.
- 관인계약서에 매수자가 정해지지 않은 상태에서 인감날인은 위험하다.
- 목적이 불분명한 위임장에 인감날인하지 않는다.
- 중고차 매각은 자동차 관리법에 제시된 중고차 거래 종사자 또는 업체에 맡기며, 매각 처리를 맡기는 곳도 개별 딜러보다는 보다 큰 업체 혹은 법인에 맡겨서 거래를 안전하게 보장받거나, 책임을 질 수 있는 곳이 좋다.

02 | 인터넷 허위 매물 사기는 이렇게 이뤄진다

> 〈 사례 1 〉
>
> A는 인터넷으로 좋은 차량을 검색, 발견하고 광고한 딜러 B와 약속하여 차량을 보러 갔다. A가 사는 곳이 해당 차량이 있는 곳인 서울과 거리가 멀기에 인터넷 검색을 하여 해당 차량의 성능점검기록부까지 팩스로 받아 3시간이나 이동해 방문을 했다.
> 도착해 딜러 B에게 전화를 했는데, 전화를 받지 않는다. 당황해서 사무실이라고 안내했던 곳으로 가보니 딜러 B는 없고, 딜러 C라는 사람이 딜러 B가 갑자기 자리를 비우게 되었다며 본인이 응대를 해준다고 데리고 나간다. 그런데 A가 인터넷으로 검색했던 차량 앞에 데리고 가서 차를 보고 있는 중에 C가 어딘가로부터 전화를 받더니 당황한 표정을 지으며 A가 이동을 하는 중에 차량이 판매되었다며 비슷한 조건에 다른 차량을 보여준다며 이동하자고 한다. 그렇게 딜러 C를 하루 종일 따라 다니다 마음에 쏙 들지도 않은 차량을 가계약하고 내려오게 된다.

인터넷으로 중고차를 사고파는 것이 일상적인 것이 되었다. 일부긴 하지만 이를 이용하여 인터넷 허위 매물을 만들어 파는 딜러와 업체가 생겨났다. 이젠 아예 조직적으로 움직이는 전문업체까지 만들어져 인터넷으로 허위 매물을 올리는 담당, 1차 전화를 받고 호객하는 담당, 고객 방문 시 없어진 1차 호객 담당자 대신 다른 차를 붙이는 담당까지 정해져 있다. 특히 고객을 응대하는 내부 교육까지 시켜서 고객에게 어려움과 곤란함을 주는 딜러와 업체도 있다.

기초적인 허위 매물은 아예 존재하지 않는 차량이 광고되는 경우이다. 모든 소비자가 원하는 조건의 차량을 가상 공간에서 만들어 내거나, 이미 판매된 차량 중 고객 선호도가 높은 차량을 광고하여 고객을 유인한다.

인터넷에서 가장 돋보이는 매물은 동급시세 대비 저렴한 차량이거나, 아주 좋은 차량임에도 상상할 수 없는 금액에 판매하는 것이다. 급매라는 이유이거나 해외로 갑자기 가게 되었다는 이유를 드는데 '난 저런 광고에 속지 않는다'고 하면서도, 하루에도 수십 명이 해당 광고를 보고, 또 전화를 한다. 문제는 그 사람들이 결코 특별하게 어리석은 사람이 아니라는 것이다.

꼭 기억하기!

SK엔카와 같은 허위 매물 방지 시스템과 전담 부서가 있는 인터넷 사이트를 이용한다.
- 해당 사이트는 보험개발원 전산과 연계하여 차량 정보 유효성 검증 후 등록한다.
- SK엔카에서는 동급 평균 거래금액보다 터무니 없이 낮은 차량 등록을 거부한다.

방문 전 성능점검기록부와 해당 차량등록증을 팩스로 요구한다.
- 성능점검기록부와 해당 차량등록증에 나와 있는 차량 내용이 동일한지 확인한다.
- 성능점검기록부 점검일이 120일이 초과하지 않았는지 확인한다.
- 차량등록증상에 있는 차량의 원부를 조회해 해당 차량의 소유권 이전 내용을 확인하고, 중고차 상품용 차량으로 등록했는지, 성능점검과 상품용 차량 이전 등록일이 일치하는지, 성능점검 이후 소유권 이전 내용은 없는지를 확인한다. (자동차민원 대국민포털 www.ecar.go.kr)

좋은 차를 저렴하게 산다는 생각 자체를 버려야 한다.
- 인터넷에 내용이 좋은 실제 차량은 평균적으로 5% 이상 높은 금액으로 거래된다.
- 딜러들도 좋은 차량을 매집하기 위해서는 보다 높은 매집금액으로 차량을 매입한다. 비싸게 사와서 고객을 위해 저렴하게 파는 마음 좋은 프로는 없다. 반드시 차량 구매 예약 전 시세나 비슷한 조건의 매물을 검색하고 결정한다.
- 인터넷에 내용(옵션, 색상, 주행거리, 사고 유무)이 좋은 실제 차량은 광고 제시 후 빠르면 몇 시간, 늦어도 해당 주 안에 거의 대부분의 차량이 판매가 완료된다. 따라서 차량을 구입하려고 며칠 혹은 한 달 이상 검색을 하는데 계속해서 광고가 나오는 차량은 허위 매물일 확률이 높다.

차량 광고를 꼼꼼히 살펴보아야 한다.
- 허위 매물들은 차량 광고 사진이 짜깁기 된 경우가 많다. 사진의 해상도에 차이가 있거나 차량의 색상이 차이가 있거나, 사진을 찍은 시기가 다르게 보이는 매물은 허위 매물이다.

위의 사항을 기억하고서 방문을 한 뒤에라도 전화상으로 이야기했던 것과 다른 일들이 벌어진다면 일찌감치 거래나 차량 보기를 포기하는 것이 바람직하다.

> **꼭 기억하기!** 도착해서 응대하는 사람이 바뀌거나, 보러 간 차량이 바뀌는 상황이 생기면 뒤도 돌아보지 말고 돌아와라. 아무리 차량이 좋아도 계약금을 먼저 입금하는 것은 금물이다. 그 계약금으로 인해 하루 종일 다른 차량을 보면서 그들의 꽁무니를 따라 다니는 일이 생긴다. 또 '멀리서 간다'는 말, '지방에서 간다'는 말 등을 하지 마라. 멀리서 올수록 쉽게 돌아가지 못하는 고객임을 역이용한다.

최근엔 일반적인 허위 매물을 조심해야 된다는 의식을 가진 소비자들이 많아졌다. 때문에 고객들이 현장에서 평상심을 가지고 응대하지 못하도록 거의 한 편의 드라마와 같은 일들을 만들어 당황하게 만드는 일도 있으니 유의하자.

> **〈 사례 2 〉** 예비 구매자 A는 딜러 B와 차량을 보기로 약속을 하고 방문했다. 그런데 딜러 B가 해당 차량이 이미 계약금이 들어와서 판매할 수가 없다고 한다(해당 차량의 엔진 혹은 변속기에 치명적인 문제가 있어 인간적으로 팔 수가 없다고 하기도 한다).
>
> 이미 여러 피해 사례를 알고 있던 A는 화를 내면서, "이거 허위 매물 아니냐. 경찰에 신고하겠다."고 클레임을 제기한다. 이때 딜러 B의 상급자 혹은 매매상사 관리자라고 하는 딜러 C가 나타나 무슨 일이냐고 묻는다. A는 상황을 설명하고 그 설명을 들은 딜러 C가 갑자기 딜러 B의 뺨을 강하게 때린다. "이 자식아 이런 짓 하지 말라고 했지? 너 같은 놈 때문에 선량하게 장사하는 딜러들이 손해보고 우리 상사 이미지 다 깎아 먹는다."고 한다. 그러면서 딜러 B를 더 강하게 때리려고 하고 고객은 당황해 맞는 딜러 B를 막아서면서 딜러 C를 말리는 이상한 드라마가 시작된다.
>
> 그 뒤로 어떻게 될까? 딜러 B는 없어지고, 고객 A와 딜러 C가 담배 한 대 피우면서 딜러 C는 정의의 딜러로 탄생하게 되고, 고객 A는 그 시간 뒤로 딜러 C가 안내하는 차량을 하루 종일 보러 다니게 되는 것이다. 그런데 고객 A가 구입한 차량의 이익금을 딜러 B와 딜러 C가 나눈다. 딜러 B의 역할은 처음부터 거기까지였기 때문이다.
> 3류 소설, 드라마 같은가? 하지만 실제 있었던, 그리고 실제 일어나고 있는 일이다.

중고차 시장에서 일부 거래를 제외하고, 대부분의 거래는 고객이 갑이다. 이를 잊고 그들의 페이스에 말리게 되는 순간 중고차 구입은 설레는 일이 아니라 고통이 될 수도 있음을 기억하자.

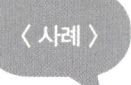 출발 전 차량 관련 정보 외에 판매자 종사원증 정보도 요구해라. 그리고 도착 시 종사원증에 있는 사람인지 확인해라. 거래상 문제 발생 시 종사원증을 근거로 구청, 경찰에 민원 제기가 가능하고, 특히 구청민원은 효력이 있다.

허위 매물에 당하지 않는 핵심은
1. 중고차 시장의 절대 진리는 좋은 차는 비싸고, 정상적인 차는 저렴할 수 없다.
2. 내가 원했던 차량의 조건이 바뀌거나, 볼 수 없는 경우 미련 없이 뒤돌아 서라.
3. 허위 매물에 대한 피해에 대해 책임을 질 수 있는 규모가 있는 업체나 법인에서 사라.

03 | 중고차 알선에 있어서 조심해야 할 것들

〈 사례 〉 고객 A는 중고차 단지에 차를 보러 갔다. 특정한 차량이나 딜러와 예약이 되어 있지 않던 A는 중고차 단지 입구에 서 있던 딜러 B를 만나 여러 차량을 보고, 그중에 마음에 드는 차가 있어 계약했다. 며칠 후 차량의 작동상 문제가 생겨 딜러 B에게 연락을 했다. 그런데 딜러 B는 그 차는 딜러 C의 차량을 소개해준 것이라며 딜러 C에게 연락을 하라고 한다. 약간 기분이 상한 채로 고객 A는 딜러 C에게 전화를 했는데 딜러 C는 차를 판 딜러는 딜러 B이며, 본인은 저렴하게 차를 팔아서 추가적인 요구는 차를 판매한 딜러 B에게 하라며 전화를 끊어버린다.

고객 A가 거래를 하는 데 있어 가장 많은 정보를 주고 받은 사람이 딜러 B이기에 딜러 B에게 이러한 응대를 받는 것이 부당하게 느껴진다. 하지만 딜러 B가 파는 차량이 아니어서 계약서상에 딜러 B의 존재가 없는 경우가 많고, 더군다나 딜러 C도 본인 명의나 상품용 차량이 아닌 개인에게 위탁이나 알선을 받아 차를 파는 경우 이전 서류에 고객 A는 어느 개인에게 차를 구입한 것으로 나오기 때문에 딜러 B, C에게 받은 부당함을 증명하기 어렵다.

중고차도(자동차도) 물론 부동산처럼 매매 거래를 진행한 부동산에서 해당 거래에 대해서 손해배상책임을 져야 한다는 법률이 있고, 이에 따른 손해배상책임을 보장하기 위해서 보증보험을 가입하고 그 증서의 사본을 교부한다. 그러나 이 행위가 매매 현장에서 실제 이뤄지는 경우가 거의 없다는 점은 고객을 어렵게 한다.

> **꼭 기억하기!** 중고차 전문업체에서 판매하는 차량은 기본적으로 상품용 차량이어야 한다. 구입 전 차량등록증상에 상품용 차량으로 명기되어 있는지 확인해라. 개인에게 위탁 받은 차량일 경우 상품용 차량이 아니고 매매업체도 명시가 안 된다. 이때는 반드시 계약서상에 해당 차량 계약을 해당 매매업체가 진행하였고, 이후 차량 계약 관련 문제 발생에 대한 책임을 매매업체가 진다는 특약을 기입해야 한다.
> 자동차 관리법 제58조의 3(자동차관리사업자의 손해배상책임)에 의해 대통령령으로 정하는 바에 따라 보증 보험에 가입하거나 공탁하여야 한다. 그리고 매매 알선이 완성된 경우에는 거래 당사자에게 손해배상책임의 보장에 관한 각 호의 사항을 설명하고 관계 증서의 사본을 발급하거나 전자문서를 제공하게 되어 있다. 고객의 권리이고 전문업체 종사자의 의무이므로 요구하자. 요구에 응하지 않을 시 해당 구청 담당자에게 업체명과 담당자 민원을 낼 수 있다.

통상적으로 매매단지 앞에서 호객 행위를 하는 딜러들을 통해 차량을 구입할 경우 해당 딜러가 소유한 차량을 구입하는 경우보다도 그렇지 않은 경우가 더 많으므로, 앞서 제시한 사례와 같은 경우가 발생될 여지가 많다. 개정된 현행법에서 호객 행위 자체를 금하고 있지만, 몇십 년 된 매매단지의 호객 행위와 고객을 만나는 그들의 룰을 깨기가 쉽지가 않다.

따라서 고객은 정확하게 본인이 원하는 차량이나 딜러를 사전에 조사하여 충분히 알고 가는 것이 필요하며, 호객 행위에 응하지 말고, 본인이 지정한 자동차에 대해 전문적인 상담과 법적 책임을 물을 수 있는 업체와 직접 거래하는 것이 바람직하다.

끝으로, 중간 판매 단계가 생기면 생길수록 최종 구매자가 부담해야 할 금액은 더 높아진다는 걸 기억하자. 이렇게 되는 것은 중간에 소개를 해주는 이들도 이익을 취해야 하기 때문이다.

04 | 중고차 사러 갔다가 시승 사고가 일어났을 때

〈 사례 〉 고객 A는 중고차를 보러 중고차 시장에 갔다가 차량이 마음에 들어서, 딜러 B에게 시승을 요구했다. 딜러 B는 시승이 가능하다고 차량을 내어왔고, 고객 A는 시승했다. 그런데 시승 중에 고객 A가 사고를 냈고 딜러 B는 해당 차량이 상품용 차량이라 보험이 안 들어 있었다며 고객 A가 개인적으로 변상 및 책임을 지라고 한다.

일반적으로 중고차 시장의 상품용 차량은 자동차 보험을 가입하지 않는다. 그리고 최소한의 보험인 책임보험 미가입에 대한 의무도 없다. 따라서 중고차 시장에서 거래되는 상품용 차량은 보험이 미가입되어 있다고 생각하면 된다. 개인이 위탁한 차량도 구입자가 타기에는 위험하기는 마찬가지다. 왜냐하면 해당 차량에 대한 보험도 이전 차주에 대해 효력이 있는 보험이지 구입자에게 해당되는 보험이 아니기 때문이다. 그렇다면 타기 위해서 사는 차량을 움직여 보지도 못하고 사야 할까?

꼭 기억하기! 내가 직접 타는 것은 위험하므로, 판매자(딜러)에게 운전을 권하고 운전 코스와 속도 등의 요구 조건을 구체적으로 말한 뒤 옆에서 차를 체험해 본다. 2012년 9월에 딜러종합보험 보상제도가 일부이기는 하지만 시행이 되어 해당 보험에 가입되어 있는 딜러는 본인 소유의 상품용 차량을 운행할 수 있다. 시승 후 문제가 없다면, 1일 한정 보험이나, 책임보험 가입을 하여 시승을 한다. 단 1일 한정보험은 당일 바로 진행되지 않기 때문에, 가계약 후 보험 효력이 있는 날 시승한 뒤 차량을 인수하거나, 당일 바로 타려면 본인 명의로 책임보험을 가입하여 시승해야 한다. 시승을 못하고 구입하는 경우 계약서 특약에 시승을 못하고 구입하므로, 출고 후 주행 중 발생되는 심각한 차량 쏠림(일반적으로 중고차에 완벽한 얼라이먼트 상태를 강요하긴 어렵다), 브레이크 떨림 현상, 구동 계통의 명백한 이상음 등은 판매자가 책임 수리를 하거나 차량 계약 해지를 할 수 있다는 점을 명기 후 계약을 완료한다. 구입자는 판매 시 차량 상태와 관련하여 차량 상태 관련 고지 내용이나 중고차 성능점검기록부 내용을 꼼꼼히 확인한다. 신차를 구입하는 것이 아니므로, 일반적인 차량의 주행 중 소음이나 연식에 따른 차량 결함 부위의 소음 등까지 민감한 사람은 위에 있는 보험을 가입하여 본인이 직접 느껴본 뒤 계약할 것을 권한다.

05 | 주행거리 사기에 속지 않는 법

차량의 주행거리는 차량의 마모 상태와 전체적인 컨디션을 좌우하는 결정적 지표이다. 그래서 주행거리가 짧은 차량이 보다 높은 금액으로 거래되고, 주행거리가 긴 차량은 구입 후 부품 교환주기 도래에 따른 차량 정비 금액이 높아지고 차량의 내구 수명이 짧아진 것으로 예상되므로 보다 저렴하게 거래가 되어야 하는 것이 당연하다. 그런데 이러한 주행거리를 믿을 수 없다면 중고차 거래 자체가 힘들어진다. 주행거리 조작은 어떻게 일어날까?

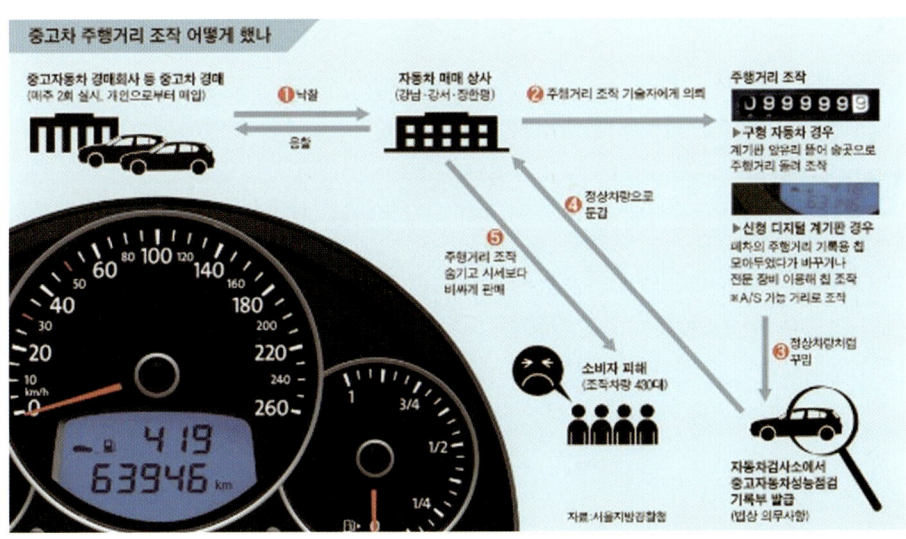

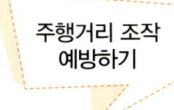

주행거리 조작 예방하기

주행거리 표시는 크게 아날로그 방식과 디지털 방식으로 나뉘는데, 연식이 오래된 차량들은 다음 페이지의 사진과 같이 주행거리가 기계적으로 움직인다. 이를 조작하기 위해서는 반드시 계기판을 뜯어야 하기에 계기판 볼트가 풀려있다. 또한 주행거리를 돌릴 때는 얇은 드라이버 등을 이용하여 인위적으로 조작하는 경우가 많기 때문에 그림에서 보이는 숫자 사이의 톱니가 부서진다.

주행거리 표시는 크게 아날로그 방식과 디지털 방식으로 나뉘는데, 연식이 오래된 차량들은 다음 페이지의 사진과 같이 주행거리가 기계적으로 움직인다. 이를 조작하기 위해서는 반드시 계기판을 뜯어야 하기에 계기판 볼트가 풀려있다. 또한 주행거리를 돌릴 때는 얇은 드라이버 등을 이용하여 인위적으로 조작하는 경우가 많기 때문에 사진에서 보이는 숫자 사이의 톱니가 부서지고, 부서진 톱니로 인해 계기판 정렬이 똑바르지 않은 경우가 많다.

　　현재는 위와 같은 기계식 주행거리 표시보다는 디지털 계기판을 장착한 차량이 훨씬 많다.
　　이러한 디지털 계기판은 계기판 숫자를 고치는 전문적인 기계로 계기판 내 주행거리 정보를 리셋하고 거짓 주행거리 정보를 입력하는 식으로 이뤄진다. 이와 같은 계기판 조작을 막기 위해 신차제조사에서는 여러 가지 기술적 제약을 걸고 있으나, 국내 신차제조사들은 이러한 기술의 개발이 우선순위가 아니어서 그런지 현재 너무나 쉽게 조작이 가능하다. 그나마 수입차 프리미엄 브랜드들은 조작이 쉽지 않으나, 조금 더 높은 비용을 지불하면 어렵긴 해도 여전히 조작이 가능하다.
　　그렇다면 중고차 구입 고객은 주행거리를 그냥 믿을 수밖에 없는 것일까? 완벽한 범죄는 없듯이 주행거리 조작도 마찬가지다. 어떤 계기판 조작도 계기판 자체를 뜯어야 하므로 계기판을 뜯어낸 흔적이 나타나게 된다. 이러한 흔적이 있는 차량은 1차적으로 의심 대상 차량이다.

　　그리고 계기판이 아무리 새것이더라도, 자동차 자체가 새것은 아니다. 오랜 주행 시간에 따라 세월의 흐름이 고스란히 남는 곳이 있다. 대표적으로 살펴볼 곳은 다음과 같다.

- 운전석 시트 중에 내리는 쪽의 바닥 날개, 등받이 날개의 낡음 정도
- 운전석 쪽 창문 조정 스위치 플라스틱 상태(특히 운전석 스위치)
- 타이밍벨트 교환 상태, 타이밍 체인차량은 타이밍벨트 교환을 하지 않아서 상관 없지 않느냐고 하지만, 체인차량도 워터펌프나 텐셔너 수명이 영구적이지 않다. 오히려 타이밍 체인차량은 교환 상태가 더 명확히 보인다.
- 타이어 교환주기를 본다. 타이어 교환주기를 보는 법은 굉장히 쉽다. 일반적으로 4~5만km가 교환주기임을 알고 추적해 본다.

그 외 정보를 얻을 곳은 다음과 같다.
- 최근 신차는 구입 시 엔진 오일 교환 쿠폰 등을 기본적으로 제공하여 판매 후 관리도 신차제조사 체인에 있는 정비망을 이용하도록 유도하고 있다. 정비망에서 A/S를 받을 때마다 언제인지, 그리고 주행거리가 얼마인지 전산에 계속해서 남는다.
- 역으로 악의적인 주행거리 조작자들은 그런 이력이 없는 차를 노린다. 그렇다면 고객 입장에서는 그런 쿠폰이 제공됨에도 불구하고 제조사 정비망을 이용한 이력이 없는 차 중에 주행거리가 의심되는 차는 구매 희망 리스트에서 후순위로 하거나 제외하면 된다.
- 주행거리가 많은 차량의 공통점은 고속도로 이동이 많고, 고속도로를 자주 이용하는 차량은 하이패스 장착이 흔하다. 해당 차량의 하이패스 사용 내역을 한국도로공사에서 조회할 수 있다면 주행거리를 추정해 볼 수 있다.
- 차량마다 차이가 있지만 정기 검사를 받은 내역을 교통안전공단 전산에서 확인해 보도록 한다.
- 차주가 고의적으로 계기판을 바꾸지 않고, 고장이 나서 바꾼 경우는 자동차민원 대국민포털인 www.ecar.go.kr을 이용하면 다음과 같이 계기판 교체 이력을 알 수 있다.

사업장 : ▓▓서비스센터   발행일 : ▓▓▓▓, 03:35 PM

차량정비이력

차대번호 KLYMF▓▓▓▓▓▓▓   차량번호 ▓▓ ▓▓▓▓
차   종 RCD48BM 마티즈 CREATIVE 1.0D JAZZ M/T   주행거리 50250
소 유 자 ▓▓▓   입고횟수 9회   출고일자 2010▓▓
전화번호   최종입고일 20▓▓▓▓
주   소 경기 ▓▓▓ ▓▓▓ ▓▓▓▓▓▓▓▓▓▓

정비사업소	접수일	작명번호			수납일	주행거리	수리구분	상태
작업코드		작업내용						
DQ53 ㈜한국지엠마산서비스	▓▓-10-12	B	1	1822	2	▓▓/10/12	48,422 Km	B	80
1424600	연료인젝터			탈부착					
DQ53 ㈜한국지엠마산서비스	▓▓-10-12	B	1	1822	1	▓▓/10/12	48,422 Km	V	80
0213990	출동서비스점검								
AB01 서울서비스센터	▓▓-10-19	J	1	28700	1	▓▓/10/20	49,300 Km	A	80
0512290	무상 예방점검 서비스(캠페인)								
AB01 서울서비스센터	▓▓-10-19	B	1	17166	1	▓▓/10/20	49,300 Km	A	83
0011690	일반수리작명전환취소								
AB01 서울서비스센터	▓▓-10-26	J	1	29265	1	▓▓/10/26	50,250 Km	A	80
0512790	살균탈취무상서비스								
2201100	수동밋션오일(M/T)			교환					

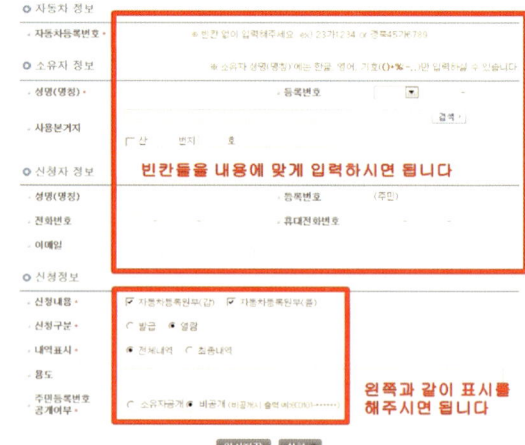

보증수리 점검 · 정비명세서(고객용)

PAGE	1	발행 NO	20...	R/O NO	20...

자량소유자
- 등록번호:
- 소유자:
- 등록년월일: 20...
- 차종(차명): 모하비
- 주소: 경기 ...
- 점검·정비 의뢰일자: 20...
- 주행거리: 28,290 km
- (전화번호)

정비사업자
- 사업자등록번호: 11...
- 업체명: ...서비스센터
- (대표자)
- 점검·정비완료일자: 20...
- 정비업등록번호: 제...
- 주소: 서울 ...
- 출고일자: 20...
- 업태: 서비스 / 자동차 정비
- (전화번호)
- 정비책임자: (인)
- 추가정비 동의여부: ☐ 동의 ☐ 부동의

점검 · 정비명세서

NO	소요부품	구분	수량	단가	금액
1	스위치 어셈블리-스톱 램프	A	1		
2	패드 키트-프론트 디스크 브레이크	A	1		
3	디스크-프론트 휠 브레이크	A	2		
4	소켓-파워	A	1		
5	솔레노이드 어셈블리-자동변속기	A	1		

NO	작업내용	구분	수량	정비사	기술료
1	스톱 램프 스위치 어셈블리		1		
2	프론트 브레이크 디스크 (양쪽)		1		
3	브레이크 패드 어셈블리		1		
4	시운전		10		
5	액세사리 소켓 어셈블리		1		
6	연계작업 (일부)		5		
7	자동 변속기 솔레노이드 어셈블리		1		

「자동차관리법」제58조제3항 및 같은 법 시행규칙 제134조제2항에 따라 위와같이 발급합니다.

20... 작성자 서명   대표이사

부품	기술료	소계	VAT	총계

1. 정비업자가 점검·정비의 잘못으로 다음 구분에 따른 기간 중 발생하는 고장등에 대하여는 무상점검·정비를 합니다.
   (자동차관리법시행규칙 제134조 제1항 제2호)
   가. 차령 1년미만 또는 주행거리 2만킬로미터 이내의 자동차 : 점검·정비일로 부터 90일 이내
   나. 차령 3년미만 또는 주행거리 6만킬로미터 이내의 자동차 : 점검·정비일로 부터 60일 이내
   다. 차령 3년이상 또는 주행거리 6만킬로미터 이상의 자동차 : 점검·정비일로 부터 30일 이내
2. 본 내역서는 2부를 작성, 정비의뢰자에게 1부를 교부하고, 정비사업자는 1부를 1년간 보관하여야 합니다.
3. '부품의 구분' 란에는 다음에 따라 기재하여야 합니다.
   가. 자동차 제작사가 공급하는 신부품(재제조품 포함) : A   나. 부품업체가 공급하는 신부품 : B
   다. 중고품(중고재생품 포함) : C   라. 수입부품 : F
   ※ 재생정비 원동기를 부품으로 사용하였을 경우에는 별지 제92호서식의 원동기재생정비사실확인서를 첨부하여야 합니다.

자동차 점검·정비 명세서(고객용)

BLU hands
신뢰 · 신속 · 정확 · 친절

(영 수 증 겸 용)

차량 소유자	차량번호		차종(차명) 아반떼MD		주행거리	28,037 km
	소유자		주소	서울		
	등록년월일	-13	점검·정비 의뢰자	14:33	(전화번호)	
정비 사업자	사업자등록번호	107-	정비업등록번호		업태	서비스/자동차수리
	업체명 (대표자)		주소	서울	(전화번호)	
	점검·정비완료일자	-12-22	출고일자	-12-22	정비책임자	

점검 · 정비내역서   추가정비동의여부 :   동의   부동의

NO	소요부품	구분	수량	단가	금액
1	저마찰 엔진오일(가솔린 LPG)	A	1	18,800	18,800
2	필터-에어 클리너	A	1	5,400	5,400
3	필터 어셈블리-엔진 오일	A	1	2,200	2,200
4	필터 어셈블리-에어	A	1	10,340	10,340

NO	작업내용	정비사	기술료
1	엔진 오일,휠터,에어크리너		11,000
2	공기 필터		7,300

「자동차관리법」 제58조 제4항 및 같은 법 시행규칙 제134조 제2항에 따라 위와 같이 발급합니다

2012 년 12 월 22 일

작성자   대표이사

부품	36,740	기술료	18,300	소계	55,040	VAT	5,504	총계	60,544

1. 정비업자가 점검·정비의 잘못으로 다음 구분에 따른 기간 중 발생하는 고장등에 대하여는 무상점검·정비를 합니다.
   (자동차관리법시행규칙 제134조 제1항 제2호)
   가.차령 1년 미만 또는 주행거리 2만킬로미터 이내의 자동차 : 점검·정비일로 부터 90일 이내
   나.차령 3년 미만 또는 주행거리 6만킬로미터 이내의 자동차 : 점검·정비일로 부터 60일 이내
   다.차령 3년 이상 또는 주행거리 6만킬로미터 이상의 자동차 : 점검·정비일로 부터 30일 이내
2. 본 내역서는 2부를 작성, 정비의뢰자에게 1부를 교부하고, 정비사업자는 1부를 1년간 보관하여야 합니다.
3. '부품의 구분' 란에는 다음에 따라 기재하여야 합니다.
   가.자동차 제작사 및 부품업체가 공급하는 신품(자동차 제작사의 경우에는 사후관리용 보증부품을 포함합니다): A
   나.재제조품: B   다.중고품(재생품을 포함합니다): C   라.수입부품: F
   ※ 재생정비한 원동기를 부품으로 사용하였을 경우에는 별지 제92호서식의 원동기재생정비사실확인서를
      첨부하여야 합니다.

차량정비이력

차대번호 KLY...
차　　종 RCD48BM 마티즈 CREATIVE 1.0D JAZZ M/T
소 유 자
전화번호
주　　소 경기

차량번호
주행거리 50250
입고횟수 9회　　　출고일자 20
최종입고일

정비사업소	접수일	작명번호			수납일	주행거리	수리구분	상태
작업코드		작업내용						
DHD5　(주)한국지엠시흥서비	-08-04	J 0	6344	1	08/04	3,577 Km	A	80
1300100	엔진오일　　　　　　　교환							
3010120	휠 얼라인먼트(컴퓨터식)　수리							
DHD5　(주)한국지엠시흥서비	-09-27	B 0	2817	1	10/05	7,975 Km	V	80
0111090	시운전							
AB01　서울서비스센터	-05-18	B 1	8359	2	/05/20	28,000 Km	C	80
0512690	첫방문고객 무상점검 서비스							
AB01　서울서비스센터	-05-18	B 1	8359	1	/05/20	28,000 Km	W	80
0111090	시운전							
0512190	무상 예방점검 서비스							
0512290	무상 예방점검 서비스(캠페인)							
0512790	살균탈취무상서비스							
3309990	리어서스펜션시스템기타　수리							
AB01　서울서비스센터	-05-18	J 1	14414	1	/05/18	28,000 Km	A	80
1520101	하이텐션코드 (추가)　탈부착							
0512290	무상 예방점검 서비스(캠페인)							
0111190	예방점검(직영사업소한정)							
1520600	점화플러그 (전체)　탈부착							
AB01　서울서비스센터	-08-03	J 1	21936	1	/08/04	38,000 Km	B	80
3520600	리어액슬빔앗세이　탈부착							
3321700	코일스프링 (뒤)　탈부착							
3010120	휠 얼라인먼트(컴퓨터식)　수리							
3520800	휠베어링스핀들　탈부착							
4421600	뒤앵커플레이트　탈부착							
4420500	뒤브레이크드럼　탈부착							
AB01　서울서비스센터	-08-11	J 1	22689	1	/08/11	39,800 Km	A	80
1300200	오일필터앗세이　탈부착							
1325000	오일팬　탈부착							
4010300	브레이크오일　교환							
4320300	앞브레이크패드(양쪽)　탈부착							
AB01　서울서비스센터	-08-11	B 1	13259	1	/08/12	39,800 Km	C	80
0512190	무상 예방점검 서비스							
0512790	살균탈취무상서비스							
AB01　서울서비스센터	10-06	J 1	27568	1	/10/06	47,000 Km	A	80
1300200	오일필터앗세이　탈부착							
DQ53　㈜한국지엠마산서비스	0-12	B 1	1822	1	10/12	48,422 Km	V	80
0213490	출동서비스 (야간,휴일)							
DQ53　㈜한국지엠마산서비스	-10-12	J 1	6151	1	10/13	48,422 Km	A	83

자동차 점검.정비 견적서

[별지 제89호의3서식] 연식: 보험사: 하이카다이렉트 차명모델: LE 접수번호

차량소유자	등록번호	██████	차명(차종)	뉴 SM5	승용	주행KM	71,981
	등록일자	████-01-01	차대번호				
	소유자	미상	주소				

정비사업시	등록번호	215-13-█████	정비업등록번호	██-█-███	(TEL)	██-███-6358
	업체명/대표자	██공업사	나 주소	서울 ████████		
	견적일자	████-01-25	견적구분	☑보험 □일반		

아래와 같이 견적합니다.

견적내용	부품내역				공임	합계
	코드	수량	단가	계		
뒤범퍼교환 도장				74,000	57,340	131,340
드렁크판금 도장				75,500	66,740	142,240
뒤패널교환 도장				16,200	8,700	24,900
공임시간작업 도장				0	51,700	51,700
가열건조비 도장				0	13,000	13,000

구분(보험/일반)	부품	공임	계	부가가치세	총액
보험	717,907	988,270	1,706,177	170,618	1,876,795

【자동차관리법】제58조제3항 및 같은 법 시행규칙 제134조제2항에 따라 위와 같이 발급합니다.

████ 년 01 월 25 일

작성자 장영수 서명 대표이사

1. 견적요금은 교통사고 등의 처리를 목적으로 견적서를 발행한 경우에 청구가 가능합니다.
2. 본 견적서는 교부일로부터 1개월간 유효합니다.
3. 본 견적서에 포함되지 아니한 부품의 추가 시에는 소비자의 동의를 받아야 하며, 정비의뢰자는 동의한 부품 및 작업부분만 금액을 지불합니다.
4. 관급자의 직인이 없는 것은 무효로 합니다.
5. 부품가는 견적일자 기준입니다.
※ 본 견적서는 2부를 작성, 정비의뢰자에게 1부를 교부하고, 정비업자는 1부를 1년간 보관하여야 합니다.

점검 유효기간				폐 쇄 일	
순위번호		사 항 란	주민(법인)등록번호	등 록 일	접수번호
주등록	부기등록				
	(1-2)	압류해제(압류) 촉탁기관 : 수원남부경찰서장 ☎ 1566-0112 구분:압류 압류관리번호:4112-20110316-000573 압류명세 : 교태료체납 (고지번호:1330701004564 79) 교통63310-1590 촉탁일 : 2011-03-31		2011-03-31	139861
1-3		명의이전등록 성명(상호) : 엔카네트워크(주)•상품용• 110111-2●●●●● 주소 : 서울특별시 중구 남대문로5가 ●●번지 ●●호 ●●●● 취득일자 : 2011-12-12 이전등록구분:매매업자거래이전 사용본거지 : 광주광역시 남구 송암로24번길 ●●-●●, ●●●●	110111-2●●●●●●	2011-12-12	010522
1-4		명의이전등록 성명(상호) : 노승흠 510407-1●●●●●● 주소 : 강원도 춘천시 후석로 ●●-●●, ●●●● 취득일자 : 2012-01-30 이전등록구분:매매업자거래이전	510407-1●●●●●●	2012-01-31	027815
		●●●●● 등록원부특기사항 ●●●●●			
		공동명의자 윤상영(500303-1●●●●●●) 채권면제 윤광섭(장애3급)		2008-06-27	서울특별시 성동구
		교체전 주행거리 16,533km(주행거리계 일체형 부속 고장) 교통안전공단 제11a1-2009-00080호(현대자동차 동부서비스센터)		2009-03-31	서울특별시 서초구
		※ 위 특기사항의 기재위치는 등록순위와 관계없이 그 기재일에 등재되어 있는 것으로 간주한다.			
		●●●● 다음장 계속 ●●●●			

이 등본은 자동차등록원부(갑)의 기재사항과 틀림없음을 증명합니다.

2012년 03월 05일

꼭 기억하기! 깨끗하기만 한 차량은 좋은 중고차가 아니다. 히스토리가 확인되는 중고차를 고르자.

● 신차제조사 정비이력, 정기검사, 원부조회 내용 중 계기판 수리 특약사항 등 이러한 이력이 아예 없거나 있더라도 초기부터 관리되지 않은 차량은 조심하자.

소유권 이전이 많이 되지 않은 차량을 고르자.

● 주행거리 조작은 명백한 형사 처벌 대상이다. 따라서 이후 발견 시 조작한 대상을 추적하여 책임을 물을 수 있는 정도로 전 차주가 많지 않아야 한다(경찰 고발 시 추적함).

주행거리에 대한 심각성을 인지하고 자체적으로 진단하고 보증하며, 이후 책임을 명확히 약관에 기입하는 중고차 전문업체나 법인에서 구입하는 것이 좋다.

● 주행거리 계기판을 고장났다고 의도적으로 수리하여 8만km에서 아예 0km인 새 주행거리 계기판으로 교체하고 5만km (Total 13만km 주행) 주행 후 5만 km 주행만 한 것처럼 판매하는 경우가 종종 있다.

주행거리에 대한 신뢰성 있는 시장의 형성을 위해서는 아직 해야 할 일들이 많다. 그중에 가장 막중한 책임을 가지고 움직여야 하는 곳은 정부다. 계기판 자체의 거래를 정부가 관리해야 한다. 지금처럼 인터넷 게시판에서 계기판만 사고팔 수 있는 시장이 형성되어서는 안 된다. 부품 시장에서도 계기판 부품을 아무렇지도 않게 판매해서는 안 된다. 계기판의 판매는 반드시 정부가 관리하여 구매자가 누군지 어떤 차량에 장착되는지 살펴봐야 한다. 그리고 이전 차량의 중고 계기판은 반납하여 폐기 확인 절차가 잘 이루어지도록 해야 한다. 폐차되는 차량의 계기판도 마찬가지이다.

앞의 내용과 같은 정부의 적극적인 정책 진행과 정보 의무 공유화는 보다 명확한 주행거리를 알고 거래하는 시장을 형성할 수 있다. 소비자는 선진화된 중고차 시장처럼 히스토리가 있는 차량에 대한 가치를 보다 높게 인정하여 높은 거래 금액으로 사고파는 문화를 만들어야 한다.

지금까지 언급했던 대로 주행거리에 대한 정보는 아래처럼 다양하게 있다. 그러니 이를 참고하여 속지 않고 좋은 중고차를 사도록 하자.

- ☑ 신차제조사 A/S 전산
- ☑ 전문 자동차 수리업체 전산
- ☑ 자동차 보험사(사고 보상, 마일리지 보험을 가입 시 필요)
- ☑ 자동차 정기검사이력
- ☑ 중고차 성능점검기록부 / 중고차 거래 전산

06 | 주행거리에 대해 알아두면 좋을 팁
: 내 차의 주행거리 단위는 km인가, mile인가

결과적으로 보면 재미있는 에피소드지만 그 당시엔 진지한 피해자가 되어 주행거리 논쟁을 벌이는 일들이 종종 발생한다. 하지만 내 차의 주행거리 단위가 km인지 mile인지 잘 모른다면 이는 단순히 단위 차이에 의한 해프닝으로 끝나지 않는다. 우리나라는 주행거리 단위를 km를 사용하지만 미국 등의 외국에서는 주행거리 단위를 mile로 사용한다. 1mile=1.609km로 변환되므로 mile을 km로 변환 시 약 1.6배 커진다. 이를 잘 모르고 주행거리를 잘못 계산해 중고차를 구입하거나 보증을 받으려 하면 문제가 생긴다.

> 〈 사례 〉 A는 연식 대비 주행거리가 짧은 점이 마음에 들어 B와 개인 간 거래를 통해 차량을 구입하였다. 이후 주행거리가 신차보증기간에 들어가 있어 신차 보증을 받으러 갔다가 신차 A/S점에서 주행거리 초과 때문에 보증이 안 된다는 황당한 말을 들었다. 분명 주행거리가 가능한데 왜 안되냐고 물었더니, 정비사가 하는 말이 현재 주행거리 표기는 mile 표기라서 신차 보증 거리 기준인 km 표기로 변환 시 이미 넘어도 한참 넘었다고 한다.

최근 외국에서 직수입되는 차량의 계기판이 mile로 표기되어 있는 것도 당연히 조심해야 하겠지만, 위 사례의 차량은 국산차였는데 해당 차량이 수출이 되는 차량이어서 계기판 내 km와 mile 표기를 둘 다 지원해 일어난 일이다.

정말 황당하지 않은가? 이런 황당한 일을 겪지 않기 위해서 실제 차량 구입 시 mile 표기가 아닌지 꼭 살펴봐야 한다. 특히 이런 경우는 개인 간 거래에서 잘 일어나고, 개인 매도자가 모르쇠로 일관하면 매수자는 보상을 받을 방법이 없다는 걸 기억하자.

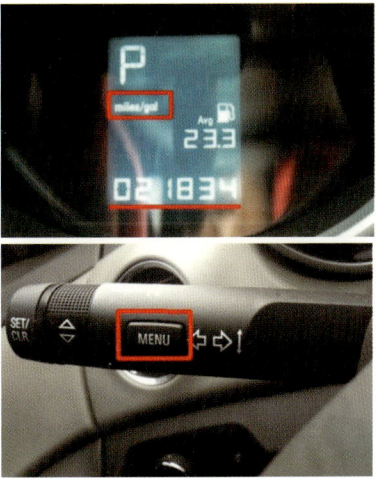

07 | 구조 변경 대상 차량 거래 주의사항

〈 사례 〉 A는 사고가 있는 차량을 개인으로부터 매우 저렴하게 구입하여, 몇 년을 별 문제없이 잘 탔다. 추후 차량을 바꾸기 위해 차량을 매각하려고 했는데, 전문업체가 진단을 하던 도중 해당 차량은 차대번호 불량으로 매각이 어렵다는 말을 듣게 되었다. 해당 차량 재타각 구조 변경을 교통안전공단에 승인받아 판매해야 해서 매각 시 생각하지 못한 비용과 절차로 많은 시간이 소요됐다.

사고가 많은 차량의 경우 일부 위와 같이 대시 패널까지 손상되어 차량의 차대번호가 손상된 경우가 있다. 손상된 차대번호는 재타각을 해야 하고, 재타각된 내용에 대해 교통안전공단에서 구조 변경 및 승인을 받아야 하는 절차가 있다. 그런데 재타각 시 단순 부식 등이 아닌 사유로 타각을 하려면 교통사고사실확인원(경찰서 혹은 보험사 발행), 수리예정증명원, 사진 등을 준비하여야 한다. 이때 많은 시간이 소요되고, 복잡한 절차를 거치게 되는데, 이전 수리업체가 이 과정을 무시한 경우가 종종 있다.

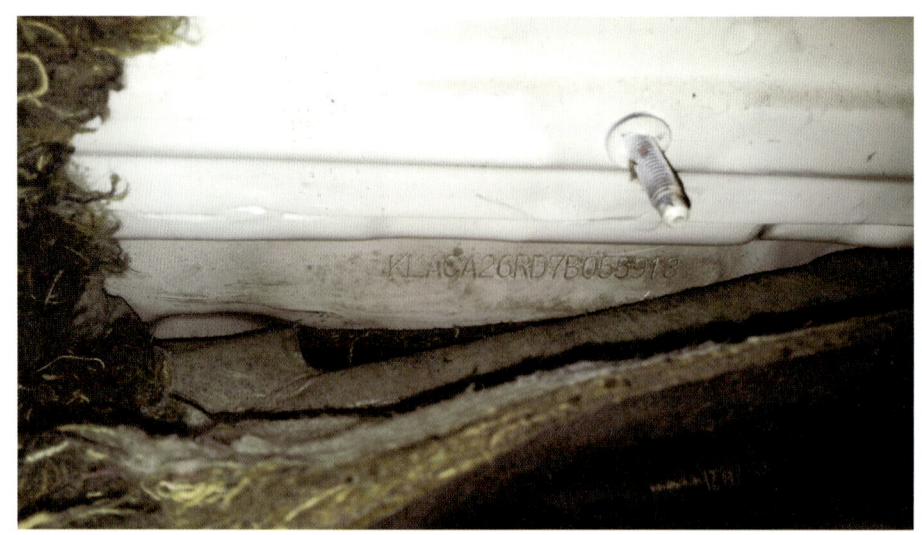

앞의 사례의 경우 역시 개인 간 거래였고, 전 차주가 전화를 받지 않아 A가 고스란히 비용을 부담하고 절차를 맞추려고 동분서주 고생을 한 끝에 겨우 매각을 하였다. 또 이런 차량 등은 수출대상차량에서 아예 제외되거나 거래에도 일부 제약이 있다.

그 외에도 전 차주가 차량에 설치해 놓은 것들이 구조 변경 승인대상은 아닌지 잘 살펴보는 것이 중요하다. 최근 들어 중고차를 구입 후 구조 변경 대상이 되어 머리를 아프게 하는 것들이 아래처럼 많이 있다.

- 자동차 좌석 변경(시트를 바꾸는 것이 아니라 좌석 고정 레일 등의 구조를 바꾸는 행위로 주로 승합차에서 많이 이뤄짐)
- 차량의 차고를 높이거나, 사제 휠을 장착하였는데 차체를 벗어나는 차량
- 출고 후 HID램프를 장착한 차량은 반드시 구조 변경을 하여야 하는데, 그렇지 않은 차량이 많다. 전조등과 안개등 작업을 많이 하게 되는데, 최근엔 꼭 정기검사 때만 단속하지 않고 일반 도로에서도 단속을 하여 벌금을 부과하는 경우가 많다.

구조변경 승인대상

자동차 구조변경 승인대상이 될 수 있는 구조 및 장치 정보입니다.

❶ 구조
- 길구조이, 너비, 높이(범퍼, 라디에이터그릴등 경미한 외관변경의 경우를 제외한다)
- 총중량(차량중량, 최대적재량 및 승차정원에 65kg을 곱한 중량의 합계를 말한다)

❷ 장치
- 원동기(동력발생장치) 및 동력전달장치
- 주행장치(차축에 한함)
- 조향장치
- 제동장치
- 연료장치
- 차체 및 차대
- 연결장치 및 견인장치
- 승차장치 및 물품적재장치
- 소음방지장치
- 배기가스발산방지장치
- 전조등, 번호등, 후미등, 제동등, 차폭등, 후퇴등, 기타 등화장치
- 내압용기 및 그 부속장치
- 기타 자동차의 안전운행에 필요한 장치로서 국토해양부령이 정하는 장치

08 | 압류, 저당 조심해야 하는 이유

〈 사례 〉 A는 차량 구입을 한 뒤, 딜러 B에게 소유권 이전을 맡겼다. 그런데 며칠이 지나도 소유권 이전이 되지 않아서 조바심이 난 A는 딜러 B에게 전화를 했다. 그러자 현재 구입한 차량에 작은 압류가 하나 있는데 이 압류가 아직 해결이 안 되어서 그런 거니 조금만 더 기다리든지, 빠른 소유권 이전을 위해서 압류 승계하여 이전 후 본인이 푸는 것이 좋겠다는 이야기를 들었다. 소유권 이전이 안 되어서 아파트 주차장 이용 스티커가 안 나오고, 매일 아파트 출입 시 경비실에서 외부 출입 허가증을 끊어야 했던 A는 그러면 승계해서 이전부터 하고 책임지고 압류를 풀어달라고 했다. 이후 끝까지 해당 차량의 압류 해지는 이뤄지지 않았고, 자초지종을 알아보니 딜러 B가 해당 차량을 살 때 압류는 단순한 자동차 범칙금이 아닌 체납에 대한 압류였고, 해당 압류 금액만큼 제하고 딜러 B가 차량을 인수하고, 3주 안에 압류를 처리하기로 계약한 상태에서 A가 차량을 구입하여 발생된 일이었다. 이후 딜러 B도 계속해서 전 차주 핑계를 대면서 해결을 하지 않았고 그로 인해 A가 재산권 행사를 하는 데 제약을 받게 됐다.

압류차량 여부 반드시 확인

원본 원부와는 다르게 압류만 걸려 있고 금액이 없는 경우도 있고, 압류가 진행 중인데 압류로 보이지 않는 경우도 있다. 특히 조심해야 할 사항은 압류 해지를 다하여 차량 대금을 지불하였는데, 소유권 이전을 다음 날 혹은 며칠 이후 하는 경우 압류가 다시 붙어있어 애를 먹는 경우다.

어떠한 경우라도 차량에 설정된 저당이나 압류는 반드시 해지가 된 상태에서 거래를 완료해야 한다. 특히 금액이 큰 저당의 경우 해지 날짜에 따라 금액이 수시로 변하는 경우가 있고, 또 차량등록증에는 저당이 표시되어야 함에도 저당 표시가 없어 차량등록증만 믿고 구입했다가 낭패를 본 사례도 있다.

차량 압류의 경우에도 원부 조회를 하여 압류 건수를 파악하여 전화를 해보면, 원부와는 다르게 압류만 걸려 있고 금액이 없는 경우도 있고, 압류가 진행 중인데 압류로 보이지 않는 경우도 있다. 특히 조심해야 할 사항은 압류 해지를 다하여 차량 대금을 지불하였는데, 소유권 이전을 다음 날 혹은 며칠 이후 하는 경우 압류가 다시 붙어 있어 애를 먹는 경우다. 그러므로 이 점에 유의하여 거래하여야 한다.

> **꼭 기억하기!** 원부 조회를 하여 해당 저당과 압류를 확인하는 것이 필수이나, 예외가 있을 수 있음을 알고 반드시 압류 해지 시 압류자나 기관에게 추가 압류 사항 유무나 진행 압류 사항을 확인한다.

개인 간 거래를 할 때 되도록 압류나 저당이 있는 차량은 전 차주에게 해당 압류와 저당을 다 완료한 뒤 거래를 하자고 하는 것이 좋다. 저당과 압류가 깨끗해졌다면, 추가적인 압류나 저당 발생 전에 본인으로 소유권 이전을 즉시 진행한다.

금액적으로는 압류보다는 저당이 더 크지만, 실제 저당보다 압류가 더 머리를 아프게 하는 일이 많다. 저당이 있는 차량이 이상한 차량은 아니다. 왜냐하면 신차의 대부분이 일정 부분 할부로 구입되며, 신차 할부가 곧 해당 차량의 저당이 되기 때문이다.

그런데 간혹 신차 할부의 저당이나, 중고차 할부 저당이 아닌 개인 저당이나 제3자가 재산권 행사를 하기 위한 저당이 있는 경우에는 전 차주와 거래를 함에 있어 조금 더 주의를 하여 계약을 완료하여야 한다. 그런 경우 경험상 차량의 압류도 많은 경우가 일반적이고, 더 나아가 이런 사람들의 차량 중에 관리가 잘 된 차량 역시 드물었다.

09 | 계약금만 주고 차량 인수가 마무리되지 않는 경우

차량을 살 때만 조심해야 할 것이 있는 것은 아니다. 차량을 팔 때도 몇 가지 주의해야 할 사항이 있다.

> 〈 사례 〉 A가 차량을 판매하려고 광고를 했고, B와 연락이 되어 차량을 보여주고 계약을 하기로 했다. B는 차량이 마음에 든다며, 계약금을 주고 조만간 잔금을 치르고 계약을 완료하기로 했다. A는 해당 차량의 광고를 내리고, B의 잔금을 기다렸다. 며칠 뒤 B에게 전화가 와서 갑자기 현금 융통이 어려워졌다며, 기간을 조금 더 달라고 했다. A도 신차 출고가 얼마 남지 않아서 계약을 빨리 마무리 짓자고 종용했다. 이후 B가 계약을 마무리 짓지 않아 신차 출고 및 잔금 날짜가 임박한 A는 B에게 계약 파기를 이야기했고, 그러자 B는 위약금을 요구했다.

앞의 사례와 같은 일을 보면 좋은 거래가 되었을 때는 장점이 많은 거래가 개인 간 거래이지만, 일이 한번 꼬이기 시작하면 개인 간 거래이기 때문에 해결이 쉽지 않음을 알 수 있다.

현행 자동차 매매계약서의 표준 관인 계약서 약관에도 며칠 안에 계약을 완료해야 한다는 것은 없다. 따라서 어떤 계약이든 계약금을 받고 이후 잔금으로 계약이 완료되는 거래일 경우 매수자와 매도자 둘 다 안전할 수 있도록 계약 완료일을 약속하고 반드시 특약사항에 표기하는 것이 좋다. 매도자는 매수자에게 잔금 기한을 며칠까지 주고, 계약을 완료하며 이를 매수자가 지키지 않았을 경우 매수자 책임으로 계약이 파기됨을 명시하는 것이 좋다.

이렇게 되면 민법상 매수자가 걸어 놓은 계약금은 매도자가 취할 수 있으며, 해당 법 조항 제565조(해약금) 1항(매매의 당사자 일방이 계약 당시에 금전 기타 물건을 계약금, 보증금 등의 명목으로 상대방에게 교부한 때에는 당사자 간에 다른 약정이 없는 한 당사자의 일방이 이행에 착수할 때까지 교부자는 이를 포기하고 수령자는 그 배액을 상환하여 매매계약을 해제할 수 있다)을 이용하여 계약을 종료할 수 있다.

매도자가 계약금을 가지게 된다고 무조건 좋은 것은 아니다. 이렇게 계약이 파기되어 다시 광고되는 차량은 다른 매수자들이 경계하게 되므로, 판매에 어려움을 겪을 수도 있다. 따라서 재판매 광고 때는 다시 광고하게 된 사유가 해당 차량의 문제가 아님을 명기하는 것이 좋다.

> **중고차 사기 예방 3원칙**
>
> 1. 서류 확인 등 기본에 충실하자.
> 2. 눈앞에 마음에 드는 차를 구입하고자 서둘러 거래하지 말자.
> 3. 책임을 질 수 있는 믿을 수 있는 업체를 이용하자.

꼭 기억하기! 계약 완료일은 특약사항에 반드시 표기하고 인감날인한다. 될 수 있으면 계약금 거래가 아닌 한 번에 모든 절차가 종료되는 거래를 추천한다.

10 | 차량 판매 후에도 내 책임이 계속되는 경우

> 〈 사례 〉
> A는 B에게 차량을 판매했다. 집이 지방에 있던 B는 거래를 퇴근 후에 하느라 지방에서 하게 됐다며 잔금을 다 줄 테니 서류를 주고, 소유권 이전은 본인이 다가오는 주말에 하겠다고 했다. 이후 판매한 차량의 교통 범칙금이 A에게 계속해서 청구되었고 교통 위반 사실이 매매 거래 이후의 일임을 알고 A는 B에게 전화를 하였다. 그러나 B는 알겠다고만 하고 처리를 계속 미뤘다.

이런 경우 답답하기 그지없다. 매매계약서를 가지고 압류 통지서 발급 경찰서를 찾아가도 대부분의 경찰서에서는 실제 위반자로 범칙금을 옮겨주지 않는다. 차를 사 간 사람은 해당 범칙금이 바로 압류 진행은 되지 않기 때문에 소유권 이전등록에도 아무런 제약이 없다. 따라서 구매자가 범칙금을 보내주지 않으면 판매자가 억울한 범칙금을 내어야 한다.

일반적으로 평소에는 과속을 하지 않는 사람도 차량을 구입해 가면 혹시 본인이 구입한 차량이 '고속주행에 어떤 문제가 있지 않을까'라는 생각에 고속주행을 많이 하여 이동을 하고, 또 차량을 구입해 간 지역이 익숙하지 않기 때문에 속도위반이나 버스전용차선 위반을 하게 돼 위와 같은 사례는 너무 많이 일어난다. 대부분의 경우는 구매자가 미안하다고 이야기하면서, 범칙금을 보내주는 경우가 많지만 쉽게 일이 진행되지 않으면 난감하기 그지없고, 속상한 일이 발생한다. 이러한 일이 단순하게 몇 만 원짜리 교통위반이면 상관없지만 사람이 다치는 인사사고나 대형사고를 유발한다면 문제는 훨씬 심각해진다. 왜냐하면 해당 차량은 아직 본인의 소유 차량이고 매수자가 사고 현장에서 도주라도 한다면 매도자 집 앞에 경찰이 와서 문을 두드려도 이상할 것이 없기 때문이다.

자동차를 팔 때 자동차 계약은 될 수 있으면 소유권 이전이 바로 이뤄질 수 있는 평일, 그리고 자동차등록사업소가 운영하는 시간 안에 약속을 잡아 소유권 이전까지 서로 같이 하여 이전된 등록증 사본 확보 후에 계약을 마무리 짓는 것이 가장 안전하다. 그리고 차량 계약 시 반드시 매도자는 매수자에게 인수증을 작성해달라고 하자. 인수증 안에 들어가야 할 내용은 정확한 차량 인계 시간을 분 단위까지 명기하고, 이후 해당 차량 운행으로 인한 모든 책임은 매수자에게 있음을 확인하고 서로 서명날인하면 된다.

끝으로 매수자가 차량 운행 전 해당 차량의 보험 가입이 되어 있는지 확인할 수 있도록 보험가입 증명서 사본을 팩스로 받는다(소유권 이전 시 필수 서류이기 때문에 쉽게 받을 수 있다).

> **꼭 기억하기!**
> - 개인 간 거래는 반드시 소유권 이전이 가능한 평일 낮에 하도록 하자. 안전 거래를 위해 하루쯤 휴가를 내는 것이 좋다.
> - 중고차 전문업체에게 매각 시에는 소유권 이전 완료일과 증명 서류 지급 방법을 명기해야 하고 차량인수증을 받아 이후 차량의 책임을 면한다.
> - 차량 판매 후 매수자의 보험가입 증명서(본인 자동차 보험 해지 및 환급에 필요), 소유권 이전된 차량의 등록증 사본도 요구하여 일정 시간 이상 보유한다.

중고차 사기 사례를 맺으며 지금까지 이야기한 내용을 보면서 중고차 거래에 대해 더 거부감이 들거나, 어렵다는 생각이 들지 않았으면 한다. 왜냐하면 어떤 중고차 거래라도 기본에 충실하면 충분히 안전하면서 설레는 중고차 거래를 할 수 있기 때문이다.

내가 중고차 사기 사례의 주인공이 되지 않으려면 다음 3가지를 명심하자.
1. 서류 확인 등 기본에 충실하자.
2. 눈앞에 마음에 드는 차를 구입하고자 서둘러 거래하지 말자.
3. 책임을 질 수 있는 믿을 수 있는 업체를 이용하자.

차량 인수증

차명	
연식	
차량번호	

상기차량을 중고자동차 매매로 인해 20   년   월   일   시   분에 인수하며 인수 이후 인수차량으로 인한 교통사고 및 재산상의 피해 등 민, 형사상 발생하는 모든 사항은 책임지겠습니다.

20   년   월   일

인수자

상호		(인)	사업자번호	
주소				
연락처			담당자	

차량 매도인 확약서

차량 및 매도자 정보

차명		차량번호	
사업자분류	☐ 일반과세자 ☐ 간이과세자	주민등록번호	
주소			

매도인 고지사항

- 매도인은 매각차량의 최초 구매 시 부가세 환급을 받은 사실이 없습니다.
- 매도인은 매각차량을 회계장부에 등재한 사실이 없습니다.
- 매도인은 매각차량에 대한 감가상각비용이나 차량유지관련 비용 (유류비, 수리비 등)을 비용 처리한 사실이 없습니다.

☐ 매도인은 상기 사실에 틀림이 없음을 확인합니다.

차량 매도인은 일반과세자로서 부가가치세법에 따라 세금계산서를 발행할 의무가 있으며, 이를 위반할 경우 가산세가 부과될 수 있음을 충분히 숙지하였습니다.

그러나, 매도인이 매각하려는 상기 차량은 가정용으로 사용되어 세금계산서를 발행하지 아니하며, 만일 매도인의 허위사실 기재로 인하여 매수인이 조세특례제한법 제108조에 의한 매입세액불공제와 및 가산세 부과대상자가 될 경우 이에 대한 모든 책임을 매도인이 질 것을 확약합니다.

20   년   월   일

매도인   (인)

03 차 박사가 알려주는 차량 관리 비법!

내 차는 내가 제대로 알고 관리하자

chapter 1 — 얼마나 고쳐야 하는 걸까?
수리의 범위에서 진단까지

chapter 2 — 어떻게 고쳐야 할까?
내 차 똑똑하게 관리하기

chapter 3 — 나만의 관리법으로 제대로 관리하자!
내 차는 내가 돌본다

chapter 1

얼마나 고쳐야 하는 걸까?
수리의 범위에서 진단까지

01 | 수리의 범위

중고차를 고민해서 구입한 만큼 최적의 차량 상태를 효율적인 수리 가격으로 유지해 나가는 것이 중고차 구입 후 만나게 되는 다음 절차라 생각한다. 구입 시점에서부터 유지 보수에 대해 이해하지 않고 차를 고르면, 구입 후 생각지 않은 피곤한 일을 만나게 된다. 휘발유·경유·LPG차량을 살 것인지, 경차·중형차·대형차를 살 것인지, 국산차 또는 수입차를 살 것인지를 고려할 때 차량의 연령과 주행거리, 차량 소유 기간, 구입 차종에 맞는 유지 보수비용도 함께 생각해야 한다.

일반적으로 잔 고장이 없는 차량은 한 번에 많은 수리비가 들어간다. 일례로 신차를 사서 고장 없이 15만km 이상까지 아무 탈 없이 타던 SUV 경유 차량은 연료 관련 계통의 고장으로 한 번에 250~300만 원 가까이 수리비용이 들게 된다. 또 환경보호를 위해 배기에 설치하는 DPF 관련 부품의 고장으로 200만 원의 수리비가 들게 된다. 이런 점에서 중고차를 구입한 현재 발생하지 않았더라도 앞으로 필요할 유지 보수비용에 대한 계획을 가지고 있어야 한다.

신차 급의 차량 상태를 원하는 소비자가 주행거리를 고려한 중고차의 상태 점검 내역을 신차와 비교된 것으로 잘못 받아들여 구입한 경우 중고차의 차량 사용 연한과 주행거리를 판단 기준에 고려하지 않으면 구입 직후 속앓이를 하게 된다. 이런 경우를 대비하여 자신이 만족하면서 차량을 사용하기 위해서 어느 정도의 정비가 자신에게 맞는지에 대해 생각해 두어야 한다.

　중고차를 구입하고, 얼마만큼의 정비가 효과적인지를 알기 위해서는 많은 정보가 필요하다. 차량을 구입하고 얼마 동안 더 운행할 것인지, 꼭 필요한 주행과 관련된 사항 외의 편의사항 고장은 무시할 것인지, 현재 차량에 어떤 정비이력이 있는지 이런 일들을 정비사와 상담하면서 결정권자인 소유주 본인이 판단의 근거를 마련하기 위해 여러 가지 상황에 대해서 고려해 두어야 한다. 특히 차량을 몇 년 정도 운행할 것인지에 따라서 수리 범위는 달라질 수 있다.

1 단기 사용(1년 이내 사용) - 예방 정비는 필요하지 않다고 본다.

　정확히 언제 교환되었는지 모르는 부품이지만 앞으로 일어날 고장에 대한 정비는 발생 시마다 수리해 나가는 것이 옳다. 교환주기에 맞추어 엔진 오일, 점화 플러그, 외부벨트, 브레이크 패드, 타이어 등 소모성 부품의 교환을 위주로 점검해 나가면 된다. 생산이 오래된 차량이라 하더라도 예방 위주의 정비는 필요하지 않다. 일정 km 수의 주행거리마다 엔진 오일을 교환하면서 운전자가 느끼는 수상한 점이 발생하지 않으면 정비 시 정비사의 조언만 참고해도 무관하다.

2 중기 사용(2~3년 이내 사용) - 구입 시 애매한 교환 시점의 부품은 바로 교환하고, 차량을 사용하는 것이 좋다.

　타이어의 트레드가 40% 정도 남아서 6개월 후 교환 시기가 완벽히 도래한다면, 더불어 타이어의 상태가 눈길에 적합하지 않은 겨울이라면, 또 타이어의 상태는 양호하나 생산 연도가 오래되어 부담스럽다면, 바로 교환하고 차량을 사용하는 기간(4만km, 2~3년) 동안 새 타이어로 편안한 승차감과 안전함을 느끼도록 하자.

1 차령 4년 이내 중고차(주행거리 5만km 이내)

　타이어, 브레이크 패드, 엔진 오일, 미션 오일과 같은 소모품에 대한 점검과 수리 교환을 미루지 않고 정비하는 것이 알맞은 시기의 차량이고, 사용할 기간(2~3년)을 고려했을 때도 안성맞춤이다. 앞으로 2~3년 정도 총 주행거리 10만km까지는 특별한 경우가 아닌 한, 엔진과 미션의 큰 수리 정비는 발생하지 않는 것이 일반적이기 때문이다.

> **중고차 수리 예측하기**
>
> 차량 4년 이내 중고차는 타이어, 브레이크 패드, 엔진 오일, 미션 오일과 같은 소모품에 대한 점검과 수리 교환을 미루지 않고 정비하는 것이 알맞은 시기의 차량이고, 사용할 기간(2~3년)을 고려했을 때도 안성맞춤이다. 앞으로 2~3년 정도 총 주행거리 10만km까지는 특별한 경우가 아닌 한, 엔진과 미션의 큰 수리 정비는 여유가 생긴다.

2 차령 4년 이후의 중고차(주행거리 10만km 이후)

대체적으로 10만km 주행거리 이후 부품의 교환이 계속적으로 발생하는 경우가 대부분이다. 구입의 목적이 특별하여 주행, 와이퍼 작동 등 기본적인 요소만을 원한다면 다르지만, 차령 4년 이후(주행거리 10만km)의 차량을 중기(2~3년) 동안 운행한다면, 현재의 상태를 유지하기 위해서 꾸준한 유지 보수가 필요하다. 10만km의 주행거리를 갖게 되면 모든 오일류(미션 오일, 브레이크 액, 파워스티어링 오일, 차동기어 오일)의 교환이 필요한 시점이고 타이밍벨트, 스파크 플러그, 배선, 코일, 발전기, 배터리, 차량 운행에 필수적인 부품의 교환 시기가 도래했거나 지났을 때이다.

이외에도 하체를 구성하는 마운틴류, 각종 부싱, 조인트볼의 노화가 진행되어 정상적인 차량의 승차감을 위해서는 교체가 필요하다. 이때는 차량의 부품이 교환된 사실을 확인하는 것이 필요하고, 모든 부품의 고장에 대하여 주기적으로 체크하고 이상이 발견되면 수리하여야 한다.

3 장기 사용(5~10년 사용) – 정비를 보다 계획적으로 디자인할 필요가 있다.

구입 시 차량의 중기 사용과 같이 교환이 필요한 부품을 바로 교환하는 것보다는 정비를 자신의 사정에 맞게 계획적으로 디자인할 필요가 있다. 엔진과 미션에 대한 분해 정비 작업인 오버홀(Overhaul, Rebuilt) 작업에 대한 보험적 성격의 지출 계획도 갖고 있어야 한다.

중기 사용의 관점에서 말한 타이어를 예로 들어보면 장기 사용에서는 타이어를 마모 한계에 이를 때까지 사용하고 소모품의 사용 연한을 최대한으로 높일 필요가 있다.

1 차령 4년 이내의 중고차(주행거리 5만km 이내)

이 정도의 차량이 주행거리가 10만km를 넘어서도 정비 수리에 대한 지출을 최소화하기 위해서는 적어도 엔진 오일의 의무적 교환을 권한다. 장기적인 사용을 목적으로 하므로 10만km 이후의 정비를 위하여 마음 놓고 상담하고 정비 계획을 이야기할 수 있는 정비소의 발견도 함께 이루어져야 한다.

2 차령 4년 이후의 중고차(주행거리 10만km 이후)

5~10년을 더 사용하기 위해서는 전체적인 수리 계획을 잡아가며 예방적 차원의 정

비와 소모품의 교환을 시행해 나가야 한다. 예를 들어 사용자에 따라 다르지만, 모든 전기 장치와 센서류는 아닐지라도, 운행 도중 생길 수 있는 시동 꺼짐에 대비하기 위해서 이 정도의 주행거리 차량이고, 발전기와 배터리가 교환되어 있지 않다면 경제적인 저울질을 하지 않더라도, 분명히 사용 수명이 다했다고 생각하는 부품에 대해서는 교환을 먼저 하고 차량을 관리해 나가기 바란다.

10만km 주행거리 이후의 차량은 대체로 모든 부품이 수리의 대상이다. 그리고 주행거리 20만km가 넘도록 장기적으로 운행할 차량으로, 소유 차량의 리세일 밸류(Resale Value)가 장기 사용 후 보잘 것 없어지므로, 자신이 갖고 있는 차량의 상태를 다시 팔 때의 경제적 계산을 무시하고 정비해 나가야 한다.

얼마 전 250만 원을 주고 산 주행거리 12만 6천km의 차량에서 브레이크 소음이 발생하여 전체적으로 점검해 달라는 고객의 수리 의뢰로 점검한 결과 137만 원의 수리비 견적이 나왔다. 작업 내용은 등속조인트 좌우, 조수석 미션 리테이너(리데나), 프런트 브레이크 디스크 좌우, 프런트 브레이크 패드, 리어 브레이크 패드, 리어 센터 마운트(미미), 프런트 스태빌라이저 링크 좌우, 파워 고압 호스, 미션 오일, 파워 오일, 브레이크 오일, 로커 커버 개스킷, 프런트 쇼버 마운트 좌우, 흡기 클리닝, 사이드 케이블, 운전석 프런트 도어 글래스런 총 22가지였다.

높은 수준의 판단 기준을 가지고 보아도 등속조인트 좌, 리어 센터 마운트, 프런트와 리어 브레이크 패드, 전 디스크, 파워 고압 호스, 사이드 케이블 이상 7가지만이 이 차량에서 필요한 정비라고 볼 수 있었다. 고객이 이상을 느낀 브레이크 소음 수리를 위해 프런트 디스크와 브레이크 패드만을 교환해도 훌륭히 사용할 수 있는 차량임은 물론이었다. 나머지 15가지는 현재 수준에서 얼마든지 사용할 수 있는 것이라 보였다.
126,133km의 주행거리를 갖고 있는 차량에서 정비를 필요로 하는 부품은 전 차주의 관리에 따라 다르겠지만, 대부분의 부품을 교환하는 것이 안전을 위해, 또 승차감을 위해 최선이다. 하지만 이 경우는 상식적으로 보아도 자신의 차량 사용 계획에 따라서 수리 방법과 절차를 변경하는 것이 경제적인 관점에서도 기술적인 관점에서도 나은 상황이었다.

이 차량의 정비 의뢰인은 처음 견적을 받아 보았을 때 당혹함을 크게 느꼈을 것이다. 이는 10년 이상 된 10만km 이상의 주행거리를 가지고 있는 차량에서 볼 수 있는 수리 견적의 경우라고 생각되기 때문이다. 이미 차량을 소유하고 있었던 전 차주는 분명 10만km가 넘도록 고장 없이 잘 탔다고 이 차량 메이커에 대한 신뢰가 높았을 것이다. 그리고 부품의 교환이 필요하다는 의견을 들어도 무관심하게 흘려들었을 것이다. 또 차량에 대한 신뢰가 있으므로 자신에게 맞는 수리를 순차적으로 의뢰했을 것이다. 그런데 예상 밖의 수리 견적을 받고 전 차주와 정반대의 입장이 되어 버린 새 차주는 생각지도 않은 차량 수리에 대해, 어떻게 해야 할지 정말 판단하기 힘들었을 것이다.

오래 전부터 갖고 싶었던 모델이고 10년 이상의 변치 않는 사랑을 줄 수 있는 차량이라면 비용이 과다하더라도 차량의 상태를 끌어올리고 운행을 해도 아무 문제가 없다. 이는 차량의 상태가 마음에 들지 않으면, 애정도 바로 식어 구입 시점에 가진 구매 의도를 빗나가게 하기 때문이다.
고장이 적고, 내구성도 우수하다고 정평이 나 있는 차량의 웬만한 편의 장치 고장에 무심한 성격의 소유자라면, 중고차를 중기적 관점에서 연비의 저하, 떨림의 정도, 변속기 작동 상태 등 미묘한 고장의 발생을 무시하고 넘기면서 차량의 노화를 늦춘다는 정비 계획으로 조금씩 정비해 나가도 이유 있는 만족감을 가질 수 있을 것이다.

중고차 구입 후 정비포인트!

차령이 4년 된 중고차(주행거리 10만Km)를 사고 1년 후에 점검해야 할 포인트를 짚어보자.

❶ 타이밍벨트
이 차량은 대략 10만km의 주행거리를 갖고 있을 것이다. 타이밍벨트는 엔진의 작동에서 중요한 소모성 부품으로 규칙적인 교환이 필요하다. 타이밍벨트 교환은 타이밍벨트와 함께 관련되어 있는 베어링, 텐셔너, 워터펌프를 함께 교환하여 내구성을 높이는 교환 작업이 실행된다. 타이밍벨트의 파손은 엔진의 헤드와 피스톤을 파손시키는 2차 피해를 가져오므로 고장이 발생하기 전에 교환 작업이 이루어져야 한다.

❷ 브레이크 패드
구입 후 새 브레이크 패드를 장착하고 주행하지 않았다면 브레이크 패드의 마모가 교환주기에 도달했을 것이다. 브레이크 패드는 전륜 패드가 빨리 마모되게 되지만 중고차이므로 전륜 패드와 함께 후륜 패드의 마모 정도도 함께 확인해야 한다. 브레이크 패드가 완전히 마모되면 브레이크 디스크를 못 쓰게 만드는 2차 피해를 가져오게 된다.

❸ 점화 플러그
일반 플러그에서는 3차 교환 시기가 도래될 시기이고, 백금 플러그에서는 2차 교환 시기가 도래될 시기이다. 점화 플러그는 엔진의 부조를 가져오고, 출력을 저하시키며, 연비를 저하시키는 엔진 전기 부품이다. 점화 플러그의 고장으로 차량에 이상을 나타내기 전에 예방 정비 차원에서 주행거리에 따라 규칙적으로 교환해야 하는 품목이다.

❹ 외부벨트
엔진이 타이밍벨트로 구동되는 차량은 타이밍벨트의 교환과 함께 외부벨트도 교환하는 것이 일반적이다. 엔진이 벨트가 아닌 체인 방식으로 구동되는 차량에서는 타이밍벨트와 구별하여 외부벨트를 교환해 주어야 할 시기가 도래되었으므로 교환 작업을 해야 한다. 외부벨트는 4만km 주행거리 주기로 교체하므로 2번째 교체 시기가 온 것이다. 외부벨트는 파워스티어링 펌프와 발전기를 엔진의 힘으로 구동하기 때문에 외부벨트의 파손은 차량 조향과 차량 전기의 생산에 즉각적인 문제를 가져온다.

❺ 배터리
배터리의 수명은 정해져 있지 않으나 4~5년을 교환주기로 보고 있다. 배터리는 시동을 불능하게 하고 엔진을 정지시키기도 한다. 배터리의 수명은 한순간에 나빠지게 되므로 충분히 사용되었다고 생각되는 배터리는 5년을 넘지 않는 범위에서 점검 후 교환해야 한다.

❻ 발전기
발전기도 교환주기에 도달되었다고 본다. 발전기도 배터리와 같이 순간적으로 수명이 다하여 차량을 멈춰 서게 한다. 발전기의 고장은 배터리의 완전 방전으로 연결되어 2차 피해를 가져오게 된다. 발전기 고장의 징조로 라디오가 꺼졌다 들어온다든지, 헤드라이트 조명이 밝아졌다 어두워졌다든지 하는 징후를 보이므로 차량이 주행거리가 10만km를 넘었다면 발전기의 교환을 기억해 두어야 한다.

❼ 타이어
3번째 타이어 교환주기가 도래했을 타이밍이다. 타이어는 평균 3~4만km를 주행 후 교체하게 된다. 타이어의 종류에 따라 그 교체주기가 많이 다르나, 일반 승용차용으로 개발된 타이어는 타이어 수명을 4만km 정도에 맞추고 있다. 타이어는 차량이 지면과 닿는 유일한 부분으로 우천 시에도 충분한 제동력과 접지력을 발휘할 수 있는 상태의 타이어를 항상 장착하고 있어야 하며, 노후화로 인해 주행 중 파열될 수 있는 부품이므로 권장 교환주기 한도 내에서만 사용하고 규칙적으로 교환해야 한다.

❽ 자동변속기 오일
4년 된 차량을 1년 정도 사용했다면 자동변속기에 이상이 발생하지 않았어도, 수명을 연장하기 위해 자동변속기 오일의 교환이 필요한 시기다. 자동변속기 오일의 교환이 필요치 않게 생산된 자동변속기라도 10만km 정도의 주행거리에서는 자동변속기 오일의 교환이 바람직하다. 브레이크 액과 파워스티어링 오일도 교환이 이루어지지 않았다고 판단되면 함께 교환할 시기이다.

❾ 하체 구성품
차량의 하체를 구성하는 볼조인트, 소버, 어퍼암, 로우암, 스태빌라이저, 링크와 고정 부싱이 노화되어 교환을 할 시기이다. 차량의 하부에서 소음이 들리거나 삐그덕 거리는 소음이 들린다면 구성품 교환을 시작해야 한다. 차량 하체의 구성품은 차량의 직진 정렬과도 관련되어 있으므로 소유한 차량이 똑바로 가지 않는다든지, 직진할 때 핸들이 한쪽 방향으로 돌아가 있든지 하는 것과도 관련된다. 차륜 정렬을 위해 얼라인먼트를 조정하는 과정에서도 하체 구성품의 노화가 발견되므로 교환을 실시하게 된다.

❿ 누유
엔진의 조립 부위와 각종 소모성 액체류의 고무 파이프와 이음새에서의 누유를 확인하고 교환을 해야 하는 시기이다. 엔진의 개스킷 파손에 의해 발생하는 누유는 엔진 오일의 비정상적인 소비를 발생시키고, 보닛 내부에서 엔진 열에 의해서 엔진 오일이 타면서 실내로 불쾌한 냄새를 유발할 수 있다. 각종 오일류의 누유는 파워스티어링의 작동을 무겁게 하고 냉각수의 누수는 엔진의 과열을 발생시켜 오버 히트를 가져온다.

중고차를 구입하고 얼마만큼의 정비가 효과적인지를 알기 위해서는 사실 이보다 더 많은 정보가 필요하다. 차량을 구입하고 얼마 동안 더 운행할 것인지, 꼭 필요한 주행과 관련된 사항 외의 편의사항 고장은 무시할 것인지, 현재 차량에 어떤 정비이력이 있는지, 이런 일들을 정비사와 상담하면서 소유주 본인이 판단의 근거를 마련하기 위해 여러 가지 상황에 대해서 고려해 두어야 한다.

02 | 수리의 진단

정비 수리의 진단은 비용을 줄일 수 있는 중요한 일이다. 진단이 정확하게 이루어지고, 이후 부품의 교환 또는 수리가 이루어지면 차량 소유자는 최소의 수리비용을 지출하고 정비사업자는 정확한 진단에 대한 정당한 보상을 받게 될 것이다.

차량의 수리는 진단이 핵심을 차지한다. 진단이 옳다면 그 다음 단계는 자가 정비도 할 수 있다. 수리의 진단이 필요 적절하게 이루어지려면 차량 사용자가 차량의 이상을 느끼고 또는 경고등의 의미를 인지하고 이에 대한 개선을 원하면서 시작된다. 이때 차량 사용자 즉, 정비 의뢰인의 차량에 대한 이해와 전달 과정이 정확한 진단에 한몫을 하게 된다. 정비 의뢰인은 냄새, 경고등, 이상 소음, 타이어의 상태, 시동 능력의 강약, 누유, 누수 등 차량에 대한 관심을 갖고 있어야 하고, 현재 상태가 정상적인지 비정상적인지 알기 위해서 노력하여야 한다.

엔진 온도에 대한 경고등이 간헐적으로 불규칙하게 점등되고 평상시는 정상적으로 아무 경고등도 점등되지 않는 경우, 수리의 진행을 위해서는 정비 의뢰인인 소유자가 간헐적으로 점등된 경고등을 온도 이상 경고등으로 정확히 설명해 주어야 한다. 만약 정비 의뢰인이 온도 이상 경고등을 부동액 부족 경고등으로 잘못 파악하고 차량의 이상을 설명하였을 경우, 수리 진행을 위한 방향 설정이 달라져서 진단과 수리 과정에서 의뢰인과 정비사 간에 오해가 생길 수 있다. 차량 사용자는 차량 설명서를 읽으면서 차량 기능 사용법과 경고등의 의미, 얼마나 중요한 차량의 고장인지를 꼭 알아두기 바란다.

자동차 관리법 제58조는 진단과 정비에 차량 사용자인 정비 의뢰인이 참고할 사항이 있다.
자동차 정비업자의 준수사항(자동차 관리법 제58조)
1) 정비 의뢰자의 요구 또는 동의 없이 임의로 자동차를 정비하지 아니할 것

2) 정비에 필요한 신부품, 중고품 또는 재생품 등을 정비 의뢰자가 선택할 수 있도록 알려줄 것
3) 중고품 또는 재생품을 사용하여 정비할 경우 그 이상 여부를 확인할 것
4) 정비를 의뢰한 자에게 국토교통부령으로 정하는 바에 따라 점검·정비견적서와 점검·정비명세서를 발급하고 사후관리 내용을 고지할 것
5) 국토교통부령으로 정하는 바에 따라 사후관리를 할 것
6) 거짓으로 점검·정비견적서와 점검·정비명세서를 작성하여 발급하지 아니할 것

수리의 진단을 위해서는 1)항의 정비 의뢰인의 요구가 의사소통의 과정에서 잘못 전달될 수 있는데 이때 그 부분을 최소화하기 위해서 정비 의뢰인이 정확한 설명을 해야 한다고 본다.

또, 되도록 120km/h의 속도에서 느끼는 이상일지라도 차량이 정차했을 때 같은 느낌을 받는 상태를 발견한다면, 이를 정비하는 자에게 전달함이 바람직하다. 정차 상태에서 보다 정확하게 진단할 수 있고, 시간적인 시운전 소모를 줄이고, 비용의 측면에서도 또 기술적인 고장 진단에서도 효과적이기 때문이다.

차량 노화 또는 차량의 특성상 노화의 정도에 따라 특정 조건에서 간헐적인 이상을 나타내고, 정비사도 확실한 고장 진단을 내리기 어려운 경우라면, 좀 더 증상이 반복적으로 나타나고 운전자가 이상을 확실히 감지할 수 있을 때까지 기다린 후 수리를 의뢰하는 것이 효과적이다. 이런 경우 사용 연한과 차량의 특성에 따른 고장이라 보기 어렵고, 무시할 수 있는 증상인 경우도 많기 때문이다.

다음에 이어지는 참고자료는 의사소통에 문제가 된 사례이다.

> **자동차 수리 타이밍**
>
> 차량 노화 또는 차량의 특성상 노화의 정도에 따라 특정 조건에서 간헐적인 이상을 나타내고, 정비사도 확실한 고장 진단을 내리기 어려운 경우라면, 좀 더 증상이 반복적으로 나타나고 운전자가 이상을 확실히 감지할 수 있을 때까지 기다린 후 수리를 의뢰하는 것이 효과적이다.

예열 플러그 교환 - 아침에(추운 날) 시동이 힘들어요.
허브베어링 또는 디퍼렌셜 기어(데후) 고장 - 전·후진 스타트 할 때 심하게 소리가 나요.
〈카센터 소견입니다〉

이상의 메모를 남기고 수리를 의뢰한 경우인데 의뢰인이 말한 예열 플러그는 아무 이상이 없었고, 연결 배선 이상으로 릴레이가 작동하지 않았다. 아침에 시동이 힘들다는 증상만 전달했으면 의뢰인이 요구한 플러그는 진단 시 교환에 의미를 두지 않았을 것이다.

다음 사항인 허브베어링 또는 디퍼렌셜 기어(데후)의 고장 - 전·후진 스타트할 때 심하게 소리가 납니다. 〈카센터 소견입니다〉 이 경우는 카센터의 소견이 아니라고 본다. 허브베어링과 디퍼렌셜 기어(데후)는 스타트 할 때 심하게 소리가 나지 않고 차량이 속도를 붙이면 특정 속도 구간에서 소음이 발생하기 때문이다. 허브베어링과 디퍼렌셜 기어는 아무리 시험 주행을 해도 심한 소음은커녕 이들 부품에서 발생하는 전형적인 소음도 발생하지 않았다. 결과적으로 엔진부에 부착되어 있는 드라이브벨트 텐션 브래킷의 나사산이 파손되면서 벨트 텐셔너의 진동이 발생한 소음이었다.

정비 의뢰인이 차량에 대해 특정 부품을 교환해달라고 지목한다고 해서 모두 과잉 정비로 무조건 교환하는 것은 아니지만 진단의 오류와 시간적 소모, 비용의 증가가 따라올 수 있는 여지가 많다. 정비를 의뢰하는 경우 시간이 걸리더라도 진단 시간을 충분히 가지고 정비 의뢰인에게 최소한의 부품 교환과 수리로 비용 절감이 되도록 하고, 정당한 진단비용을 청구하는 정비업장을 만나는 것이 필요하다. 정비의 신처럼 바로 진단을 내리고 견적을 과감하게 요청하는 정비업장은 멀리하는 것이 좋다.
하지만 정비소를 운영하는 입장에서는 정당한 진단비용을 요구하고, 자부심 있게 정직을 앞세우면서 영업을 하면 업장 오픈 후 2년간 적자에 시달리게 된다. 이 기간을 버티지 못하고 정비소 운영자는 과장된 진단으로 운영 마인드를 변경하거나 아예 업계를 떠나는 경우가 대부분이다. 이들이 업계를 떠나지 않도록 하는 것도 소비자가 경제적으로 정비 계획을 세우는 데 일조하는 일이라 하겠다.

1. 아침에 처음 시동을 켜면, rpm이 8,000까지 올라갔다가 2~3분 후 내려옴. 이때 가속 페달이 매우 뻑뻑함.
2. 브레이크 페달에서 탁탁 소리가 남.
3. 1시간 이상 운행 후 신호 정지 상태에서 약 5~6초 간격으로 부르릉, 크르릉 하면서 차체 떨림 현상이 있음.
4. 언덕 오르막에서 고속 주행 중 속도 계기판에서 80~90을 가리킬 때에 가속 페달에서 발을 뗀 후 속도 계기판에서 50~60일 때에 다시 가속 페달을 밟으면 푸득, 푸득하면서 rpm도 안 올라가고, 차량이 힘이 없어지고, 속도에 가속이 붙지 않음. 이때 느낌이 미션기어 변속이 이루어지지 않는 듯하며 두세 번 가속 페달을 밟아 주면 그때 다시 rpm이 오르고 가속도가 나는 것이 3단과 4단 사이 또는 4단과 3단 사이 기어 변속이 원활치 않는 듯함.
5. 내리막에서 속도계가 80~90이고, 가속을 줄이고 내려 갈 때 속도계가 60~70일 때에 특히 60일 때 베어링이 깨지는 듯한, 쇠 깎이는 소리가 남.

결론적으로 이 차량은 정상적인 차량이었다. 수많은 주행 시험과 함께 의뢰인과 한 달간의 대화가 오갔다. 의뢰인은 1시간 이상 주행하면 이상이 나타난다고 주장했다. 이때 베어링이 깨지는 듯한 쇠 깎이는 소리가 발생하고 차가 힘이 없이 언덕을 주행한다는 것이다. 결론적으로 쇠 깎이는 소리는 타이어의 이상 마모로 웅웅거리는 소음이었고, 초기 시동 시 8,000rpm까지 올라가는 엔진 회전수 이상은 실제로 일어난 것이 아니라 계기판의 rpm미터의 고장으로 3,000rpm 정도 잠깐 올라갔다 떨어지는 이상이었다. 엔진이 시동 시 5,000rpm만 올라가도 정비사도 놀라서 시동을 끄게 되는데 의뢰인이 2~3분 그 상태를 기다렸다가 정상으로 엔진 회전수가 돌아오면 운행한다는 말을 믿게 되면서 한 달간의 테스트를 거치고 오해를 갖게 된 경우이다.

수리의 진단을 위해 정비사보다 더 많은 정비 지식을 바라는 것이 아니다. 정확한 진단을 위해 정비 의뢰인의 차량 사용설명서 숙지와 고장 상태에 대한 가감 없는 설명이 정비 진단에 큰 도움이 되고 경제적인 차량 관리가 된다는 점을 말하고 싶은 것이다.

tip! 내 차 이것만은 정비 확인하자!

앞에서 말했듯 차량의 정비 상태를 사용자가 객관적으로 파악하기에는 한계가 있다. 주행거리에 따라 구입한 차량의 사용설명서에 나와 있는 교환주기를 참조하여, 차량의 각종 중요한 소모품 교환주기를 확인하면 객관적인 정비 확인이 될 것이다.

❶ 엔진 오일 및 오일필터

교환주기는 차종에 따라 다르지만 대략 5천(일반광유)~2만km(100% 합성유)마다 교환(일일 점검 후 부족 시는 즉시 보충)하도록 안내하고 있다. 출발과 정지가 잦은 운행, 과다한 공회전, 단거리 운행 등에서는 교환주기를 앞당겨야 한다. 엔진을 오랫동안 보호하고 성능의 노후화를 방지하기 위해서는 엔진 오일의 규칙적인 교환이 필수적이다. 우리나라에서의 운행은 대략 출발과 정지가 잦고, 신호 및 정체로 공회전이 많으며, 단거리 운행이 많다. 이런 이유로 오일의 수명이 연장된 롱 라이프 합성 오일을 사용하더라도 제조사에서 안내하는 교환주기보다는 짧게 엔진 오일을 규칙적으로 교환해 주는 것이 합당하다.

❷ 점화 플러그

가솔린 차량의 경우에 해당하며 제조사 사용설명서는 매 3~4만km(일반 플러그)마다 교환을 안내하고 있을 것이다. 백금 플러그의 경우는 8만km마다 교환을 안내하고 있으므로 제조사 사용설명서에 따르기 바란다. 점화 플러그는 연비, 배기가스, 부조, 진동에 직접적으로 관련된 소모 부품으로 현재 보유한 차량의 주행거리에 교환주기를 대비해 보아 정비 상태를 확인해 보기 바란다.

❸ 자동변속기 오일

보통 매 3만km마다 또는 12개월마다 점검 후 필요 시 교환을 안내하고 있으며, 일반적으로는 4~6만km마다 자동변속기의 오랜 사용과 보호를 위하여 주기적으로 교환하도록 권하고 있다. 요즘은 자동변속기의 오일을 교환하지 않는 타입의 자동변속기가 많이 있으므로 자신의 차량의 사용설명서를 활용하여 확인하기 바란다. 이런 무교환 타입은 사용설명서에 점검 후 필요 시 교환으로 설명되어 있어서 교환을 강제하고 있지는 않지만 10만km의 주행거리를 넘어설 경우에는 자동변속기 오일을 교환하는 것이 바람직하다.

❹ 냉각수

제조사에 따라 다르지만 보통 매 2~3년, 4~6만km마다 교환할 것을 안내하고 수시 점검 후 부족 시는 즉시 보충할 것을 명기하고 있다. 냉각수는 과부족 시 엔진과 자동변속기 등 차량의 주요 장치에 큰 영향을 주고 차량의 주행을 불가능하게 하는 주요 제품이다. 냉각수의 성능이 약화되면 냉각 통로 내부에 슬러지를 쌓이게 하여 엔진, 히팅, 미션에 악영향을 주므로 차량의 오랜 사용과 장기적인 상태 유지를 위하여 규칙적인 교환을 하여야 한다. 냉각수는 부동액이라고도 불려서 겨울철에만 필요한 소모성 부품으로 알고 있으나, 사계절 모두에 필수적인 제품이고 교환도 계절과 상관없이 이루어진다.

❺ 타이밍벨트

차종과 제조사에 따라 6~14만km마다 교환할 것을 제조사 사용설명서는 지시하고 있다. 보통 우리나라에서 운행하면 공회전이 계속되는 교통체증이 심한 곳을 50% 정도 주행하게 되므로 엔진을 작동시키는 주요한 타이밍벨트는 제조사의 권장 기한을 지켜서 교환하기를 바란다. 중요한 벨트이기 때문에 제조사에서도 보수적으로 교환 권장 기간을 설정했겠지만 우리나라의 도로 사정에서 매일 한가한 고속도로를 달리는 차량은 찾기 힘들기 때문에 제조사의 타이밍벨트 교환주기를 준수하기 바란다.

❻ 외부벨트

구동벨트(발전기, 에어컨, 파워펌프를 구동)의 장력과 마모 상태는 일일 점검 항목으로 제조사 사용설명서는 명기하고 있으며 3~4만km마다 점검하고 필요 시 교환을 안내하고 있다. 드라이브벨트, 구동벨트라고 불리는 외부 벨트는 운행에 필요한 차량의 기기를 엔진의 힘을 이용하여 벨트로 구동하게 하는 고무 제품으로 파손 시 발전기를 멈추게 하여 차량의 운행을 못하게 하고, 파워펌프의 작동을 중단시켜 조향 핸들을 무겁게 만들 수 있다. 외부 벨트의 장력과 마모 상태에 따라 교환이 이루어지거나, 제조사 차량 사용설명서에 맞게 규칙적으로 일정 주행거리마다 교환하게 된다.

❼ 브레이크 액

매 2년마다 혹은 4만km 주행마다 교환할 것을 안내하고 있다. 수시 점검 후 부족 시는 즉시 보충 및 누유 여부 점검을 명기하고 있다. 브레이크 액은 공기 중의 수분을 흡수하는 성질을 갖고 있으므로 브레이크 액에 수분 함량이 높아지면 브레이크 시스템이 부식되고 비등점이 크게 떨어진다. 이때 브레이크에 과부하가 걸리면 베이퍼 록이 생겨 제동 능력이 떨어지며 브레이크 페달을 밟는 감각이 변하게 된다. 안전과 밀접한 관계를 갖는 브레이크 액이므로 제조사의 취급 규정에 맞게 교환 시기를 유지하면 최상의 컨디션을 유지하게 된다.

❽ 타이어 위치 교환

일반적으로 1~2만km 주행마다 타이어의 위치를 교환할 것을 안내하고 있다. 2륜구동 차량이라면 구동 바퀴의 타이어가 빨리 마모되므로 모든 타이어의 수명을 같이 하게 하고 타이어의 이상 마모를 방지하기 위해서 추천되고 있는 정비 방법이다.

이 밖에 브레이크 패드와 배터리도 운전자가 확인하면 유용한 품목이지만, 사용자의 차량 운행 방법에 따라 그 수명이 달라지는 부품이다. 이들은 제조사 사용설명서에서도 일일 점검 사항으로 안내되고 일정한 교환주기는 표시되지 않는다. 보통 전륜 브레이크 패드의 마모가 후륜 브레이크 패드보다 2배 심하다. 일반적으로 전륜 브레이크 패드가 3만km 주행거리마다 교환하게 되고 후륜 브레이크 패드는 6만km 주행거리마다 교환하게 된다. 브레이크를 밟는 운전습관에 따라 달라지는 것이므로 마모의 정도를 육안으로 확인하는 것이 바람직하다. 배터리도 방전을 시키지 않으면 5~6년까지도 사용하고 있으나 이것도 사용에 따라 수명이 일정하지 않고 차량의 시동에 직접 관련된 중요 부품으로 늦어도 4년마다 교환하기를 권한다.

chapter 2 어떻게 고쳐야 할까?
내 차 똑똑하게 관리하기

01 | 부품의 종류

크게 신품, 중고품, 재생품으로 부품의 종류가 나뉜다. 타이어를 제외하고는 대부분 신품과 재생품으로 차량의 기능 정비는 이루어진다. 자동차 관리법에 명시되어 있지 않다하더라도, 거의 모든 정비소는 부품의 종류를 설명하고 정비 의뢰인이 이를 선택할 수 있도록 할 것이다.

경제적인 기준에서 보면 중고품과 재생품을 사용하는 것이 항상 옳다고 할 수 있으나, 성능과 사용 수명의 부품 신뢰성을 함께 고려해야 한다. 재생품을 선택했을 때도 신품의 성능을 거의 그대로 발휘할 수 있는 부품군이 있다. 고무부싱이나 볼조인트의 단품 교환으로 전체 제품의 재생이 가능한 부품들이 그것이다. 또 차량의 하체를 구성하는 어퍼암(Upper control arm), 로우암(Lower control arm)이 대표적인 경우라고 생각된다. 하체를 구성하는 부품으로 고무 재질의 노화로 인한 부품의 기계적인 파손이 일어난 경우이다. 정비소에 부싱만을 교환해도 같은 효과를 나타내는 재생 부품이며, 정비소에서 직접 부싱을 교환하는 것보다 시간적, 비용적인 면에서 경제적이고 대량 생산되어 재제조업 규제에 따른 공인된 제품 신뢰성도 있다.

재생품을 선택했을 때 현재 성능은 같으나, 신품과 같은 내구성은 담보하기 어려운 부품군이 있다. 스타터 모터, 발전기, 에어컨컴프레서, 웜기어(Rack and Pinion), 쇼버가 이의 제품군에 들어간다. 재생된 현재 상태는 신품과 거의 유사한 성능을 발휘하지만, 부품 내부의 모든 단품이 신품으로 교환된 제품이 아니므로 신품에 비해 내구성이 떨어진다. 해당 부품의 교환 작업 과정이 복잡하여 장착 시 내구성이 확보되어야 하는 경우이거나, 차종의 특성상 재생품 기대 효과가 낮은 경우, 정비소에서는 신품으로 교환할 것을 조언할 것이다.

재생품을 선택했을 때 성능도 내구성도 담보할 수 없는 경우도 있다. 이 경우는 경제적인 기준에서 판단해야만 하는 상황이 될 것이다.

엔진을 재생하는 보링 작업과 미션을 오버홀하는 작업은 우선 신품보다 뛰어난 가격에서 장점을 갖는다. 신품과 같은 3년 6만km의 품질보증을 받을 수 있을 만큼의 내구성은 보증받을 수 없지만, 100% 신품의 성능이 아니라 하더라도 중고차를 구입한 경우라면 신품과 비교했을 때 이들 제품군의 선택을 마다할 필요가 없을 것이다.

부품의 종류를 선택할 때 얼마나 오래 차량을 사용할 것인가, 자신의 성격에 따라 어떤 상태의 차량으로 유지할 것인가를 생각해 보아야 한다. 단기간(1년 이내) 사용할 차량이라면 가능한 부품은 재생품을 사용하고 재생품이 없는 부품만 신품을 사용하면 된다. 이는 중기 사용자(2~3년 이내)에게도 해당된다. 재생품의 교환을 2회 하더라도 신품을 교환했을 때보다 경제적이기 때문이다. 자신이 보다 더 걱정 없이, 보다 더 완벽한 차량의 상태를 유지해야만 마음의 여유가 생기는 차량 소유자라면 리빌트 부품에 대해서 달리 생각할 수 있다고 본다.

장기간(5~10년) 사용할 차량이라면 신품과 유사한 성능을 나타내는 제품 이외에는 신품이 유리할 것이다. 특히 분해 장착 작업 공임이 많이 드는 부품의 교환은 신품을 추천한다. 그 이유는 교환 작업 후 한 번의 차량 라이프 사이클을 더 유지해야 하기 때문이다.

차량 정비 시 부품은 자동차 관리법에 의거 차령에 맞추어 무상 점검 정비를 받을 수 있다.

자동차 관리법 시행규칙 제134조 제1항 제2호
1. 차령 1년 미만 또는 주행거리 2만km 이내의 자동차: 점검, 정비일로부터 90일 이내
2. 차령 3년 미만 또는 주행거리 6만km 이내의 자동차: 점검, 정비일로부터 60일 이내
3. 차령 5년 미만 또는 6만km 이내의 자동차: 점검, 정비일로부터 30일 이내

제조사 직영 정비소를 통한 정비 의뢰는 시중의 재생품 사용을 제한하고 있을 것이다. 재생품을 사용했을 때도 신품의 성능과 내구성을 유사하게 유지할 수 있는 부품에 대해서는 환경적인 측면까지 고려했을 때 장려될 만한 일이라 본다.

자동차 관리법 개정에 따라 새로워진 자동차 생애주기 관리에서도 정비이력 누적 관리를 통해 재생품 사용을 권장하기 위한 사용자 혜택을 마련 중인 것으로 안다.

02 | 교환과 수리

정확한 차량 고장의 원인을 알게 되면 교환 정비와 수리 정비의 방향을 결정할 수 있다. 완벽한 관리를 위한 정비라면 교환 정비가 절대 우위에 있으나, 내구성의 측면에서 심각하게 떨어지지 않는다면 수리 정비가 불필요한 과다 정비를 막고 효과적인 경제성을 나타내게 된다. 모든 고장의 수리가 교환 정비와 수리 정비로 양립되지는 않지만, 다음을 예로 생각해 보자.

크래들(우물정자 프레임)과 웜기어의 체결 나사선 마모로 VDC(Vehicle Dynamic Control) 경고등이 점등되고 컴퓨터에 저장된 고장 코드가 스티어링 앵글센서 이상인 경우이다. 결론적으로 근본적인 고장 원인은 나사선의 마모로 웜기어가 프레임에 완벽히 고정되지 않아 핸들 조향 시 이격이 생겨 필요 이상의 움직임이 발생한 것이다. 수리의 결론은 완벽히 움직이지 않게 부품을 고정하는 것이다. 이에 따라 프레임과 파손된 웜기어의 체결 부위를 부품의 교환으로 수리를 할 것인지 파손된 나사선

과 체결 부위를 수리할 것인지 수리 방법이 달라진다. 교환을 한다면 신품 기준 부품비 100만 원+작업 시간 7시간+얼라인먼트의 작업이다. 안전상에 교환 작업과 똑같은 보장은 할 수 없을지 모르나, 나사선을 다시 만들고 체결 부위를 보강하는 것이 5분의 1로 비용을 절감할 수 있다.

이 경우도 장기(5~10년) 사용의 관점에서 보면 교환을 하고 교환 작업 시 관련된 소모성 부품도 함께 교체하는 것이 바람직할 수 있다. 차량 사용 기간에 따른 정비 계획을 고려할 필요는 항상 있다. 좀 더 비용의 차이가 많이 발생하는 교환 작업과 수리 작업의 경우를 보면 수리 작업의 효율성을 알 수 있을 것이다.

아래 참고자료의 차량은 수입차량으로 산소센서 이상과 촉매 이상의 고장 코드가 들어온 경우이다.

참고자료

Manifold Assy. 1개 378,000원, Manifold Assy. 1개 378,000원, Tube Assy. 1개 781,000원, Sensor Assy.-Air 2개 778,400원, Sensor Assy.-Oxygen 2개 161,200원, Converter 845,000원, Converter 845,000원 등 부품 소계 4,926,680원과 공임 701,800원의 견적이 나온 경우이다.

제조사 수리 견적은 배기 파이프 전체, 촉매 전체, 산소센서 전체의 교환으로 560만 원 정도의 수리비용이 견적 청구된 경우이다. 고장은 배기 파이프에 크랙이 발생해서 배기관에 외부 공기가 유입되면서 발생했다. 크랙을 수리해도 촉매와 센서류의 이상이 있다면 여전히 고장은 발생할 것이다. 그러나 이 경우는 배기 파이프의 크랙을 먼저 수리해 보는 것이 우선이라고 보고 의뢰인과 정비 계획을 함께 세우는 것이 우선시 된다. 위의 경우는 수리 정비가 20배의 경제적인 이득이 있어 더 적합하다.

이 경우와 대비해 관련된 부품을 함께 교환하여 재발을 방지하고 내구성을 높여야 할 경우가 있다. 이는 브레이크 패드를 교환할 때 한쪽 바퀴의 패드만을 교환하지 않고 양쪽 바퀴의 브레이크 패드를 함께 교환하는 경우와 같다. 브레이크 패드의 부품 자체가 양쪽이 함께 나오는 것은 물론이다.

예를 들면 엔진 오일 펌프의 이상으로 오일압이 떨어지면 적어도 엔진 오일 펌프, 엔진 오일 필터, 경고 스위치를 함께 교환하여 관련 고장을 방지한다. 관련 부품을 교환하지 않고 얼마 후에 같은 고장이 관련 부품에서 발생하면 정비 의뢰인의 오해를 사게 되는 경우가 있다. 정비사는 이런 경우 충분히 정비 의뢰인에게 설명을 하고, 추가된 관련성을 납득시키는 것이 힘들다고 판단하여 관련 부품을 함께 교환하기도 한다.

부품의 교환 수리의 경우에도 관련된 부품의 교환을 함께 하는 것이 필요불가결 했는가의 의문이 남듯이 수리 정비가 옳은지, 교환 정비가 옳은지는 더 큰 차이를 가지고 있어 정비 의뢰인은 정비사의 견해를 잘 듣고, 수리 정비의 방법을 이해해 주기 바란다.

차량에서 발생하는 수리 정비에는 전기 배선의 문제가 많이 있다. 배선의 잘못된 부분을 발견하고 수리하는 일에는 많은 시간적 노력이 발생하지만, 궁극적 실제 작업은 몇 번의 납땜과 배선의 수리로 끝나게 된다. 이런 경우 많은 시간이 할애된 전기 배선 진단비용의 청구가 쉽게 간과되는, 계량화하기 힘든 진단 작업이므로, 정비 의뢰인에게 진단비용의 청구가 쉽게 받아 들여지지 않는 경우가 대부분이다. 그렇다고 정비사가 납땜한 작업에 대해서만 작업비용을 청구하게 되면 이와 같은 수리 작업은 또 다시 하지 않을 것이다. 많은 경우 배선에 문제가 생기면 전체 배선 교환의 견적이 청구되게 된다. 그러므로 수리 진단에 드는 시간과 이에 대한 금전적 비용을 지불할 마음을 갖고 있는 정비 의뢰인은 보다 현명한 수리를 결론적으로 받게 될 것이다.

교환 정비와 수리 정비는 정비 의뢰인의 의지대로 진행되지는 않는다. 이는 정비사의 조언과 많은 상호 의사소통을 통해서 이루어질 수 있다. 현재 많은 정비업자는 어떻게 지속 가능한 업체 경쟁력을 만들어 갈까를 고민하며, 자신의 일방적 주장보다는 고객과의 대화를 우선하고, 논리적인 설명보다 고객과의 공감을 이끌어 내어서, 보다 의미 있는 상호간의 조화를 통해 소비자와 소통하려 한다. 이와 같은 마인드로 새롭게 자라나는 정비소를 정비 의뢰인들이 찾아내고 사라지지 않게 하는 일은 소비자 입장에서, 정비 의뢰 공급자와 수요자, 서로를 지켜줄 수 있는 의미 있는 일이다.

03 | 진단의 기준(신차 VS 중고차)

　감각적으로는 차량의 이상을 설명할 수 있으나 과학적인 측정의 방법이나 이상 유무의 판단 기준이 애매한 경우가 있다. 어떤 사용자는 정상이라고 생각하는 부분이지만, 또 다른 사용자에게는 만족하지 못하는 논쟁거리가 되는 경우를 말한다.

　차량의 떨림, 변속 지연, 에어컨 성능의 정도, 히터의 초기 가동시간, 브로바이 가스 발생 정도, 배출가스의 색상 정도, 터보의 작동 능력, 오일의 누유와 비침, 양쪽 헤드라이트 밝기 차이와 같이 명확하게 여기부터 고장이라고 말할 판단 기준이 불가능한 경우다. 구비하기 어려운 측정 정비로 측정은 가능할지 모르지만, 정상과 비정상에 대해서 명확한 기준도 없는 그런 감각적인 차이들을 말한다.

　차량이 오래되고, 주행거리가 길어지면서 기계적으로, 또 전기적으로 서서히 신품의 기능보다 노후화되는 것은 당연한 일이다. 기계적으로 점점 마모해 갈 것이고, 유체가 통과하는 파이프는 슬러지 및 오염에 의해서 점점 막히고, 부품이 연결되는 모든 이음부는 약해져 갈 것이다. 전기 부분에 있어서는 접지나 커넥터의 접촉 부위가 차량의 진동과 습기 등 물리적, 화학적 변화에 의해 접촉 상태가 나빠지거나, 전선 피복과 절연체의 노후화로 인하여 서로 연결되어 통하지 말아야 할 전기 배선이 서로 전기적으로 미세하게 통하게 되어 단락 단선이 발생할 것이다. 이에 따라 신호 이상, 야간 점등의 흐려짐과 깜박거림 등의 현상이 발생하게 된다. 그럼 어떠한 경우에 애매한 기준이 발생하는지 알아보자.

1 떨림

　엔진의 진동이 차체로 전달되어 일반적으로 떨림이 발생하게 된다. 많은 경우 엔진 마운트(엔진미미) 부싱의 경화나 눌림, 엔진마운트 유체 밀봉부의 터짐에 의해 발생하며, 이는 마운트 부싱의 노후화에 따른 정상적인 엔진의 떨림이라 볼 수 있다. 대표적인 소모품인 플러그, 배선, 코일의 노화로 엔진 진동이 발생하여 실내로 전달되는 경우가 있다. 이는 고려할 만한 큰 엔진 부조가 아닌 경우, 신품의 교환으로도 어느 정도까지 불만사항을 개선할 수 있다. 그러나 그 결과를 장담하기 어려운 경우도 있다.

어느 정도까지의 차량 진동이 차령과 주행거리에 따라 받아들일 수 있는 떨림인지, 정비를 하면 어느 정도까지 개선이 되는지의 문제는 감각적인 문제로, 교환 결과를 교환 전과 비교해 가면서 보아야 하는데 이의 기준은 무엇인가 하는 것이다. 다시 말하면, 노후화는 진행된 차량인데 언제 의심이 되는 부품을 교환하는 것이 차량 사용자에게 만족을 느낄 수 있게 하는가 하는 것이다.

2 변속 지연

자동미션의 경우 트랜스미션의 변속 시점마다 변속작동의 지연 시간과 충격이 발생한다. 변속작동의 지연 시간을 변속 래그타임이라 부르고 이를 통해 자동미션의 부드러움과 탄력을 감지하게 된다. 또, 자동 상태에서 변속레버를 P N R D에 넣을 때도 래그타임이 생긴다. 이때 몇 초까지의 변속 지연과 얼마만큼의 충격을 연식과 주행거리에 맞는 양호 상태라고 할 수 있는가 하는 것이다. 차량 사용자에게 많이 알려져 있어서 저단에서의 변속 충격은 고장의 판단 기준에서 아주 무시되는 차량이 있는데, 이 차량도 최초 판매된 직후에는 이 증상의 특성이 고장이라 판단되었다. 그 이후 시간이 지나고 고장이라기 보단 설계 구조 특징에 따른 자연스런 노화의 결과로 알려지기 전까지 필요 없는 수리를 진행했다.

수동변속기 차량에서 수동미션의 변속감이 밀린다던가, 기어가 뻑뻑한 정도는 어느 것이 기준점인가 하는 것이다. 수동미션의 경우 변속감이 나쁘고, 타는 냄새가 난다고 하여 사용자의 수동변속기 사용 습성을 고려하지 않으면 삼발이 교환의 소견을 생각하게 된다. 그러나 수동변속기의 사용자 습성(반 클러치의 사용, 운행하는 도로의 종류, 적재인원의 무게)이 수동변속기 차량에 맞지 않는 조건이라면, 과연 삼발이 디스크의 교환이 시기적으로 또 기술적으로 옳은 결정인가 하는 것이다. 이는 사용 습성에 따른 부작용인 것이다.

3 에어컨 성능의 정도

에어컨의 토출 온도가 얼마가 되어야 정상적이고 만족할 만한 것인가 하는 것인데 일반적으로는 송풍기 노즐에서 10도 전후의 온도가 토출하면 정상인 것으로 본다. 애매하게 13도가 나온다면 에어컨과 관련된 부품을 교환하여 좋은 결과를 어느 정도 가져올지 기대하는 것이 바람직한 것인가, 수리의 범위는 어느 정도 잡아야 하며 수리비용은 얼마까지가 합당한가 하는 것이다. 에어컨 부품의 노후화와 막힘에 의해 열교환 성능저하로 에어컨과 관련된 모든 부분이 관련된 상황에서 단지 1~2도를 낮추는 감각적인 수리가 적합한가의 문제이다. 이는 차량을 사용하는 정비 의뢰인의 차량 사용 방법과 기간에 따른 사용자의 성격도 고려하여 전체적인 차량 정비 플랜에 맞추어야 할 것으로 생각된다.

4 히터의 초기 작동 시간

냉간 시 시동을 걸고 얼마의 시간이 지나야 히터의 따뜻한 느낌을 받을 수 있는가의 시간적 기준은 어떻게 잡아야 하는가 하는 것이다. 이는 차령에 따른 부품의 작동 성능저하로 나타날 수 있는 문제이기도 하지만, 차종에 따른 차량 설계상의 특성으로 발생하는 경우가 있다. 전에 사용하던 차량과 다른 제조사나 차종을 운행했을 때 히터의 초기 시작 시간의 감각적 지연과 빠름을 많이 느끼게 된다. 노후화에 따른 시간적 차이를 받아들인다면, 아예 작동하지 않는 고장이 아니라면, 5분 정도 더 늦고 빠른 것에 대해서는 관심을 가지지 않아도 좋다.

승용차를 운전하다가 차를 바꾸어 후방 히터가 장착된 승합차를 구입했을 때는 히터의 냉각수 이송라인이 길고 외부와의 노출도 많아 완전히 엔진의 온도가 올라가고 냉각수의 온도가 상승하기 전까지 히터의 성능이 빠르게 기능하지 않는 경우가 많은데, 이때 무언가 히터에 문제가 있다고 여기게 되는 경우가 있다. 차량의 노후도에 따라 냉각수가 완전히 정상화한 후에도 작동하지 않는 경우를 제외하고는 섣불리 고장이라 판단하지 않아도 될 것이다.

히터의 성능과 관련된 발열 장치인 전후 히터코어를 신품으로 교환하면 좀 더 빠른 성능을 보일 것이지만, 그 정도의 차이는 만족할 만한 수준이 아닌 경우라 본다.

5 브로바이 가스 발생 정도

내연기관의 엔진은 엔진 오일이 기화하면서 브로바이 가스(나바가스)가 필수 불가하게 발생한다. 환경에 대해 무관심했던 시기의 자동차는 이 브로바이 가스를 대기 중으로 방출시켰으나 환경보존의 의무화로 이 브로바이 가스는 실린더로 들어가서 재순화되어 연소하게 된다. 브로바이 가스의 발생은 엔진의 누적 작동 시간에 따른 노화에 의하여 사용 시간에 비례하여 많이 발생할 수밖에 없다.

　브로바이 가스의 발생량에 따른 정비 방법은 보지 못했지만, 브로바이 가스의 발생량으로 정비 의뢰인이 불만을 갖는 경우는 보았다. 다른 차량에 비해서 브로바이 가스가 많이 나오니 엔진의 이상이라는 것이 논지였다. 10만km 정도 주행한 디젤 SUV차량으로 기억나는데, 정비소에서 브로바이 가스가 다른 차량에 비해 많이 발생한다는 진단을 받았다는 것이었다. CRD엔진이 처음 나왔을 때였는데, 점검을 위해서 똑같은 다른 차량을 놓고 정지 상태에서 비교해 보아도 뭐라고 딱 차이를 말할 수 없는 상황이었다. 결국 이 의뢰인은 자신의 만족을 위해서 엔진을 통째로 교환했을지도 모르겠다.

　브로바이 가스는 터보의 연결 부위에서도 많이 발생하는데, 겉으로 보면 오일이 오랜 시간 누유되는 것으로 보일 수도 있으나, 엔진 특성상 가스로 기화된 오일이 체결 부위와 부품의 실링부로 아주 서서히 밀려나오는 일반적인 현상이다. 특히 디젤 차량에서 공기 흡입부나 터보 부위에서 많이 쌓여 누유처럼 보이고 가솔린 차량에서는 대표적으로 체어맨의 공기 흡기부 체결 부위에서 세척을 하여도 2만km 주행 시마다 기화된 오일의 축적된 모습을 보게 될 것이다.

　브로바이 가스는 정상적으로 소모되는 엔진 오일과도 관계가 있다. 엔진 오일은 신유 주입 후 엔진의 작동 시간에 따라 점차 소모되게 되는데, 이는 엔진 오일이 엔진의 연소 폭발과 함께 실린더 내에서 연소되어 브로바이 가스가 되어 실린더 밖으로 배출되게 된다. 일반적으로 발견되는 경우는 아니지만, 엔진 오일은 1천km 주행에 엔진 오일 1ℓ 까지의 소모는 엔진의 노화를 고려하여 제조사에서 정상적인 것으로 판단하고 있다.

　위의 기준으로 6ℓ의 엔진 오일이 적정 엔진 오일 양으로 제작된 차량이라면 4천km를 주행하고 나면 엔진 오일이 거의 바닥이 나는데, 이를 정상적인 것으로 제조사가 판단한다는 것은 아이러니한 판단 기준이 아닐 수 없다. 하지만 이는 BMW, 아우디의 엔진 오일 소모 양부 상태를 점검할 때도 같은 기준이 적용되고 있는 것으로 보인다. 이들 차량은 엔진 오일 양을 스스로 측정하고 적정량 이하로 오일 양이 줄어

들면 인포메이션 표시 창을 통해 오일을 보충할 것을 사용자가 잊지 않도록 알려 주는 장치를 오일 압력 경고등 이외에도 설치하여 운전자가 엔진 오일 양의 정도를 인지할 수 있도록 알려주고 있다. 아우디의 차량 사용서에는 엔진 오일의 소모가 많음을 명시하고 있으며, 신차를 구입하면 보충용 엔진 오일이 트렁크에 비치되어 있다.

6 배기가스의 색상 정도

배기가스의 합격, 불합격 정도는 정밀 검사장에서 검사를 받고 합격과 불합격을 정하는 것이 가장 옳은 방법일 것이다. 눈으로 또는 냄새로 감별하기에는 판단의 기준이 애매하다. 엔진 시동 초기에 흰색의 연기가 나는 것은 연소 과정에서 나타나는 수분의 증발인 경우가 대부분이고, 배기구에서 냄새가 좀 더 나는 차량은 노후화로 인한 엔진 오일의 연소가 상대적으로 많이 발생하는 노후 엔진일 경우가 많다.

배기가스의 기준은 점점 그 기준이 높아지고 있고, 신차뿐 아니라 오래 사용된 차량에도 같은 기준을 적용시키고 있다. 환경적인 측면에서는 너무도 바람직한 방향이라 생각한다. 그러나 5년 전, 10년 전에 생산된 차량은 생산 당시에는 지금의 배기가스 기준이 아닌 그 연도의 기준에 맞추어 생산되어 현재의 기준으로 엄격하게 적용하면, 장려는 하고 있으나 선진국에 비해 미흡한 차량 오래 타기와는 대치된 모순을 가져오게 된다. 중고품, 재생품의 사용을 장려하는 쪽으로 정책을 펴고 있으나 정작 오래된 차량을 유지 관리하며 보존하기에는 자동차 관리법령은 부족하다.

아직은 올드카에 대한 복원이 트렌드가 아니지만 올드카 신규 등록 시 적용되는 배출가스 기준과 차량 안전 기준의 소급 적용은 자동차 산업에서 차량 오래 타기의 관련 분야와 올드카 복원 산업 분야에는 불리하게 작용된다.

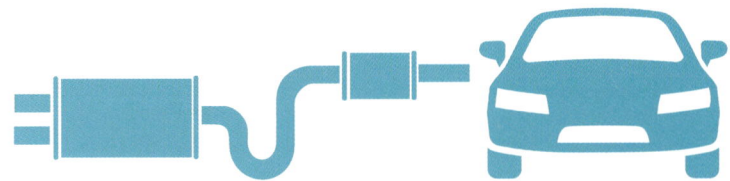

7 터보의 작동 성능

터보가 장착된 차량을 소유한 차주는 차량의 등판 능력이 떨어지거나, 무언가 가속이 떨어진다고 느낄 때, 터보의 상태를 의심하게 된다. 외관으로 터보를 보면 브로바이 가스의 증발로 인하여 오일이 누유되는 것으로 보이기 때문에 터보를 의심하게 되고, 외관을 보았을 때 오염된 것을 확인하고 나서는 더욱 감각적으로 터보의 이상이라고 느끼게 된다. 이때 경제적 기대를 무시한다면 가장 확실하고 손쉬운 방법은 교환을 하고 심리적으로도 편안해지는 길일 것이다. 오염만으로 터보를 교환했다면 브로바이 가스의 증발로 인한 오일의 발생을 다시 보게 될 것이다.

터보의 이상 유무는 다이너모를 이용하여 각 영역의 엔진 회전수와 토크를 분석하여 터보의 작동을 확인하는 것이 가장 정확한 방법이겠지만, 일상적으로 점검할 수 있는 성능 검사의 방법이 아니므로, 보통 3,000rpm 영역에서 터보가 작동하여 흡입 공기의 과급이 작동했을 때, 흡입 공기 라인의 연결 호스의 팽창을 보고 판단하면 좋다. 이때 연결 호스를 손으로 누르면서 과급되는 공기의 양을 압감으로 느끼고, 고무호스의 팽창과 팽창하는 힘을 손으로 느끼면서 양부를 판단할 수 있다. 엔진 회전수 게이지를 보면서 터보가 작동하며 빠르게 엔진 회전수가 상승하는 것으로 판단하기도 한다.

또 터보는 일정 소음을 발생하게 된다. 터보가 작동을 할 때 흡입 공기의 과급을 위해 회전하는 회전부의 소음이다. 이는 터보의 전형적인 소음이다. 이때도 어느 정도의 소음이 고장이고 정상인지는 주관적인 판단이므로 특별한 기준이 없어 애매하다. 애매한 정도를 넘어 완전한 이상 소음이면 교환하여야 한다. 고장이 나면 터보차저는 엔진 오일을 빠르게 흡입하여 실린더 내에서 연소시키므로 엔진 오일 부족으로 인한 실린더 및 작동부 윤활 부족으로 단기간에 엔진 내부에 심각한 고장을 만들 수 있기 때문이다.

고장 시 엔진 오일을 빨아 먹으면서 엔진을 완전히 못 쓰게 만들 수도 있는 터보 부품이기 때문에 이 글을 읽고 터보에 대한 이상 증상이란 생각이 들면 불안감이 더욱 증가되어 감각적으로 민감해질까 염려된다. 개인적으로 쌍용 SUV차량에서는 터보의 이상을 발견 못해 본 걸로 봐서 내구성이 있는 제품이라 말하고 싶다.

8 오일의 누유

　　브레이크 액, 에어컨 가스, 엔진 오일, 미션 오일, 냉각수, 파워스티어링 오일, 워셔액, 차동기어 오일 등 차량과 관련된 각종 오일류가 있다. 모든 오일의 누유와 누수는 없는 것이 최상의 상태이고 안전을 위해서도 최고의 조건이다. 안전과 관련된 오일류 중에서 제동에 필요한 브레이크 액은 최우선으로 차량의 소유자가 항상 브레이크 액 누유와 브레이크 액 부족에 관심을 갖고 그 상태를 확인해 보아야 한다.

　　오일의 누유와 관련해서는 엔진 오일 필터 교환 작업 때마다 정상적인 작업 과정에서 흐를 수밖에 없는 경우에 오일이 쌓여서 많은 오일이 누유된 것처럼 보이는 경우가 있다. 앞서 말한 브로바이 가스 등 오일의 기화로 누적된 가스가 누유처럼 보이는 경우다.

　　오일의 누유는 안전을 위해서는 한 방울의 맺힘도 없는 완벽한 신차의 상태가 최상이다. 그러나 신차도 시간이 지나면 피팅 부위는 느슨해져 오일의 맺힘이 조금씩 보이고, 브로바이 가스의 기화와 같은 오일의 기화로 여러 부위에서 기체화되면서 엔진 열에 의해 차량의 각 부위로 녹아내린다.

　　모든 누유를 고장으로 본다면 정상적인 차량은 찾아보기 어려울 것이다. 어느 정도의 누유가 정상적인가의 판단을 논하는 것은 불필요해 보인다. 차량을 운행하면서 계속적인 관찰과 주시로 각종 오일의 변화량과 오일 누유의 강도를 반복하여 살펴보는 것이 누유와 누수의 정비 시기를 알아볼 수 있는 적절한 대처 요령이다.

　　모든 오일의 누유와 누수가 안전과 관련되는 것은 당연하다. 브레이크 액, 냉각수 등 누수와 누유가 갑작스러운 차량의 이상을 발생시켜 큰 위험을 부를 수 있다. 이런 오일류는 누유 발생 초기에 수리해 나가야 하지만, 가스화 되어 생기는 엔진 오일 누유와 같은 경우는 주기적인 관찰로 그 강도를 모니터링 해나가는 것이 필요하다.

　　에어컨 가스, 워셔액 같이 편의사항과 관련되는 품목이 있고, 브레이크 액, 파워스티어링 오일과 같이 완전히 없을 경우에 위급한 상황을 맞게 되는 품목도 있다. 브레이크 액과 같이 중요한 오일류는 부족 시 계기판에 경고등을 띄우는 것은 물론이고, 브레이크 감의 변화가 생겨 보다 큰 문제를 만들기 전에 운전자가 느끼게 된다. 파워스티어링 오일도 완전히 부족하여 조향감이 아주 무겁게 되는 문제가 생기기 전에 핸들 조작 시 상당한 소음이 발생한다. 파워스티어링 오일 양은 계기판에 오일 양 경고등을 띄우는 차량을 본 적이 없는 것으로 봐서 그리 중요한 점검 부위는 아닌 것 같기도 하다.

냉각수, 차동기어 오일, 엔진 오일, 미션 오일 중 냉각수와 엔진 오일은 계기판에 경고등을 점등시킨다. 모든 차량이 온도 상승이나 오일압 부족 시 관련 경고등을 띄우는 오일류는 항상 관심을 갖고 보아야 한다. 차동기어와 미션 오일은 경고등을 띄우지 않는 차량이 많이 있는 것으로 보아 안전 면에서는 상대적으로 중요도가 떨어지는 오일류라 생각된다.

이처럼 진단을 판단하는 기준이 여기서부터가 고장이고 이 선 안에 있으면 정상이라고 판단을 내릴 기준이 없는 경우가 있다. 양쪽 헤드라이트의 밝기가 다른 경우같이 일반적으로 판단의 기준이 분명치 않지만, 안전과는 좀 떨어진 품목으로 분류되는 경우도 있고, 브레이크 오일같이 계속적으로 정비사뿐 아니라 매일 차량을 운행하는 운전자도 관심을 갖고 관찰해야 하는 품목도 있다. 차량은 적어도 엔진 오일 교환주기 때마다 사용자가 자신의 차량을 관찰하고, 의문점은 정비사와 상의하고 그 심각한 정도를 파악하기 위해서 관심을 기울여야 한다.

정비사도 주관적인 판단이 들어가는 사항이기는 하나, 안전과 관련된 누유나 누수에 의한 오일 부족에 대해서는 계기판에 경고등을 점등하게 되어 있으므로 경고등의 점등에 관심을 갖고 운전하고, 사용설명서를 숙지하여 그 경고등의 의미를 알고 있기 바란다.

chapter 3

나만의 관리법으로 제대로 관리하자!
내 차는 내가 돌본다

01 | 국산차 VS 수입차(소형, 중형, 대형)

　수입차의 경우 부품비가 비싼 것은 차치하더라도, 고장 부품과 관련된 인접 부품의 교환이 함께 이루어지는 경우가 많고 일반적으로 수리의 시간이 오래 걸린다. 엔진룸을 열어보면 알 수 있듯이 정비 작업의 공간이 협소하여 엔진이 차량에 붙어 있는 상태에서는 정비 작업이 불가능하여 엔진을 따로 내리거나 미션, 하부 구조를 통째로 내려야만 정비 작업을 위한 부품의 탈착과 교환이 가능한 공간이 마련되는 차량이 더 많다.

　수입차 중 연식이 오래 되고 주행거리가 많은 경우는 구입 단계에서부터 유지, 보수를 위한 경제적인 지출을 고려해야 할 것이다. 수입차는 예방 정비 개념이 완벽한 정비 수리를 위해서, 또한 동일 증상의 재발을 원천 봉쇄하기 위해서 많이 사용되고 있다. 중소형 국산차에 비교해 보았을 때, 발생된 이상 증상에 대한 단일 품목 교환 수리에 그치지 않고, 관련된 부품의 교환이 함께 이루어지며 예방 정비의 개념이 중요하게 사용되고 있다.

　워터펌프에서 누수가 발생하였을 때 워터펌프, 서머하우징, 서머스타트와 관련 라디에이터 호스, 아이들 베어링, 드라이브벨트까지 워터펌프의 분해와 관련된 주변의 모든 관련 부품이 재발 방지를 목적으로 함께 교환되는 경우를 보면 알 수 있을 것이다. 먼저 국내산 차량과 동일한 증상과 동일한 수리의 내용의 참고자료를 좀 더 살펴보자.

히터에서 뜨거운 바람이 나오지 않는 고장으로 60,500원의 진단비를 지불하고 받은 견적이다. 견적서상의 부품은 Switch 1개 62,600원, Radiator 1개 379,900원, Tank 1개 50,900원, Cover 1개 16,700원, Coolant AD 1개 133,600원, Hose 1개 78,100원, Hose 1개 67,700원, Pipe 1개 207,900원, Water Pump 1개 214,500원, Hose 1개 35,700원, Hose 1개 32,900원, Gasket 1개 4,500원, Gasket 1개 2,700원, Clip 4개 16,400원으로 총 부품비 소계 1,541,500원이고 모든 부품의 교환 작업 공임 소계는 715,000원이다. 부과세 포함 총계는 2,482,150원이다.

위의 견적이 나온 점검 결과 소견은 히터 코어 냉각수 입출력 라인 점검 시 출력 라인에 냉각수가 순환하지 않음. 냉각수 슬러지로 인하여 히터코어, 라디에이터, 냉각수 리저버 탱크, 냉각라인 교환 및 세척 요망이었다. 여기도 예방 정비의 개념이 넓게 사용되어 있다.

국산차의 중소형과 비교하면 같은 수리를 했을 때 특별히 부품비가 비싼 차량이 아니라면 60~90만 원 이하의 견적이 나올 것으로 보인다. 국내산 차량과 비교해서 3~4배의 수리비용이 발생하는 것으로 보면 된다. 위의 차량은 폭스바겐의 중소형 V6엔진 차량이었고, 이 차량과 가격적인 측면에서 비슷한 국산 초대형 승용 플래그십 차량의 경우와 비교하면 크게 다르지 않은 수리비용일 수 있지만, 차량의 가격보다는 차량의 등급을 위주로 비교해 보는 것이 합당할 것이다.

여기서도 진단 소견에서 정비사가 밝혔듯이 히터코어 냉각수 입출력 라인이 순환되지 않았으므로 히터코어를 우선 교환하고 냉각수 교환 및 세척 작업을 할 수도 있는 사항이었다. 예방 정비 차원에서 냉각수 라인에 있는 슬러지를 최대한 없애기 위해서 라디에이터와 워터펌프의 교환도 추가된 것으로 보인다. 앞서 말한 정비의 범위와 정비의 진단에서처럼 정비 의뢰인과 정비사 간에 커뮤니케이션을 통해 우선순위를 정하고 정비 플랜을 세워도 좋은 경우라 본다.

위는 결론적으로 히터코어의 교환과 냉각수 라인 세척으로 정상 작동으로 돌아온 경우이다. 분명 히터코어의 막힘은 슬러지 때문일 것이다. 재발을 조금이라도 방지하고, 더 확실하게 수리하기 위해서는 라디에이터의 교환을 추천할 수 있는 경우이고, 더 분명하게는 슬러지가 워터펌프의 임펠러 날개를 손상시켰을 수 있으므로 워터펌프 교환의 추가도 정상적인 수리 과정이라고 할 수 있다. 그러나 예방 정비의 개념을 최우선 순위로 두지 않는다면, 정비 의뢰인의 입장에서 정비 계획을 설명하고 의사소통 과정에서 정비 계획이 수정되어 수리 절차의 순서가 계획적으로 변경될 수도 있는 경우였다.

타이밍벨트의 교환 수리비용을 일례로, 메인터넌스와 관련된 소모품의 교환 작업에 있어서도 2배 정도의 가격 차이를 보이는 것을 알 수 있다.

어큐라 MDX 3.5의 타이밍벨트 교환 작업의 경우 국내에서 출시되고 있는 혼다의 어코드와 레전드에 사용되는 것과 같은 엔진이므로 같이 비교하여 참고하면 될 것이다. 이는 부품 소계 874,720원, 공임 소계 440,000원, 부과세 포함 1,450,000원 정도의 비용이 든다. 이 경우는 국내산 3.5ℓ 배기량을 가진 차량의 타이밍벨트 교환 비용과 비교했을 때 2배가 좀 안 되는 차이가 있다. 1,450,000원의 수리비는 딜러의 공식 서비스센터 비용이고 외부의 업체를 이용하면 20% 정도 낮은 가격에서 수리가 가능할 것으로 보인다.

현재 수입차가 전체 승용차량의 10% 정도를 넘기 시작했다. 지금도 국내산 최고급 차량은 제조사 지정 정비소를 이용하고 있듯이 수입차도 최고급 차량을 제외하고 어떤 정비소에서도 수리가 되어야 하는 시대가 오고 있다. 부품이 비싼 것은 어쩔 수 없는 부분이라 할지라도 보다 더 고객과 의사소통하고 공감을 이끌어 낼 수 있는 정비소를 찾고 이를 육성하는 것은 수입차 정비 의뢰인에게는 국내산 차량 정비 의뢰인보다 강하게 요구된다.

다음의 예는 국내산 차량과 다른 작동 원리를 가지고 있어 기능 정비 작업 시간과 이상 증상에서 국내산 차량과 비교 대상이 없는 경우이다. 국내산 차량과의 정비금액적인 비교가 의미 없고, 독특한 엔지니어의 설계를 가지고 있기 때문에, 국산차에 비해서 더 많은 부품을 사용하게 되므로 오히려 더 많은 고장에 노출될 수도 있다. 유럽 차량에는 오일 세퍼레이터라고 불리는 크랭크실 환기 장치와 그 관련 장치가 대부분의 엔진에 장착되어 있다. 이 오일 세퍼레이터와 관련된 BMW 차량의 고장 증상은 엔진이 부조를 하거나 배기가스가 흰 연기를 내뿜게 된다. 국내산 차량과 다른 장치적 구성이므로 정비 작업을 진행할 때도 올바른 진단의 절차를 진행하여야 한다. 증상은 엔진이 마모되었거나 밸브스텝 실이 파손되어 엔진 오일이 과다하게 실린더로 유입되는 증상과 유사하게 나타낸다. 물론 엔진이 마모되었거나 밸브스텝 실이 경화되어 나타난 증상일 수도 있으나 이런 경우에는 오일 세퍼레이터와 그 관련 장치의 이상을 먼저 체크해 보는 것이 필요하다.

어떤 제조사의 차량에서는 실내 편의 장치 작동에 있어서 전기식 공기 펌프로 발생된 공기압을 사용한다. 이 모터에서 발생된 압력을 이용하여 로크 장치와 실내의 편의 시설인 뒤 헤드레스트 복귀와 압축도어 등의 공기 펌프모터를 작동시켜 많은 편의 장치를 작동하게 한다. 모든 진공으로 작동하는 편의 장치의 작동이 안 된다면 이 전기식 진공 펌프의 작동을 먼저 점검하는 것이 필요하다.

또 다른 제조사는 엔진의 흡기부압으로 작동하는 브레이크 부스터에 전기식 진공 모터를 연결하여 추가되는 부압에 대해서 전기식 진공 모터가 사용되는 시스템도 사용한다. 이 고장은 폭스바겐과 아우디 계열에서 부스터 기계적 결함이란 고장 코드를 띄우고 아이들 상태에서 브레이크 페달이 순간적으로 딱딱해지는 이상한 느낌을 경험하게 된다. 또 브레이크 계통에서 벤츠의 SBC 장치는 브레이크 페달을 밟는 깊이의 정도와 밟는 속도를 입력 값으로 계산하여 전자식 유압 장치인 SBC 모듈에서 유압을 발생시켜 브레이크 캘리퍼의 작동을 통제하여 차량의 제동을 구사한다. 이 SBC 모듈은 고장이 발생하기 전 스레시홀드 리치(Threshold Reached)라는 정보를 인포메이션 박스에 띄우고, 완전히 불량으로 인식되면 기어 변속 레버가 변경되지 않게 하고 계기판이 빨간색으로 변경된다.

히터의 컨트롤 방법도 많은 수입산 차량은 국내산과는 다르게 전기식 또는 수동식 작동밸브를 통해서 부동액의 히터코어로의 흐름을 제어하여 막는 방법을 사용하고 있다. 이 경우도 정비의 진단에 있어서 국내산 차량과는 다른 방향으로 접근해야 한다.

수입차가 국산차와 다른 구조적 특성과 독특한 증상과 부품 교환 방법을 갖고 있다는 것은 수입차에 대한 적절한 고장 수리의 범위와 증상의 진단을 고려할 때, 수입차의 소유자는 더욱 치밀한 정비소의 선택이 필요하고, 그에 알맞은 정비 계획 수립을 위해서 양질의 서비스를 필요로 하고 있다는 것이다.
국산차도 수입차에 못지않게 정비에 있어서 제조사마다 특이한 특성을 가지고 있다. 특히 GM대우와 르노삼성 그리고 쌍용의 차량은 이제 우리나라의 기업이 아니어서인지, 애프터서비스 분야에서 이익을 얻기 위해서인지, 데이터 공개를 하지 않고 있어 애프터서비스 마켓 시장에서 기능 정비 수리의 제한을 갖게 되었다. 2012년에는 새인천부분정비협회에서 르노삼성 차량의 정비 수리를 거부하면서 제조사에 대하여 불만을 표현하고 있다는 뉴스가 접해졌다. 중고차와 유지, 보수를 위한 기능 정비 시장에서도 이와 같은 제조사의 정책 방향은 차량 구매자가 수리를 위하여 일반 정비소를 이용할 수 없게 되어 소비자에게 불필요한 시간적, 공간적인 수고를 발생시킨다. 이로 인한 이들 제조사 차량의 중고차 리세일 밸류 하락과 정비 수리비용의 상승은 소유자의 자산과 재산에 대한 불이익을 가져온다. 유지, 보수에 대해서만 국한해 중고차를 고를 때는 이들 제조사 제품에 대한 구매 부적합 사항으로 작용된다. 제조사도 애프터서비스 정보 정책 변화를 꾀하는 것이 옳은 판단이라 생각된다.

교환 정비와 수리 정비가 정비 의뢰인의 의지대로 진행되지는 않는다. 이는 정비사의 조언과 많은 상호 의사소통을 통해서 이루어질 수 있다. 현재 많은 정비업자는 어떻게 지속 가능한 업체 경쟁력을 만들어 갈까를 고민하며, 고객과의 대화를 우선하고, 공감을 이끌어 내어서 보다 의미 있는 상호간의 조화를 통해 소비자와 소통하려 한다. 이와 같은 마인드로 새롭게 자라나는 정비소를 정비 의뢰인들이 찾아내고 사라지지 않게 하는 일도 소비자 입장에서, 정비 의뢰 공급자와 수요자, 서로를 지켜줄 수 있는 의미 있는 일이다.

02 | 리콜

　차량 사용자가 제조사의 리콜을 알고 있는 것은 중요하다. 국토교통부에서 리콜을 결정하므로 자신의 차량이 어떤 리콜을 받을 수 있는가에 대해서 알아보고 차량의 유지, 보수에 챙겨 넣어야 한다. 리콜 판정을 받기 전에 수리하였던 품목에 대해서도 리콜 판정이 확정되고 나서 해당 수리비용에 대해서 소급 지급해 주므로, 관심을 가져야 한다.

　대표적으로 오랫동안 진행되고 있는 리콜로 경차의 CVT 미션이 먼저 생각난다. 차량이 폐차될 때까지 고장 시 리콜을 받을 수 있는데 이에 대한 리콜이 없었다면 그리고 사용자가 모르고 있다면, 수리 시마다 이 장치에 대한 수리비용은 감당할 수 없을 것이고, 이에 따라 중고차의 가치는 언제 이 장치가 수리되었는가를 가장 큰 판단 기준으로 보게 되었을 것이다. 차량 기능에 대한 가치가 중고차 가치를 대변하는 첫 번째 차량이 될 수 있는 케이스였다. 차량의 기능 점검 상태가 중고차를 팔 때의 가치를 변화시키는 일본의 차검 제도가 이와 관련을 갖는 경우라고 보인다. 일본의 차검은 제도가 엄격하여 판매 시 차검 유효기간 차이에 따라서 중고차의 가치가 변한다. 이는 차검 비용이 비싼 측면도 있겠지만, 자동차 기능적인 성능을 중고차의 가치로 나타내는 제도로 보인다.

　리콜은 안전상에 중대한 결함에 대해서 판단하는 것으로 알고 있다. 어디까지가 안전과 관계된 차량의 부품인지 국가에 따라서 다른 것 같다. 1999년 말 2000년 초반쯤에 93년산으로 기억되는 포드 토러스를 미국에서 구입해서 탄 적이 있다. 중고차를 구입했고 어디서 누가 타던 차인지도 모르는 차량이었는데 어느 날 편지가 배달되었다. 헤드라이트 스위치 문제가 있어 헤드라이트 스위치 교환을 받으러 오라는 것이었다. 스위치의 작동도 정상적이었고 시간도 없어서 리콜을 받지 않고 사용한 기억이 있다. 헤드라이트 스위치 불량으로 차량의 전기적인 문제로 화재가 발생하는 큰 문제였는지는 확인하지 않았으나 차량의 등화가 점등하지 않으면 야간에 큰 사고로 연결될 수 있는 안전과 직결된 중요 문제였을 것이란 생각이 든다. 미국에서 야간에 미등과 헤드라이트를 점등하지 않고 다니면 교통경찰이 차를 세우고 주의를 준다는 사실이 이런 생각을 뒷받침한다고 본다.

미국에서 리콜 된 차량이 국내로 들어오면 리콜이 되지 않는 경우가 있다. 수입차 직수입에 관련한 일을 할 때의 일이다. 재미교포 친구가 직수입한 포르쉐 차량을 구입하게 되어 리콜을 확인해 달라고 의뢰하여 미국의 리콜 사이트를 검색했을 때 리콜 항목이 있었다. 국내 리콜 사이트에는 리콜사항이 전혀 없었다. 그 당시 해당 서비스센터에서는 리콜이 없다고 했고 리콜을 받지 못했다. 한 나라의 리콜사항이 다른 나라에서는 해당하지 않는 경우가 이해는 잘 안 되지만 이런 상황이 발생되고 있다.

차량의 모든 부분은 사실 안전과 관계된다고 볼 수 있다. 나사가 풀려서 소버가 정 위치에서 이탈된다면 차량은 한쪽으로 기울어지면서 조향과 제동을 위협할 것이다. 외부 벨트만 끊어져도 발전기가 작동하지 않고 결국 시동은 꺼지고 조향과 제동에 문제를 만들 것이기 때문이다. 배선에 문제가 생겨서 그 스파크가 차량의 화재로 연결될 수도 있다. 조향과 제동 장치가 가장 안전과 관련된 부품이라 설명했는데 차량의 모든 부품과 장치는 정상적이지 않을 때 조향과 제동에 문제를 일으키게 된다.

리콜을 확인하고 권리를 행사하는 것도 중요하지만 리콜을 적극적으로 알려주고 후 처리할 수 있는 제조사와 당국의 역할 또한 필요하다.

tip! 알면 득이 되는 자동차 리콜 더 알아보기!

자동차 산업이 발전하고 자동차가 점점 복잡해지면서 잘못된 설계 또는 제작으로 자동차에 문제가 발생되는 일이 점점 많아지고 있다. 그로 인해 발생되는 사고로 재산이나 인명 피해가 발생하고 있는 것이 현실이며 정보화된 현대 사회에서는 이를 공개하고 개선하는 제조사의 의지가 그 무엇보다도 중요한 요소가 되었다.

그런데 왜 이런 자동차 결함의 발생이 점점 많아지고 있는 것일까? 이 문제에 관해 생각해볼 수 있는 것은 자동차가 점점 복잡해지고 첨단화되어 가고 있다는 사실이다. 요즘 출시되는 자동차들은 더 많은 전자 장비, 더욱더 많아진 기능들로 인해 차가 복잡해지고 예민해졌다. 예전의 그저 굴러가기만 하면 되는 자동차가 아닌 좀 더 많은 기능을 수행해내는 하나의 유기체적인 기계가 되어 가고 있다. 그렇기 때문에 예전에 비해 잘못된 설계나 제작 등으로 인해 결함이 발생될 확률이 높아지는 결과를 가져왔다.

우리나라의 자동차 리콜은 대기환경을 보전하기 위해 시행되었으나 개선을 거쳐서 지금은 자동차의 전체적인 안전 운행을 보장하는 방향으로 시행되고 있다. 그렇기 때문에 리콜 대상은 자동차의 안전도에 영향을 미치는 부위로 한정되며 리콜 발생 시 신문 또는 우편을 통해 자동차 소유주에게 그 사실을 알리고 있다. 하지만 중고차를 구입했을 경우에는 제조사에서 차량 소유주에게 리콜 사실을 통보하지 못하는 경우가 발생할 수 있으므로 중고차 구입 후 구입한 자동차의 리콜 정보를 확인할 필요가 있다. 보통 리콜이 확정되면 제조사는 적극적으로 차량 소유주에게 리콜 사실을 알리기 때문에 차주는 정비소에서 수리를 시행하게 되나 간혹 수리가 되지 않는 경우가 있어 리콜 정보를 확인하고 해당 차량 제조사에 문의하여 리콜 내용으로 차량에 적절한 수리가 이루어졌는지 확인해야 한다. 자동차 리콜 정보는 국가에서 운영하는 자동차결함신고센터(www.car.go.kr)에서 간단한 자동차 등록번호 조회로 리콜 대상 여부를 확인해볼 수 있다.

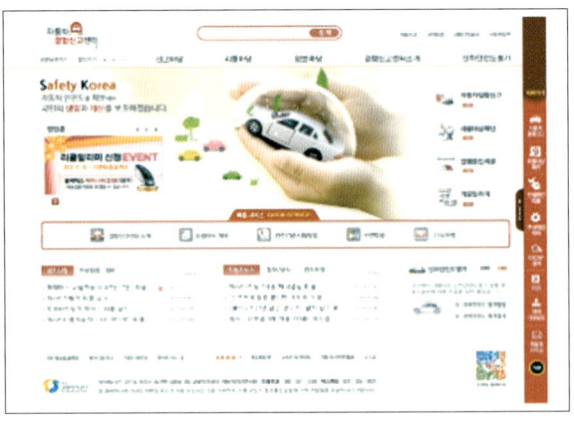

 자동차 리콜 정보를 알아볼 수 있는 자동차결함신고센터(www.car.go.kr)의 메인 화면이다.

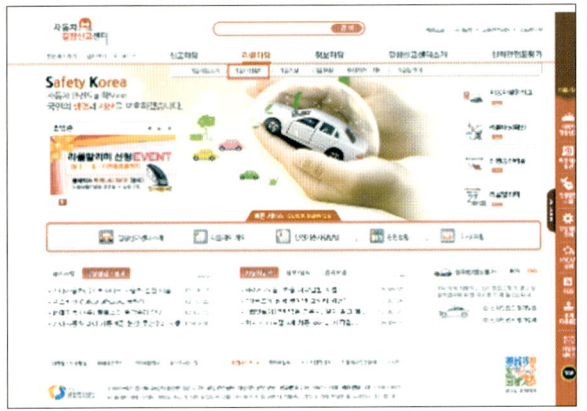

 홈페이지에서 차량이 리콜 대상인지 확인하기 위해서는 홈페이지 상단의 '리콜마당' 탭의 '리콜대상확인'을 클릭하면 된다.

 그 다음 '리콜대상확인' 페이지가 열리고, 자동차등록번호 입력 창이 나온다. 입력 창에 본인 소유의 자동차 등록번호를 입력하고 검색을 클릭한다.

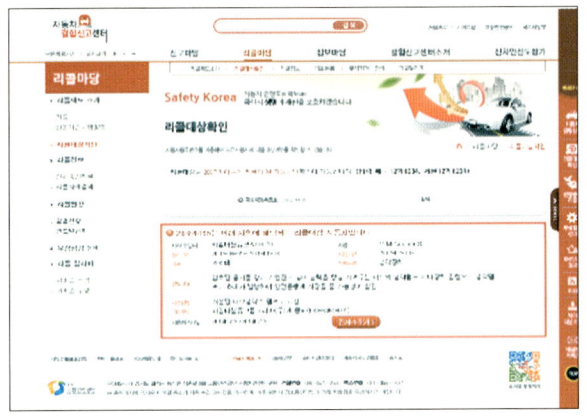

 검색 후 조회가 완료되면 사진과 같은 화면이 나온다. 이를 통해 본인 소유의 차량이 리콜 대상인지 확인할 수 있다.

03 | 특화 정비소

차량 사용자는 요사이 개성이 넘치는 차종을 고른다. 자동차의 스타일도 중요시하지만 편의 장치, 안전 장치를 넘어서 엔진의 소음까지도 생각한다. 좀 지루한 소음을 발생시키는 직렬 4기통 엔진의 부족함을 메우기 위해, 직렬 6기통보다는 부드럽지 않지만 깊고 거친 소음을 만드는 직렬 5기통을 선호하는 소비자가 있다. 또 직렬 6기통만큼 부드럽진 않지만 개성이 느껴지는 소음의 V자형 6기통 엔진을 원하기도 한다. 아주 부드러우면서 큰 출력을 원하면 마쓰다의 로터리엔진을 선택하기도 한다. 또 미국산 차량의 자랑인 V8기통의 흔들거리고 으르렁거리는 소음을 맛보고 싶어 배기량의 경제성을 무시하고 V8엔진의 마니아가 되어 차량을 구입하기도 한다.

개성이 뚜렷한 차량 사용자를 위해서 세계의 30여 개 자동차 메이커에서 수많은 브랜드의 차종을 생산한다. 정비업 종사자는 10개 자동차 메이커의 차량을 자유롭게 정비하기 위한 진단과 수리 역량에서 기술적 능력의 한계와 버거움을 느낀다.

이렇게 다양해지는 차량 사용자의 요구를 충족시키기 위해서 기능 정비 수리의 영역에서도 특화된 정비소가 점점 다양하게 탄생하고 있다. 이제 차량 정비소들은 특화하기 시작했다. 널리 알려진 경우로 타이어가 대표적인 경우일 것이다.

현재는 크게 보아 제조사의 직영 정비소가 있고, 제조사별로 특화된 일반 정비소와 특정 부품 정비로 특화된 정비소로 나눠볼 수 있다. 현재 국산차 정비와 메이커별로 특화된 수입차 정비로 크게 나누어 수리를 하고 있으나 점차 국내에도 차종의 다양화로 인해 특정 메이커를 위주로 세분화될 것이다. 엔진만을 또는 미션만을 재제조하여 수리하는 전문점은 널리 알려져 있으며 부품에 있어서도 엔진 오일, 브레이크, 머플러와 촉매, 등속조인트, 액세서리 장착으로 더욱 세부적인 분야로 들어가고 있다. 엔진 오일뿐 아니라 차량에 사용되는 모든 오일을 다양한 구색의 상품으로 갖추고 소비자의 욕구를 만족시키는 업체로의 분화와 타이밍벨트와 같은 특정 부품의 교환만을 위주로 가격적 장점을 내세우는 특화 정비소를 볼 수 있다. LPG와 LPG 개조와 관련

되어 가스 취급 업무의 허가 대상 품목으로 특화되는 정비소도 있다.

　국내에서는 아직 보지 못했지만 차량 한 대 분의 브레이크 패드의 교환을 저렴하게 교환할 수 있고 제동과 관련된 부품의 교환만을 전문적으로 진행하는 업소로도 발전해 있다. 머플러와 촉매의 교환과 수리만을 위주로 하는 정비소도 있다. 자차의 등속 조인트를 재생하여 장착만을 위주로 하는 정비업체도 있다. 마케팅의 일환일지 모르지만 항상 가격은 고장에 관계없이 양쪽 등속 조인트의 리빌트와 분해 조립비용을 청구한다. 엔진 오일만을 교환하면서 교환이 진행되는 동안에 실내 세차를 번들 상품으로 만들어 특화해 나가는 루브리케이션 업체들이 북미 시장에서 널리 볼 수 있는 정비업체들이다. 여기에 일본처럼 정비소에서 경차 신차의 판매를 허용하게 되면, 제한적 지역 내에서 운행하는 경차에 대해서는 A/S와 일반 수리를 전담하는 새로운 영역이 발전해 나갈 수도 있을 것이다.

　자동차 애프터서비스 마켓 산업 시장이라는 서로 얽혀 있는 복잡한 관계 속에서 업종 간 융합이 타당하다고 생각되고, 고객과 공감할 수 있는 형태의 융합된 모습이라면 계속적으로 특화 정비소의 진화가 진행될 것이다. 카 오디오 업체가 특화된 차량을 많은 고객으로 가진다면 특화된 차량의 고객을 위한 정비업체와의 결합과 융합을 병행함이 사업 발전을 위해서 도전받게 될 것이다.
　앞으로 자신이 선택할 정비소 중 하나는 자신의 고민을 들어줄 수 있는 곳으로 꼭 갖기 바란다. 이것이 진정한 특화 정비소이며, 의논의 상대가 되어줄 수 있는 친구를 만나는 것과 같은 것이다. 이는 가격적인 이점을 가진 특화 정비소를 사안마다 일일이 이용하는 것보다 소비자인 차량 소유자의 정비비용을 일시적으로 증가시킬 수도 있다.

　특화 정비소가 가격적으로 유리하고, 수리의 시간이 단축되고, 다양한 제품을 사용할 수 있다는 장점이 있지만 이 특화 정비소를 어떨 때 이용하는 것이 효과적이고 유효한가를 판단하는 것도 소비자에게는 성가시고 괴로운 일이다. 극단적으로 자신의 차량이 수입산인데 국산차량 정비소를 이용할 필요는 없다. 하지만 자신이 원하는 규모와 고객 대기실의 편안함, 서비스 수준을 감안하여 정비소를 선택하게 될 때 중심축으로 정비에 대해서 조언하고 컨트롤해 줄 수 있는 상대가 필요하다.

미션 전문점이 미션으로 특화 정비소라고 표현하지만 미션 전문점도 컨버터, 보디, 솔레노이드 전문 수리점에 수리를 의뢰하여 완전한 한 세트의 미션을 수리 완료한다. 정비소의 대부분은 부품 수리 전문점의 부품을 사용한다. 촉매, 인젝터, 등속, 발전기, 기동전동기, 웜기어, 유압 파이프, 유압모듈 등을 리빌트할 필요가 있는 부품에 대해서는 특화된 정비소도 다시 각 부품의 리빌트 전문점에 의뢰하게 된다. 각각 자신의 분야에 대해서는 리빌트를 할 수 있는 역량을 가지고 있으나 부품의 조달, 시간적 제약, 성공률의 재고, 비용의 절감(전문화된 리빌트 업체가 비용 절감)의 이유로 전문 업체를 이용한다. 이렇게 전문 업체도 소비자가 인지하지 못한 하부의 전문 업체를 이용한다.

특화된 상품이나 제품을 제조 또는 재제조하거나 독점 수입하여 장착하는 정비소를 제외하고 소비자는 가격적인 이유에서 전문 업체의 선택을 생각하게 된다. 그러나 전문점은 자신의 분야 이외에는 경계를 넘지 않으려 할 것이다. 자신의 분야를 홍보하고 그 일에 모든 역량을 집중하는 것이 경제적으로 합리적이기 때문이다.

타이밍벨트 교환 전문 업체에서 작업을 완료한 차량이 타이밍벨트 교환 작업 후, 전문 업체 작업자가 에어컨컴프레서에서 소음이 발생하니 추후 다른 정비소에서 부품을 교환해야 좀 더 부드러운 엔진 소리가 난다고 소견을 냈고, 그 차량 소유자가 교환을 위해 방문한 일이 있었다. 전체적으로는 엔진 부위에서 발생하는 소음이었으나 적어도 이 소음은 타이밍벨트 작동 부위나 그 관련 부분에서 나는 소음이었다. 에어컨컴프레서는 정상적인 작동 상태였고 소음도 없었다. 어떻게 고객에게 이 상황을 설명해야 할지 난감한 경우가 되어버렸다. 이렇게 총괄적인 조율이 필요한 차량 정비 분야에서 정비 책임의 한계가 생기게 된다. 특히 이곳저곳으로 옮겨가며 수리한 차량은 궁극적인 정비 책임의 한계를 규정하기 어렵게 된다.

04 | 자동차 생애주기별 제도 개선

　정비이력의 기록 관리가 차량의 중고차 가격을 높이고 빠른 판매를 돕는다. 매입자의 경우에 참고할 수 있는 좋은 기록이고, 앞으로의 차량 관리에 계획적인 정비 수리 의사 결정에도 큰 도움이 된다.

　차량을 최적화된 기능 상태로 유지하기 위해 최상의 경제성과 최상의 기능성을 모두 만족시킬 수는 없다. 차량을 오래, 편안히 사용하기 위해서 경제적인 측면을 생각하면 뚜렷이 딱 떨어지는 답은 없다. 차량 소유자에 따라 상대적인 만족감이 다르기 때문이다. 차량을 팔 생각이라면 자신의 차량이 주행하는 기본적인 기능만 정상적이라면 어떤 불편함이 있어도 감수하는 경우가 많다. 그러나 신차나 중고차를 새로 구입하면 어떠한 결점도 용납하지 않고 찾으려는 초감각적 인지 능력을 발휘하게 된다. 이때 새로 소유한 차량에 무언가 이상하다는 느낌을 갖게 되고, 이런 생각이 머릿속에서 떠나지 않으면 차량 소유자의 새로 구입한 차량에 대한 불만이 증폭된다.

　기계가 자동차를 생산하지만 설계와 수리는 사람이 할 수밖에 없다. 그 이유는 설계는 창조적인 작업이고, 수리는 창조적인 작업은 아니지만 결국 기계만으로 고장과 정상을 수치상으로 나타낼 수 없는 감각적인 경우가 많이 있기 때문이다. 그래서 차량 소유자는 아무 이상을 느끼지 않은 상황에서 정비사가 이상을 느끼고 수리가 필요하다고 말하면 그 한마디가 차량 소유자에게는 떠나지 않는 기억으로 작용할 수 있다.

　보통 연비를 개선하기 위해서, 보다 부드러운 엔진 소음을 위해서 그리고 또 어떤

고장도 없이 차량을 운행하기 위해서 예방 정비 차원의 차량 수리를 의뢰한다. 이럴 때 난감해하며 긴 정비 계획 설명과 결과에 대한 좋은 점과 나쁜 점을 이야기해 주는 정비사가 있는 반면, 거침없이 자신감을 나타내며 견적을 써 내려가는 정비사도 있다. 소비자의 입장에서 어느 쪽의 정비 계획이 자신에게 맞는 계획인지 판단하는 것 자체가 고민이다.

이때 내가 현재 소유한 차량에 과거 어떤 정비 수리가 있었는지 정비이력을 알 수 있으면 차량 소유자가 객관적으로 자신의 차량에 대한 정비 수리 계획을 세우는 데 일조할 것이다. 앞으로 변경되는 자동차제도 및 정책 중 자동차 생애주기(Life-cycle)별 자동차제도 개선은 이를 돕는 데 사용될 것이다. 차량 정비이력의 감춰진 가치가 밖으로 드러나는 가치로 만들어지는 계기가 될 수 있다.

자동차 정보 제공에 있어서 새로운 제도는
기관별로 관리하는 제작부터 폐차까지의 자동차 생애주기별 정보가 통합 제공된다.
시범 운영을 마친 자동차토털이력정보서비스는 2012년 내 정비이력까지 확대해 나갈 계획이라 한다.
- 제1차 자동차정책기본계획

이는 자신의 차량을 기능적 정비에 대한 기록을 남기는 것이 차량을 팔 때 리세일 밸류의 판정에 일익할 수 있다는 것을 인정하는 정책이라 보인다. 사회적으로 문제가 된 중고차 주행거리 조작을 방지하는 데도 투명한 기록으로 쓰일 수 있을 것이다. 또 차량을 소유한 사람은 자신의 차량을 유지, 보수해야 하는 이유가 계량적으로 수치화 될 수 있다.

수리이력이 차량과 전 생애를 함께 한다는 것은 궁극적으로는 사고차냐 무사고차냐의 판정 이외에 침수, 화재, 리빌트(현 차량가격의 60% 이상의 수리), 우박 등의 기준으로 자동차등록증을 세분화하는 것이다. 이는 선진국의 예보다도 더욱 발전된 형태로 차량의 기능적 상태까지도 파악할 수 있는 기록이다.

정책이 시행되고 통합 관리를 위한 제반 인프라가 완료되면 각 정비업장에서 작업 내역을 업로드하여 관리해 나간다는 것으로 보인다. 현재의 자동차 관리법 내에서는 이를 실행하기 어려운 규정들이 있다고 본다. 일례로 정비 작업 범위의 제한이 이 제도의 액션 플랜을 실행하지 못하게 할 소지가 있다.

원동기 장치, 연료 장치, 조향 장치, 제동 장치, 완충 장치, 전기전자 장치, 기타 장치의 많은 부분에 대해 자동차 부분 정비소는 정비 수리 작업의 제한을 받는다. 개조도 아닌 일상적인 정비에 대한 제한을 받고 있다. 정비업체의 업장의 크기와 도장부스를 갖고 있느냐 없느냐로 구분되는 법 규정은 똑같은 사람이 하는 일에 대해서 작업의 범위를 제한하는 것으로 자본의 독과점을 인정하는 것이다. 몸무게가 50kg 사람은 100kg인 사람보다 모든 일에 대해서 뚜렷한 한계가 있다는 것과 같은 논리이다. 작은 정비소에서 정비 작업 범위를 넘어 정비한 내역을 누가 감독관청의 서버로 자진해서 입력시키겠는가 하는 것이다.
이처럼 투명성을 높이는 좋은 제도가 제대로 이행되기 위해서는 소비자인 정비 의뢰인도 깊은 관심을 가지고 지켜봐야 한다. 또한 정부는 중고품의 재활용을 촉진하기 위해 온라인 유통체계를 구축해야 한다.

전국 해체재활용업체에서 발생하는 중고부품에 대한 정보를 데이터베이스화 하고, 네트워크를 통해 연계함으로써 실시간으로 중고부품의 거래가 가능하도록 할 계획이다. 더불어 중고 사용 촉진을 위해 중고부품 사용 때 보험료를 인하하는 방안도 추진된다.
- 제1차 자동차정책기본계획

현재 주로 차량 정비에 사용하고 있는 중고품을 넘어서서까지 이 자동차 정책이 안전과 관련 깊은 제동 장치와 조향 장치 등 세부적인 기능 정비에까지 무작위로 중고품을 권장 사용할 것으로 보이지는 않는다. 대략 외관을 이루고 있는 섀시와 보디, 등화, 실내 편의사항 등으로 중고품의 사용 범위가 발전해 갈 것으로 생각되기 때문이다. 차량의 기능 정비 분야에서는 리빌트 부품과 애프터마켓 제품에 대한 사용자의 불신감을 불식시키는 작용을 해줄 것으로 기대된다. 그리고 제조사 마크가 붙은 정품이라고 불리는 부품에 대한 일방적인 사용자의 안전 의식을 바꾸는 일을 해줄 것으로 본다.

정품은 안전하다는 등식의 자동차 문화가 넓게 자리 잡고 있는 지금 자동차 문화에서 부품에 대한 사용자 의식 전환의 기회를 제공해주어야 할 필요가 있다. 자신이 차량을 소유할 기간을 고려하고 소유한 차량의 연식을 생각해서 적합하고 효율적인 부품의 사용을 고려하는 데 자동차정책기본계획 법령의 개선이 소비자 의식의 전환점을 만들어 줄 수 있기 바란다.

05 | 내 차 상태 확인(운전자가 꼭 알아야 할 사항들)

'난 운전만 할 줄 안다. 나머지는 다 OOO이 알아서 해주니까'라는 정비업체 카피가 생각난다. 서비스를 우선시하고 그 대가를 지불할 의사가 분명하다면 당연히 운전만 하면 된다. 일본 최고의 관광객은 한국인이라고 한다. 사실 관광 소비를 통한 매출 면에서는 중국인 관광객이 단연 1위이지만 일본에서 중국인 관광객의 소비는 단순히 상품을 구입하는 쇼핑으로만 이루어진다. 서비스에 대한 우수함을 인정하고 서비스에 대해서 지출을 할 준비와 마음가짐을 가진 나라는 한국이기 때문에 일본 내 관광객 1위의 국가는 대한민국이라고 일본은 생각하고 있다 한다.

자동차 정비에 대해서는 소비자가 일본의 중국인 관광객의 경우와 크게 다르지 않아 보인다. 중국인이 중국에서 보다 상대적으로 싼 가격의 제품을 일본에서 쇼핑을 하듯이 자동차 정비에 대해서도 정비 지식에 대한 서비스는 지불의 대상이 아닌, 부품 교환 공임의 노동가격만을 중요시하고 있다. 진단 공임을 인위적으로 낮추고 보다 많은 부분의 수리 작업을 유도하게 만드는 정비 작업의 공식을 소비자 스스로가 만들고 있다고 보이기 때문이다. 정비업자의 견해에서 보면 같은 고장은 아니라 할지라도 유사한 부위에서 비슷한 증상이 재발하지 않도록 하기 위해서 수리 범위가 넓어질 수밖에 없다는 논리를 사용하게 된다. 서비스로 취급되는 고장 진단과 작업 계획에 대한 비용 지불을 하기 위해서는 서비스 제공자와 의뢰인 간의 공감을 가져 와야 하며, 이를 위해서는 서비스 대상인 차량에 대한 차량 소유자의 이해와 관심이 필요하다.

차량을 구입하고 차량 사용설명서를 꼼꼼히 읽어보는 것에서 차량 사용자의 차량에 대한 이해와 관심은 시작된다. 사용설명서에는 필요한 많은 내용이 기재되어 있다. 그중에서 계기판 섹터는 꼭 읽어두기 바란다. 계기판에는 차량에 있어서 중요한 성능적인 고장이 발생하면 경고등을 띄우게 된다. 이것이 나타내는 고장의 의미를 차량 사용설명서를 읽고, 운전자 스스로가 알고 있어야 한다. 경고등은 모든 것이 중요하지만 안전에 제일 큰 영향을 주는 것은 브레이크 오일 경고등이다. 제동 장치와 조향 장치와 깊은 관련이 있다고 보기 때문이다. 허나 조향 장치에 대해서는 경고등을 띄우지 않는 차량이 다수 있다. 그래도 제동 장치와 관련된 브레이크 오일 경고등의 점등 상태는 간과하지 말아야 하며, 운전 중에라도 점등되면 바로 수리업체를 찾아 상태를 점검해야 한다.

운전에 앞서 차량의 시동을 걸 때 계기판 경고등의 점등 상태를 유심히 관찰하기 바란다. 제조사에 따라 계기판의 경고등 모양과 의미가 조금은 다르지만 일정한 관련성 있는 아이콘을 사용한다. 계기판의 각종 경고등부터 조향 장치와 관계있는 타이어, 냉각수의 양과 혼합 비율, 색상, 엔진 오일 교환주기, 파워스티어링 오일, 변속기 오일, 각종 벨트류, 윈도브러시 등 각각의 관리 유지를 위한 방법과 작동 원리도 관심을 가져 두면 좋다.

사용설명서를 읽어보고 차량을 둘러보고 엔진룸을 열어보면서 자연스럽게 차량에 대한 기본사항을 알게 되면, 유지, 보수를 위해 정비업소를 이용할 때 정비사와 정비 의뢰인 간의 의사소통을 자연스럽고 가치 있게 만들 것이다.

시동을 걸고 출발하기 전에 운전석에 앉아 계기판의 경고등 점등 상태나 브레이크 페달의 감각, 와이퍼 작동 상태를 확인하고 출발하는 것이 좋다. 차량이 정상적인 상태인지 계기판을 확인하면서 엔진과 전자 장치에 워밍업 시간을 주는 것이 필요하다.

차량을 둘러보면서 타이어의 상태, 못 박힘, 오일이 누유되어 하부 바닥에 떨어져 있는지 간단하게 출발 전에 확인하는 것도 좋다. 매번 확인하는 것은 필요하지도, 가능하지도 않다고 생각되나 일주일에 한 번 정도는 차량을 외관상 육안으로 둘러보기 바란다.

덧붙여 엔진룸을 열게 되면 냉각수의 양, 워셔액의 양 또는 연기가 발생하는지, 특별히 이상한 냄새나 신호는 없는지 확인하는 것도 조금씩 차를 알아가는 즐거움이 생기는 방법이다.

> **워밍업 시간 주기**
>
> 시동을 걸고 출발하기 전에 운전석에 앉아 계기판의 경고등 점등 상태나 브레이크 페달의 감각, 와이퍼 작동 상태를 확인하고 출발하는 것이 좋다. 차량이 정상적인 상태인지 계기판을 확인하면서 엔진과 전자 장치에 워밍업 시간을 주는 것이 필요하다.

- 운전석에 앉아 확인할 것 – 계기판의 경고등, 페달감, 와이퍼
- 차량을 둘러보며 확인할 것 – 타이어, 브레이크 오일 누유, 하부 오일 누유
- 엔진룸을 열고 확인할 것 – 냉각수, 워셔액, 특이한 냄새(단내 등)

다음으로 계기판에 나타나는 각종 경고등의 의미와 일상 점검 품목에 대해 알아보자.

1 계기판 경고

엔진 오일 양 게이지가 부착된 차량에서 엔진 오일 수준 미달 시 노란색에서 시작하여 더 부족할 때는 빨간색으로 바뀐다. 노란색으로 바뀌지 않고 바로 빨간색으로 경고등을 띄우는 차량이 더 많다. 오일압이 규정에 미달하여도 이 표시등을 띄우는 차량이 있다. 엔진 오일의 양과 적정 압력의 이상은 엔진에 치명적인 결함을 가져올 수 있으므로 경고등이 점등하면 시동을 끄고 견인하여 정비소로 입고시키는 것이 옳다.

브레이크 오일 양 경고등으로 브레이크 오일이 일정 수준 이하일 때 알려 주는 경고등이다. ⚠ 와 함께 ABS, DTC, ⚠ 경고등을 함께 점등시킨다. ⚠ 의 색상이 빨간색이 아닌 노란색으로 점등하는 차량이 있는데 이때는 오일 양의 부족이 아니라 제동 시스템이나 주행 안정 장치와 관련된 고장으로 전통적인 브레이크는 항상 작동하게 된다. ⚠ 가 점등하면 브레이크 오일 양을 보닛을 열고 확인하고, 브레이크 오일 양에 이상이 없을 시에는 경고 센서의 오류로 판단하고 운행이 가능하다. 브레이크에 치명적인 고장이 전기적으로 감지되면 시동이 불가능하게 설계되거나 기어체인지레버가 주차 위치에서 드라이브나 리버스로 움직이지 않게 하고 있는 차량이 있으므로 가장 안전한 방법은 ⚠ 경고등이 빨간색으로 점등하면 운행을 멈추고 정비소로 견인 입고하여 브레이크 오일의 누유나 부품의 파손을 점검하는 것이다.

조향과 관련된 시스템에 문제가 있다고 판단될 때 점등시킨다. 점등이 되고 기계적으로 파손되지 않았다면 전통적인 조향 어시스트 장치 없이도 어떤 경우라도 차량의 조정이 가능하지만, 스티어링 핸들 조종감은 정상적인 경우와 많이 다르게 일반적으로 무겁게 된다. 기계적으로 파손되어 경고를 알린 경우라면 특정 순간에 조향에 큰 위험이 따르므로 즉시 정비소로 견인 입고한다.

이 경고등은 제동 시 모든 바퀴가 블로킹되는 것을 방지하여 제동거리를 짧게 혹은 제동 시 차량의 제동 자세를 유지해주는 시스템에 이상이 발견되었을 때 점등하는 경고등이다. ABS 경고등과 함께 ⓞ 경고등이 함께 노란색으로 점등하는데 이 경우는 전통적인 브레이크는 작동하고 있는 상태다. 가능한 한 조속히 ABS 시스템의 전기적인 이상을 확인해야 한다.

타이어의 공기압 이상을 나타내는 경고등이다. 2013년부터 제조되는 모든 차량에 탑재되도록 법 개정이 검토되고 있다. 이 경고등이 점등하면 일단 타이어의 공기압을 확인하고 이상이 없으면 시스템의 고장이므로 평상시와 같은 주행이 가능하다. 공기압이 부족한 경우라면 펑크 수리나 타이어 교환을 위해 정비소로 이동해야 한다. 스페어 타이어의 공기압이 부족해도 이 경고등을 나타내는 차량이 있으므로 스페어 타이어의 공기압도 확인하여야 한다.

에어백 시스템에 전기적인 이상이 발생하였을 때 점등되는 경고등이다. 주행과는 관련 없는 경고등이며, 안전 장치의 이상이므로 필히 시간을 내어 정비소에서 수리를 하는 것이 옳다. 대부분 전기적인 통전의 이상으로 발생하며 가끔씩 에어백 통제 모듈의 내부 고장이 발생한다. 빨간색이 점등하면 앞좌석, 노란색이 점등하면 뒷좌석의 이상을 나타내는 차량도 있다.

외부 온도가 낮으니 결빙한 노면에 주의하라는 경고등으로 외부 감지 온도 센서가 결빙이 가능한 온도를 감지하고, 점등되면 외부 공기 온도가 일정 온도 이상으로 상승할 때까지 점등된다. 고장을 나타내는 경고등이 아니나, 이상을 나타내는 경고등으로 오인하는 경우가 많아 소개한다.

외부의 미등, 안개등, 후미등, 브레이크등 등의 점등에 이상이 감지되었을 경우에 점등된다. 운행 상에는 지장을 주지 않는 경고등으로 시간을 내어 외부 점등 상태를 확인하고 수리한다. 주행과는 관계없는 경고등이나 제3의 사고로 연결될 수 있는 사항이라 잊지 말고 전구의 교환 및 수리를 받기 바란다.

브레이크 패드의 마모 상태가 교환 시기에 도래하였다는 것을 알려주는 경고등이다. 점등되면 앞이나 뒤의 브레이크 패드가 마모 한계에 가까워졌다는 것을 알리는 경고등으로 마모가 한계에 이를 때 여유를 가지고 경고등이 점등되도록 설계되었다. 현재의 상태에서는 제동에 이상이 없더라도 시간을 내어 브레이크 패드를 점검하고 교환 수리를 의뢰하면 된다.

엔진 온도의 이상을 나타내는 경고등으로 냉각수의 온도를 감지하여 점등시킨다. 파란색인 경우에는 적정 온도 이하를 나타내는 것으로 초기 시동 시 파란색으로 점등된다. 노란색인 경우에는 엔진이 과열은 아니더라도 뜨겁다는 것을 나타내고 주행을 하여 차량이 맞바람을 맞아 냉각수를 식힐 수 있을 때 적정 온도로 내려오게 된다. 이 경고등이 빨간색으로 점등하면 과열을 의미 하는데 과열에 의해 부수되는 고장을 방지하기 위하여, 즉시 수리를 위해 정차하고 정비소로 견인 입고함이 바람직하다.

빨간색으로 점등하면 배터리에 충전이 이루어지지 않는 것을 나타낸다. 이 상태가 지속되면 전기 장치가 작동하지 않아 엔진이 정지하게 되므로 시동이 걸려 있을 때 안전한 장소로 이동하여 견인 차량을 기다리는 것이 바람직하다. 신형이고 고급차량일수록 BCM이라는 배터리 컨트롤 모듈이 장착되어 전통적인 차량보다 훨씬 빨리 로직에 따라 자동으로 모든 전원을 차단시켜 버린다. 노란색으로 점등되는 차량이 있는데, 배터리가 노화되었거나 체결 상태가 불량함을 나타낸다. 이때는 배터리의 상태를 체크하고 빨간색이 점등될 때까지는 긴급 운행은 가능하다.

이 경고등은 요즘 배출가스 관련 부품에 고장이 있는지 여부를 알려주는 경고등으로 쓰인다. 엔진과 관련된 센서류의 이상이나 관련된 이상이 감지되었을 때 점등되기도 한다. 엔진 배출가스 자기진단 경고등으로 많이 사용되는 경고등이다. Engine Check라고 엔진에 관련된 신호와 센서의 이상에 대해 따로 경고등을 점등시키는 차량도 있다. 마지막으로 운전자가 알고 있으면 하는 차량에 사용되는 소모성 액체류와 기본적인 점검 부품에 대한 설명이다.

2 일상 점검 품목

1 부동액

　물은 영하의 온도에서 얼게 되면 부피가 팽창되어 담겨 있는 용기를 부수게 된다. 자동차 엔진에 들어가는 부동액도 겨울철 영하의 온도에서 얼게 되는 것을 방지하여 외부 온도 변화에 대한 엔진 내부의 파손을 방지한다. 부동액은 얼지 않는 기능을 가진 액체인 동시에 엔진의 과열을 막고 일정한 온도를 유지하게 한다. 엔진의 온도뿐만 아니라 필요하면 미션의 온도, 파워스티어링의 작동 온도도 일정하게 유지하는 데 사용된다.

　부동액은 첨가물로 방청의 기능도 갖고 있어 순환하는 엔진 내부의 부식을 막아주는 작용을 한다. 지하수를 냉각수로 특수 상황에서 비상시에 사용할 수 있으나, 엔진 내부를 녹슬게 하므로 비상시에만 지하수를 사용하고 부동액으로 전량 교체해야 한다. 부동액의 얼지 않게 하는 성분은 에틸렌글리콜인데 이 물질은 물을 섞으면 어는점이 내려간다. 그래서 부동액 원액과 물(수돗물)을 50:50으로 섞어서 사용하고 있으며 최대한의 효과를 내기 위해서는 70:30 비율로 섭씨 영하 50도까지 얼지 않는 용액을 만들 수 있다.

　보통 부동액의 교환주기는 단기로 2년을 추천하고 있다. 겨울마다 부동액을 교환할 필요는 없다. 부동액의 상태(어는점)와 오염 정도를 점검하면서 평균 교환주기는 가감될 수 있다. 차량의 생산 메이커에 따라 상세 추천 부동액의 종류는 다르나 일반적으로 색상으로 구별하여 사용하면 된다. 녹색, 빨강, 파랑, 주황, 무색이 일반적으로 사용되고 있고 냉각의 효율과 최적화된 상태를 위해서 메이커 추천의 부동액을 사용하기 바란다. 부동액의 양은 차량에 따라 적정량을 맞추는 방법이 조금씩 다르나 일반적으로 보조탱크가 반투명 용기로 되어 있고, Max와 Min의 표시가 되어 있는 선의 가운데를 엔진 냉간 시 맞추는 방법이 일반적이다.

2 엔진 오일

　엔진은 기관에 사용되어 윤활, 밀봉, 냉각, 방청, 불순물 세척의 역할을 담당한다.

광유와 합성유로 크게 구분하여 사용된다. 엔진 내부가 고온이고 공기에 의해 산화되므로 각종 첨가물을 넣어 산화방지와 청정을 유지하게 된다. 윤활, 밀봉, 냉각, 방청, 불순물 세척의 기능을 얼마나 오랫동안 열에 의한 화학적 성분의 변화 없이 유지하는가에 따라서 엔진 오일의 가격은 변화한다.

일반적으로 합성유가 이런 기능을 오래 유지하는 것으로 일상적인 엔진 오일 교환 기간보다 2~3배 더 오래 사용하게 된다. 엔진 오일의 화학적 구성이 열에 의해 오래 가지 않는 윤활유를 사용하였을 때, 그 사용 기간이 지나도록 사용하면 윤활, 밀봉, 냉각, 방청, 불순물 세척의 기능이 떨어지고 오히려 엔진 내부에 불순물이 쌓이게 된다. 엔진 오일은 점도에서도 구별되는데 가솔린엔진에서는 0W-40, 5W-30, 5W-40 정도의 점도를 가진 엔진 오일이면 무난할 것이다. 디젤엔진은 요즈음 매연 저감 장치인 DPF/CPF용으로 나온 엔진 오일을 사용해야 차량에 장착된 매연 저감 장치를 오래 사용하게 된다.

3 미션 오일

미션 오일은 자동미션 오일을 기준으로 하면 엔진 오일과 같이 윤활, 밀봉, 냉각, 방청, 불순물 제거의 역할을 하게 된다. 엔진보다 미션의 오일 통로가 정교하여 그 역할이 좀 더 정교하게 요구된다. 열에 의한 화학적 구조가 변하게 되면 그 기능이 떨어지게 되므로 보통 4만km 주행마다 자동미션의 보호를 위해서 교환을 권장하고 있다. 요사이 국산차에도 미션 오일의 무교환을 전제로 제작된 자동미션을 장착하고 있다. 무교환 자동미션 차량의 경우라도 10~15만km 주행거리에서는 자동미션의 작동 성능과 유지 기간의 연장을 위해 오일을 교환하는 것이 바람직하다.

4 브레이크 오일

브레이크 오일은 통상 오일이라고 표현하고 있지만 알코올 성분으로 대기에 장기간 노출되면 수분을 흡수하여 성능이 떨어지게 된다. 일정 주행거리마다 교환을 하기보다는 브레이크 호스 등 작동 장치의 고장으로 부품의 교환 작업이 이루어지면서 자연스럽게 브레이크 오일의 교환이 이루어지는 경우가 대부분이다. 최상의 브레이크 오일의 성능을 유지하기 위해서는 5만km 주행거리에서 교체하는 것이 좋다고들 한다. 수분이 함유되지 않거나 브레이크의 누유가 발견되지 않으면 교환 없이 오랜 사용이 가능하다. 과도한 브레이크 사용으로 지나친 열이 발생하여 브레이크 오일의 성능이 반복적으로 저하되는 차량은 주기적인 오일의 교환을 권장한다. 요사이 브레이크 오일이 DOT 규격 4, 5, 6까지 생산되어 시중에 나와 있으며 열에 강하도록 계속 개량되고 있다. 제조사에서 권장하는 규격(DOT) 제품 이상의 브레이크 오일이면 사용이 무난하다.

5 파워스티어링 오일

파워스티어링 오일은 핸들의 조작을 쉽게 하는 펌프와 작동 피스톤에 공급되는 오일이다. 통상적으로 미션 오일과 같은 제품을 사용하고 있었으나 파워스티어링 전용 오일인 엷게 푸른색을 띄는 오일이 사용되고 있다. 이 오일은 유압 소버와 다이내믹 스태빌라이저에도 같이 사용되고 있다. 파워스티어링 장치에서 작동 소음이 심하게 발생하거나 밀봉, 냉각, 윤활의 기능이 떨어졌다고 판단될 때 파워스티어링 오일을 교환하게 된다. 파워스티어링 관련 호스나 장치의 교환으로 해당 오일의 교환이 이루어지게 되므로 주기적으로 예방 정비 차원의 교환은 최상이지만 절대적으로 필요하진 않다. 작동 소음과 장치의 유지 연장을 위해서 메이커에서 권장하는 규격 이상의 오일로 사용하면 된다.

6 워셔액

겨울철 동결 방지와 세척 능력을 첨가한 앞유리, 뒷유리, 헤드라이트 세척액이다. 요긴하게 안전을 지킬 수 있는 용액으로 충분히 보충해 두어야 하며, 겨울철 동결 파손을 방지하기 위해 일반적인 물이 아닌 전용 워셔액으로 필히 보충하기 바란다.

7 발전기

발전기는 차량에 사용되는 전기를 엔진이 가동되는 동안 배터리에 충전하는 기능을 한다. 발전기에 이상이 발생하면 계기판에 대한 경고등에서 설명되었듯이 계기판에 경고등을 점등하게 되며 얼마 후 차량은 멈추게 된다.

8 배터리

차량 배터리는 배터리 용량과 크기, 모양에 따라 구별되며 용량과 모양이 맞으면 통상적으로 시중의 어떤 배터리를 사용해도 무방하다. 배터리의 수명은 방전을 시키지 않으면 4년 이상 사용하는 경우가 많다. 배터리가 완전 방전이 되면 화학적인 능력이 떨어져 언제 사용할 수 없을지 알 수 없으므로 교환하는 것이 마음 편하다. 배터리와 발전기는 세트로 생각하고 배터리가 발전기의 능력을 저하시킬 수도 있고, 발전기가 배터리를 못 쓰게 할 수도 있어 경우에 따라서는 발전기와 배터리의 두 가지 교환이 동시에 이루어지는 정비 수리가 발생한다.

9 타이어

타이어의 공기압, 마모 상태, 외부의 상처, 못 박힘 여부를 육안으로 확인하고 점검하기를 바란다. 도로 위의 장애물 또는 패인 부분을 넘을 때 속도를 낮추어 타이어 파열을 막는 운전습관이 필요하다. 타이어 교체 시기는 타이어 옆면에 표시된 삼각형 표시 부분이 나타나면 타이어를 교체할 시기가 된 것으로 판단한다. 이외에도 편마모로 인해 특정한 부분만 이상 마모를 일으키거나 타이어 로테이션이 주기적으로 시행되지 않아 울퉁불퉁하게 타이어가 변형되어 소음을 발생할 때 교환하게 된다. 타이어는 주행, 코너링, 제동과 직접적으로 관련되므로 차량을 외부에서 둘러보면서 관찰하는 습관을 갖기 바란다.

10 휠 얼라인먼트와 밸런스

휠 얼라인먼트는 차륜을 정렬하는 것으로 타이어 회전의 균형을 잡는 밸런스와 한 쌍의 점검 항목일 수 있다. 차가 직선으로 가지 않고 한쪽으로 쏠리거나 핸들이 좌우로 흔들린다면 타이어 밸런스와 휠 얼라인먼트 정비를 해야 한다. 휠 얼라인먼트의 이상은 연비가 떨어질 수도 있고 타이어의 편마모를 심하게 만들 수도 있다. 크든 작든 차에 충격이 가해지면 휠 얼라인먼트가 틀어진다. 차량의 운행 시간이 많아지면서 하체 구성 부품이 노화되어 충격을 흡수하는 부위가 틀어지게 된다. 이에 따라 휠 얼라인먼트의 정렬은 비정상적이 되고 다시 재정렬이 필요하게 되는 것이다. 휠 얼라인먼트는 적어도 타이어 교환주기에 함께 체크하는 것이 바람직하다.

04
중고차 언제 팔아야 할까?

시작과 끝은
성공적으로

chapter 1 — 언제 팔아야 제 값에 파는 걸까?
손해 보지 않는 중고차 판매법 알아보기

chapter 2 — 어디서 파는 것이 좋을까?
중고차 판매 장소 살펴보기

chapter 3 — 중고차 어떻게 사고팔고 있을까?
중고차를 사고파는 다양한 방법

언제 팔아야 제 값에 파는 걸까?
손해 보지 않는 중고차 판매법 알아보기

01 | 구입은 비수기, 판매는 성수기

차를 파는 시기는 앞서 말한 차를 사는 시기와 반대로 생각해야 한다. 중고차 성수기인 1월, 3월, 6월, 9월이 판매하기 좋은 시기라 할 수 있다. 가장 좋은 시기는 3월로, 이때는 2월 말부터 판매 준비를 하여 3월 초부터 시장에 파는 것이 좋다.

02 | 중고차에서 중고차로 갈아타기

현재 타고 있는 차를 판매하고, 다른 중고차로 옮겨갈 때는 타고 있는 차부터 매각을 하는 것이 좋다. 자동차라는 것이 중고차라 하더라도 생각했던 것보다 빨리, 쉽게 팔리지 않는다. 따라서 매각과 구입을 동시에 진행을 하다 보면, 구입할 차가 나타났을 때 현재 타고 있는 차의 매각을 서둘러 원하는 가격을 받지 못하거나, 헐값에 넘기는 경우가 많다.

따라서 며칠 혹은 몇 달 뚜벅이를 할 생각으로 현재 타고 있는 차량을 차분히 매각하고, 그 다음 나의 애마를 찾는 것이 차량 교체 시 추가금액을 최소화할 수 있는 방법이다. 때로는 매일 밤 중고차 사이트에 들어가 원하는 차량들을 검색해보고, 비교해보고 하는 쇼핑의 즐거움이 차량을 소유하는 것만큼 큰 설렘과 즐거움을 주기도 한다.

어디서 파는 것이 좋을까?
어디서 파는 것이 좋을까?

01 | 개인 직거래

개인과 개인이 당사자 거래를 하는 경우이다. 흔히 SK엔카와 같이 개인 매물을 무료로 등록해주는 중고차 사이트에 광고 등록하거나, 해당 차종의 동호회 직거래장터 같은 곳에서 거래를 하는 경우이다.

유의해야 하는 점은 대한민국은 자동차 소유권이 있기 때문에, 돈만 받고 차량을 넘겨주는 경우 해당 차량이 교통법규를 위반했다면 소유권자에게 범칙금이 통보되며, 이보다 더한 교통사고가 났을 때 운전자가 책임을 지지 않을 경우 차주의 책임이 되어 곤란한 상황이 발생된다는 것이다. 이를 악용해 저가 차량의 경우 대포차로 변하는 경우도 있으니, 개인 간 거래를 할 때는 반드시 매수자가 본인 명의의 보험가입을 하고 소유권 이전을 하는지 확인하여야 한다.

02 | 중고차 경매장

경매를 통해 판매하는 방법으로, 국내에는 글로비스 경매장이 가장 크고 SK엔카 경매팀도 온라인 경매의 양을 점점 늘려가고 있다. 입찰자가 대부분 전문 딜러이기 때문에, 낙찰가가 소매 시세에 미치지 못하나, 내 차의 매매가격을 여러 전문딜러가 경합하여 만들어내는 시스템이기 때문에 시장에서 가장 가격이 객관적이라는 점이 장점이다.

03 | 중고차 매매업자에게 직접 팔기(기업형, 딜러)

가장 간편하고, 빠른 판매 방법이다. 일반적으로 매입딜러나 기업형 중고차업체의 매입전문사원이 직접 차량을 보고, 감가 요인을 설명한 다음 매도자가 허락하는 경우 바로 차량의 가격이 입금되고, 소유권 이전이 완료되어 보험 해지까지 가능하다.

유의할 점은 일부 딜러들이 차량 매입금액을 지불하면서 소유권 이전까지 유예 기간을 달라는 경우가 있는데, 이는 매도자 명의에서 매매업자로 명의이전을 하지 않고, 바로 당사자 거래 방식으로 판매를 하고, 딜러 본인은 중간 차액만 가지려는 것이다. 이는 소유권 이전이 안 되었을 때 발생할 수 있는 여러 위험 요인을 감안하면 바람직한 매매방법이 아니니, 반드시 소유권 이전을 하여 바뀐 등록증을 확인하여야 매매가 끝나는 것임을 숙지한다.

04 | 위탁 판매

중고차 매매업자의 영업 행위는 크게 매매와 알선으로 나뉘는데, 매매는 직접 매매업자가 매입을 하여 상품용 차량으로 등록 후 고객에게 파는 영업이고, 알선은 부동산처럼 여러 제시된 다른 업체의 매물이나 위탁을 맡긴 개인 고객들의 차량을 알선 판매하여 수수료를 취하는 영업이다.

이때 일반 개인들이 매매업자에게 판매를 위탁한 차량을 위탁 차량이라 한다. 일반적으로 중고차를 실제 본인이 판매를 해보면, 차량가격의 규모가 있고, 중고차 특성상 직접 보고 구입하려는 매수자의 특성으로 판매가 그리 쉽지 않고, 시간도 많이 소요된다.

그래서 중고차 판매 전문인 매매업자에게 거래 성사에 대한 일정 수수료를 주고, 위탁 판매를 의뢰하게 된다. 이때도 마찬가지로 내 소유의 차량을 차량 대금을 지급받지 않고 맡기려면, 위탁을 받는 매매업자나 회사에 대한 신뢰성이 중요하다. 일반적으로 매수자가 나타났을 때 판매와 이전 등록까지 빠른 처리를 위해 인감증명서와 인감날인 관인계약서, 차량등록증을 주게 되는데 상대를 믿을 수 없다면, 바로 범죄에 노출이 되는 것이니 위탁 판매는 반드시 믿을 수 있는 업체를 이용하는 것이 바람직하다.

05 | 신차 영업사원의 중고차 처리

일부 매도자가 알고 있는 신차 영업사원에게 신차를 출고할 때 중고차 판매를 같이 맡기는 경우가 있는데 이는 위험하고도 잘못된 방법이다. 우선 신차 영업사원이 중고차 매매를 하는 것이 자동차 관리법 위반 행위인 불법이고, 거래에 문제가 생겼을 때 법적인 보호도 받을 수 없다. 무엇보다 신차 영업사원에게 중고차 판매를 맡기면, 결국 해당 차량의 매입이나 매각은 중고차 매매업자가 처리를 하게 된다. 그러면 유통 경로가 길어지게 되고, 유통 경로가 길어지면 중간 이해 당사자가 많아지게 되고, 이해 당사자가 조금씩 이윤을 가지게 되면 결국 매수자가 손에 쥐는 매각 최종금액이 낮아지게 되므로, 신차는 신차 영업소에서 거래하고, 중고차는 중고차 시장이나 중고차 전문 업체를 이용하는 것이 결국 매도자에게 이익이 된다.

판매자 \ 판매 특징	판매 속도	판매 가격	판매 위험성
개인	●	● ● ● ●	● ● ● ● ●
중고차 업체	● ● ● ● ●	● ●	●
중고차 딜러	● ● ● ●	● ●	● ●
수출업자	● ● ●	● ● ●	● ● ●
신차 영업사원	● ●	●	● ● ●

chapter 3
중고차 어떻게 사고팔고 있을까?
중고차를 사고파는 다양한 방법

먼저 아래에 있는 판매자와 구매자를 따로 구분한 표를 보고, 중고차를 거래하는 형태의 기준으로 어떠한 방법이 있는지 알아보자.

판매자 \ 구매자	개인	중고차 딜러	중고차 업자	수출업자	폐차업자	신차 영업사원
개인	❶	❷	❸	❹	❺	❻
중고차 딜러	❼					
중고차 업자	❽					
수출업자						
폐차업자						
신차 영업사원		❻-1				

이처럼 참으로 중고차 거래는 다양한 형태가 있을 수 있다. 특히 중고차 딜러와 중고차 업자로 편의상 구분하였지만 이 안에도 종사원증을 가진 정식 딜러인지, 그냥 고객 연결만을 해주는 딜러인지, 중고차 업자도 매매상사 등록을 한 사장인지, 매집 전문사의 사장인지 등 참으로 다양하게 나뉠 수 있다. 하지만 자세히 들어가면 이해하기 어려우므로 쉽게 개인을 중심으로 사고팔 때의 특성과 주의사항을 다시 한 번 정리해 보자.

1 개인 – 개인 간 거래

개인이 개인에게 차를 판매하는 경우이다. 이것은 보통 지인들 간에 많이 이루어진다. 즉, 아버지 차를 아들이 이어받아서 사용하거나 직장 동료에게 자신이 타던 차량을 판매하거나, 인터넷이나 모바일 광고 등을 통해 개인이 판매 광고를 하고 개인 고객을 만나서 거래를 하는 경우 등이다. 선진국에서는 이러한 거래가 보호받도록 차량의 진단, 거래의 투명성, 법적인 보호를 아우른 보증수리상품 등이 지원되어 개인도 어려움 없이 거래할 수 있다. 하지만 우리나라에서는 이러한 개인과 개인 간 거래는 해본 사람은 비교적 어렵지 않지만 처음 하는 사람은 하루 혹은 며칠을 아무것도 못하고 중고차 거래를 위해 구청과 검사소, 경찰서, 차량등록사업소를 왔다 갔다 해야 할지도 모른다.

대개 우리나라에선 신차 영업사원을 통한 거래의 상당량이 이러한 거래의 형태로 통계가 잡히므로 허수가 있다고 판단이 되지만 쉬운 거래 방법은 아니다. 하지만 경제적인 이익을 상호 취할 수 있다는 기대로 그 수는 꾸준하게 유지되고 있다.

- 장점 : 상호 경제적 이익(조금 더 비싸게 팔고, 조금 더 싸게 사고).
- 단점 : 거래가 불편하고, 시간이 많이 걸림.
- 주의사항 : 계약서, 차량원부조회 등 미리 법적인 준비를 많이 하고 거래에 임할 것. 구매자가 이전등록 완료 시까지 긴장할 것!

2 개인 – 중고차 딜러 간 거래

개인이 중고차 딜러에게 중고차를 판매하는 경우이다. 이 경우는 개인이 차량에 필요한 서류(차량등록증, 지방세완납증, 인감증명서 및 인감을 날인한 양도행위 위임장)만 준비되어 있고, 거래가격에 상호 동의만 하면 가장 신속하게 이루어질 수 있는 거래이다. 하지만 상대적으로 비전문가인 개인 판매자는 여러모로 조심해야 하고, 거래가격도 불리할 수 있음을 잊어서는 안 된다. 현재 우리나라에는 약 5만 명 내외의 허가받은 중고차 딜러가 영업 중이다.

- 장점 : 신속한 거래 가능.
- 단점 : 판매자인 개인이 고가 판매하기 어려움.
- 주의사항 : 허가받은 매매사원증을 소지한 사람과 거래하고, 절대로 계약금을 먼저 받지 말 것. 그리고 판매 후 명의가 딜러소속 매매상사로 넘어갔는지 바로 확인하고 요구해야 함(이전 확인 필수!).

3 개인 – 중고차 사업자 간 거래

개인이 중고차 사업자인 업자에게 판매하는 경우인데 ❷번과 비슷하다. 하지만 중고차 딜러는 이러한 사업자 아래서 중고차 매매사원증을 가지고 근무하는 것이고, 사업자는 본인이 대표이므로 법적인 대표성에 차이가 있다. 우리나라에는 현재 약 4천여 개의 중고자동차 매매사업자가 영업 중이다.

- 장점 : 비교적 신속, 안전한 거래.
- 단점 : 고가 판매가 어려움.
- 주의사항 : 해당 매매상사의 매매상사 등록증, 상사 사장 신분, 이전 등록 확인 등은 여전히 필수임!

4 개인 – 수출업자 간 거래

개인이 수출업자에게 중고차를 판매하는 경우이다. 다행히 국산 자동차의 품질이 좋아져서 개발도상국이나 자동차를 생산하지 못하는 국가로 많은 양(연간 20만 대 이상)이 수출된다. 수백 개나 되는 많은 수의 수출업자가 개인이나 중고차 업자로부터 중고차를 매집하여 수출한다.

- 장점 : 중고차 딜러처럼 신속하게 거래 할 수 있고, 비교적 오래된 차량의 가격이 좋음.
- 단점 : 개인이 알아서 수출하기 어렵고, 수출업자를 찾기도 힘듦.
- 주의사항 : 중고차 딜러나 업자처럼 법적으로 명의이전 (수출의 경우 수출 말소증 확인 필수!)
  사실을 반드시 거래 직후 확인하여야 함(때론 대포차가 되기도 하니 주의!).

5 개인 – 폐차업자 간 거래

개인이 폐차업자에게 차량을 판매한 경우이다. 수십 년 전에는 폐차업자에게 돈을 주고 폐차를 의뢰하였으나 요즘엔 아무리 쓸모없는 차라 하더라도 고철 값이 수십만 원은 되므로 잘 팔면 적지 않은 돈을 회수할 수 있다.

- 장점 : 의뢰 시 신속한 폐차 처리.
- 단점 : 개인이 하기 어렵고, 시간 소요 많음. 고철 값 이외에 추가가격은 회수하기 어려움.
- 주의사항 : 수출과 비슷한 폐차 말소 사실을 반드시 확인하여야 함.

6 개인 - 신차 영업사원 간 거래

개인이 중고차를 신차 영업사원에게 판매 혹은 판매 의뢰하는 경우이다. 이러한 거래 형태는 보통 개인이 신차를 구입할 때 자신이 소유하고 있는 중고차를 판매하여 그 대금으로 신차 구입 자금의 일부(중도금)로 활용하고자 하는 경우이다. 개인의 입장에서는 중고차의 판매를 신차 영업사원에게 의뢰함으로써 여러 가지 불편을 한 번에 해결하게 되어 편리할 수 있고, 여러모로 신차 영업사원을 이용할 수 있다는 장점이 있다. 하지만 가격 측면에서는 중간에 마진이 더 붙어서 판매자에게 불리할 수 있다.

- 장점 : 개인이 신차를 사는 일과 중고차를 처리해야 하는 번거로움을 한 번에 해결.
- 단점 : 판매가격에 신차 영업사원의 마진이 붙을 수도 있고, 불법적인 요소가 많음.
- 주의사항 : 중고차 판매가격에 대한 명확한 계약서나 모든 중간 내용의 최종 거래자가 표시된 계약서 요구와 확보는 필수! 판매 직후 즉시 명의이전을 챙겨야 함.

6-1 신차 영업사원 - 중고차 딜러 간 거래

신차 영업사원이 본인의 고객으로부터 의뢰받은 중고차를 대신하여 중고차 딜러에게 판매하는 경우이다. 이 경우, 신차 영업사원은 신차를 구입하면서 중고차를 판매 의뢰한 자신의 고객에게 의뢰받은 판매금액에 더하여 마진을 붙일 가능성이 높아지고, 중고차 딜러는 중고차 매집의 효율성이 높아져서 이러한 거래를 선호한다. 연간 수십만, 때로는 백만 대 이상의 거래가 이러한 형태로 이루어진다.

- 장점 : 개인은 불편함을 해결하고, 신차 영업사원은 수입 증대.
- 단점 : 개인이 중고차의 실제 거래가격을 모르는 경우가 많음.
- 주의사항 : ❻항의 주의사항과 비슷함.

7 중고차 딜러 - 개인 간 거래

중고차 딜러가 개인에게 중고차를 판매하는 경우이다. 이 책에서 이야기하는 대부분의 전달 사항이 이러한 형태의 거래에 초점을 맞추고 있다. 어떠한 차량을 얼마에, 어떠한 조건으로, 어떠한 사항을 확인하면서 거래하는지는 이후 이 책 곳곳에서 정보를 얻기 바란다.

- 장점 : 다양한 중고차를 신속하게 구입하여 운행 가능.
- 단점 : 역시 점검하고 준비해야 할 사항이 많음(품질/가격/법적 확인/편리성 등).

- 주의사항 : 반드시 믿을 만한 중고차 매매업자의 종사원과 거래하여야 함. 아울러 모든 계약 내용 문서 확보는 필수!

8 중고차 업자 - 개인 간 거래

중고차 업자로부터 개인이 중고차를 구입하는 경우이다. ❼항과 비슷하며 중고차 딜러와 중고차 업자의 구분만 명확히 하고 법적인 사항을 고려하면 된다.
- 장점 : 중고차 명의이전 등의 법적인 처리가 ❼항보단 유리.
- 단점 : ❼항과 같이 조심해야 할 사항이 아직은 많음.
- 주의사항 : 허가받은(법적으로 중고자동차매매상사 등록증이 있는) 업체인지 반드시 확인 하여야 함(구청 자동차관리과 등에서 확인이 가능).

위 ❶~❽항의 설명된 거래 형태 이외에도 중고차 시장에서는 중고차 사업자나 수출업자가 경매장에서 중고차를 사오기도 하고, 딜러와 딜러 간 거래도 무시하지 못할 정도로 많으며, 폐차장과 수출업체 간의 거래량도 상당하다.

tip! 침수차 감별법

첫째, 안전벨트를 끝까지 뽑아서 확인해 보자. 차량의 다른 내부는 어느 정도 정리가 가능해서 깨끗하게 보이게 할 순 있어도 거의 대부분 안전벨트의 안쪽 깊은 곳까지는 신경을 많이 쓰지 못한다. 안전벨트를 끝까지 뽑아 흙과 물때 자국을 체크해 보는 것이 좋다.

둘째, ECU 및 전선 교체 흔적을 확인해 보자. 침수차량은 아무래도 엔진 안쪽이나 차량 내부에 존재하는 전선 등이 물에 닿아 못쓰게 되어 교체를 하는 일이 많이 발생한다. 따라서 ECU 및 전선 교체 흔적을 꼼꼼하게 체크하여 교체된 흔적이 있다면 침수차량인지를 한 번 의심해 보는 것이 좋다.

셋째, 바닥 매트를 열어보자. 중고차를 판매하는 판매자들의 경우 바닥 매트 안쪽까지 꼼꼼하게 정리와 청소를 한 후 판매를 한다. 하지만 그렇지 않은 판매자들도 분명히 있으므로 중고차를 구매할 때에는 바닥 매트를 열어 흙과 물때 자국이 남아있다면 침수차량이었을 확률이 높으니 잘 확인해 보는 것이 좋다.

넷째, 퓨즈박스 내부를 확인해 보자. 어찌 보면 확실한 침수차량을 파악하는 방법일 수 있다. 아무래도 침수차량을 판매하기 전에 퓨즈박스의 내부에 있는 흙과 물때 자국을 제거하고 판매하는 판매자들이 많이는 없을 것이기 때문이다.

마지막으로, 손이 잘 닿지 않는 부분을 꼼꼼히 체크해 보자. 침수된 차량의 경우, 아무리 꼼꼼히 세차와 청소를 하더라도 미흡한 부분이 반드시 생기기 마련이다. 손이 잘 닿지 않는 부분에 오물, 흙 등이 묻어 있다면 분명 침수차량일 수 있으니 차량을 볼 때 손이 잘 닿지 않는 부분을 위주로 꼼꼼히 체크하여 침수차량인지 아닌지를 확인해 보는 것이 좋다.

그러나 이 같은 방법으로 일반 소비자들이 침수차를 모두 확인하기는 실질적으로 불가능하다. 운전석 배선이나 엔진 안쪽, 내부 전선 등을 뜯어보지 않으면 확인이 어렵기 때문이다. 그렇더라도 앞서 이야기한 몇 가지 사항을 중고차를 구입하기 전에 확인해 본다면 침수차량이 아닌 괜찮은 중고차를 고를 수 있을 것이다.

05
알면 알수록 재미있는 중고차 시장!

국내와
해외 중고차 시장의 모든 것!

chapter 1

국내와 해외 중고차 시장은
어떻게 다를까?
국내와 해외 중고차 시장 비교하기

국내와 해외 중고차 시장은 어떻게 다를까?

국내와 해외 중고차 시장 비교하기

01 | 국내 중고차 시장

국내 중고차 거래와 관련된 산업은 여러 가지가 있는데 국내 중고차 시장을 둘러싼 산업은 어떤 것들이 있는지 자세하게 살펴보도록 하자.

첫째는 중고차 금융 산업이다. 중고차 즉, 자동차를 구입하려고 하는데 돈이 모자란 경우 모자라다고 무조건 금융을 통해 대출을 받는 것이 아니라 이후 자신의 지불 능력을 고려해서 중고차 구입 자금 대출을 받아야 한다. 일본의 경우처럼 우리나라는 중고차 대출의 금리가 일반 신차 대출이나 신용 대출에 비해서 약간 높기는(10~24%) 하지만 딜러를 통한 중고차 거래량의 약 30% 정도가 중고차 대출을 통해서 부족한 금액을 해결하기도 한다. 최근엔 시중 은행인 제1금융권까지 관련 상품을 제공하며 거의 대부분의 제2금융권 업체(각종 캐피탈사, 리스사)에서 제공이 된다.

둘째는 자동차 보험 산업이다. 중고차도 신차와 똑같은 조건으로 자동차 보험을 가입해야 도로에서 정상적인 운행이 가능하다. 단, 자차 손해(자기 자동차 사고 손해 시 담보하는 영역)만 선택적으로 구입자가 선택하면 되고, 신차에 비해서 담보금액이 낮을 뿐 반드시 자동차 보험에 가입해야 한다. 이는 대부분의 중고차 거래 상사나 딜러가 제공하지만 개인 간 거래의 경우에도 미리 준비하고 자동차 보험회사를 통해서 보험에 가입해야 한다.

셋째는 자동차 성능점검 산업이다. 이는 중고차 매매업자(상사)를 통해 거래하거나 딜러를 통해 거래하는 모든 중고차의 경우 그 자동차의 사고이력이나 고장상태 수리 필요 부분이나 보험처리이력 등을 확인하여 판매자와 구입자가 서로 똑같이 공유하도록 차량의 진단 검사를 실행하는 산업이다.

넷째는 이전 대행업이다. 이는 중고차의 경우 부동산의 거래처럼 소유권 이전을 해야 하고, 대출을 받을 경우엔 집 담보 대출처럼 자동차에 저당 혹은 담보제공 합의 등의 절차를 거쳐야 하므로 자동차등록사업소 혹은 해당 거래업체에서 이전등록을 위임하여 처리함이 일반적이다. 개인 간 거래의 경우 간혹 구입자가 아예 이전을 안 하고 잠적해서 이른바 '대포차'가 되는 경우도 종종 있으므로 반드시 정확하게 이전이 되는지, 믿을 수 있는 곳인지 확인 후 이전 대행을 맡겨야 한다.

다섯째는 중고차 경매 산업이다. 우리나라에서는 이제 태동 단계인데, 현재 현대 계열의 글로비스 경매장, SK엔카의 오산 경매장, 서울 경매장 등이 있다. 이러한 중고차 경매는 중고차 업자나 딜러들에게 대량으로 쏟아지는 렌터카나 리스 물량을 경매라는 형태를 통해서 배분 재유통하는 산업이다. 개인도 자신의 차량을 판매하는 데 활용할 수는 있지만 아직은 경매장에서 자신의 차량을 구입하는 수준까지 대한민국의 경매장이 다양화되지는 못했고, 향후 많은 성장이 기대되는 중고차 연관 산업이다. 해외의 경우를 보면 이러한 경매 산업이 산업 고도화와 함께 많이 발전하고 있음을 확인할 수 있다.

여섯째는 자동차 정비업이다. 이는 중고차의 경우 매매 전후에 필수적으로 정비 과정을 거치게 되는데 이를 자세히 살펴보면 자동차 기계 정비업, 자동차 판금도색업, 광택업, 세차업, 자동차 용품 및 오디오 내비게이션 판매 장착업까지 그 종류가 다양하다. 각 개인들은 실력 있고 믿을 만한 정비소를 한두 곳쯤은 알아두는 것이 중고차 매매에 도움이 될 것이다.

마지막으로는 중고차 수리 보증 사업이다. 아직 우리나라에서는 시작 단계인데 SK엔카를 시작으로 점차 확대되어 가고 있다. 중고차도 신차처럼 구입 후 기간별로 수리

보증(Extended Warranty) 혹은 수리 A/S를 받을 수 있고, 추가비용을 지불받고 부위별·기간별·차종별로 중고차 고장에 대한 수리 보증을 해주는 사업이다. 외국의 경우 규모가 크고 보편화되어 있으나 우리나라는 SK엔카에서만 제대로 제공되고 있다.

02 | 해외 중고차 시장

전 세계 어느 나라를 가도 중고차 시장이 존재한다. 일반인은 관심이 없어서 눈에 잘 보이지 않을 뿐이다. 필자는 중고차 수출과 관련 전 세계 30여 개 나라를 돌아 다녀볼 기회가 있었는데 모든 나라에 중고차 시장이 존재하고 있었고, 특징도 서로 달랐다. 우리나라 중고차는 러시아를 포함한 구소련 국가들 그리고 요르단, 리비아, 이라크 등을 포함한 중동국가들이 가장 큰 수출처이지만, 개인이 경험하게 될 중고차 시장 공부를 위해서는 미국, 일본, 중국, 유럽 정도를 참고하면 될 듯하다.

미국 세계 최대의 자동차 생산 소비국답게 중고차 산업도 많이 발전되어 있다. 주식시장에 상장되어 있고, 그 상장된 회사의 가치가 수조 원에 육박하는 중고차 회사도 있고, Manheim Auction과 같이 하루 수천수만 대를 전국적으로 처리해내는 중고차 경매장 전문 회사도 존재한다.

땅 덩어리가 큰 대국답게 CarMax와 같은 전국적인 네트워크를 가지고 연간 백만 대 가까이 소매 판매하는 초대형 중고차 회사도 존재한다. 아울러 연간 수백만 대가 광고되고, 거래되는 Autotrader.com과 같은 중고차 거래 사이트가 있어 언제든 매물을 확인하고 거래할 수 있다. 게다가 『Kelly Blue Book』이라는 중고차 시세 책자는 전 세계 중고차 가격 데이터의 표본이라고 할 수 있을 정도로 수만 가지 중고차의 수십 년 데이터를 보유하여 중고차 거래가격 데이터 산업을 만들어 이끌고 있다.

이러한 크고 탄탄한 회사뿐만 아니라 대부분의 신차를 판매하는 딜러들이 중고차 거래까지 한 장소 혹은 같은 공간에서 거래하므로 어찌 보면 신차 딜러와 중고차 딜러가 크게 구분이 안 되는 경우가 많다. 아울러 수많은 변호사가 있듯이 중고차 거래 문화에 있어서도 고객이 법적으로 보호를 잘 받을 수 있도록 다양한 제도가 밑받침이 되어 있고 Extended Warranty(연장 수리 보증) 상품 등의 거래량도 상당하여 서로 믿고 거래하는 중고차 문화를 만들고 선도하는 나라라고 할 수 있다.

일본

우리나라와 가장 가까운 나라 일본은 중고차 산업과 문화가 우리나라와 사뭇 다르고 오히려 미국의 형태와 비슷하다고 할 수 있다. 일본의 특징은 경매장 산업의 발달이다.

이러한 중고차 경매장 산업이 중고차의 한 축을 단단하게 받치고 있어서 중고차의 도매가와 소매가 구분을 오랜 시간 동안 유지·발전시켜서 안정적인 중고차 산업구조를 유지하고 있다. USS나 아라이 경매장 등은 그 규모나 특화된 영역(산업용 기계나 대형 트럭 경매장 등)에서의 운영 능력은 아직 우리나라가 본받아야 할 점이 너무도 많다. 이러한 경매장 구조의 발달로 경매장에 중고차를 매집하여 넘기는 걸리버와 같은 매집전문회사가 존재하기도 한다. 일본은 보통 차량의 품질이 좋고, 주행거리가 짧고, 꼼꼼하게 차량을 관리하고, 그렇게 관리한 차량 기록과 함께 중고차를 거래한다.

이런 문화 때문에 일본은 우측 핸들이라는 핸디캡이 있음에도 불구하고 연간 백만 대가 넘는 중고차를 외국에 좋은 가격으로 수출하기도 한다. 특히 동남아시아 섬나라나 러시아 극동지역에 가면 엄청나게 많은 일본산 중고차를 목격할 수 있다.

중국

중국은 우리나라 70년대의 장한평 중고차 시장의 형태와 주말 중고차 장터(우리나라 5일장, 10일장과 비슷하다)가 공존하는 상태로 빠르게 발전해 나가고 있다. 중국은 전 세계에서 가장 빠르게 자동차 수요가 증가하고 있는 나라이며, 중국을 제외하고는 자동차의 신규 수요가 거의 의미가 없을 정도이니 중고차의 수요는 가히 폭발적이라 할 수 있다.

현재 자국 산업의 보호를 위하여 중고차의 수입을 금지하고 있는 상황이라서 중고차 거래가 공급자 위주의 시장으로 형성되어 가고 있으나 선진 중고차 산업을 빠르게 흡수하여 거래량에 걸맞은 거래 문화나 시스템도 갖추어가려는 노력을 많이 하고 있다. 또한 중국은 그 넓은 땅 덩어리에서 주말에 자기 차를 팔려고, 중고차를 사려고, 구경하려고 혹은 대신 사거나 팔아주려고 수많은 사람이 중고차 시장에 몰리는데 이때는 우리나라 남대문 시장이 작아 보일 정도이다. 특히 중국은 직접 중고차를 구매하여 상품화 과정을 거친 후 판매하는 재고 보유형 중고차 회사와 넓은 주차장, 명의이전 사무실, 성능점검을 하는 시설을 가지고 차량의 구입자금 대출 업무를 주로 하는 기반시설 제공형 중고차 회사가 같이 발전해 가고 있다. 중고차 산업에 있어 전 세계에서 가장 빨리 성장하고 있는 나라라고 할 수 있다.

유럽

유럽도 자동차 산업 선진국답게 당연히 중고차 문화가 오랫동안 발전되어 왔다. 미국이나 일본과의 차이점은 국제적인 기준에 따른 중고차 거래라고 할 수 있다. 서로 국경을 마주하고 있어, 오늘 독일에서 거래된 중고차가 바로 다음 주에 이탈리아에서 거래될 수도 있으므로 국경을 마주한 인접 국가끼리의 중고차 거래가 활발한 것이 그 특징이라 할 수 있다. 미국의 형태와 같이 신차를 팔면서 동시에 중고차 사업을 같이 하는 형태가 대부분이다. 웹 사이트는 언어의 구분대로 독일 차량은 독일어가, 스웨덴이나 프랑스 차량은 프랑스어가, 이탈리아 차량은 이탈리아어가 주도하는 시장을 이루고 있는데 이는 당연한 것으로 볼 수 있다.

아울러 시장 차원에서 보면 우리나라의 재래시장 개념의 Off-Line 시장과 사이버 시장, 모바일 시장이 존재하고 있는데 이는 전 세계가 동일하다. 하지만 우리나라는 독특하게 중고차 매매단지가 형성되어 있어서 외국의 주말 중고차 매매장터나 중고차 매매타운이나 자동차 매매거리와는 좀 다르다. 다음은 앞에서 이야기 한 국가별 중고차 시장의 대표적 특징이다.

항목 \ 지역	한국	일본	미국	중국	유럽
Off-Line 시장 특징	단지형 집합 매매시장	경매장의 발달	넓은 땅을 활용한 매장과 거대한 자동차 경매장	주말 중고차 장터 개념에서 진화 중	국가 간 거래 활성화
On-Line 시장 특징	딜러 위주의 매물 광고	중고차 회사 홍보 사이트 위주	전국적인 네트워크형 중고차 회사 사이트	이제 시작 단계 발전 중	언어별 구분
연간 거래 대수	330만 대	700만 대	1,400만 대	320만 대	
중요 웹 사이트	encar.com encardirect.com bobaedream.co.kr gscarnet.com	goo-net.com www.gulliver.co.jp carview.co.jp	carmax.com manheim.com autotraders.com kellybluebook.com	hx2car.com socars.cn cn2che.com autohome.com.cn 273.cn	autoscout24.com motortrade.arval.com volkswagen.co.uk mascus.com

이러한 해외의 중고차 산업이나 중고차의 거래 형태 혹은 중요한 웹 사이트들을 미리 알아두고 있도록 하자. 보통 장기 출장 혹은 파견 시 필요한 자동차를 대부분 신차보다는 중고차로 구입하기 때문이다. 미리 알아둔 것을 잘 기억해내서 활용하면 도움이 된다.

epilogue

　완벽하지는 않지만 지금까지 대략적인 중고차 시장도 둘러보았고, 나와 많은 시간을 보낼 내게 꼭 맞는 중고차 고르기 방법과 그렇게 힘들여서 고른 중고차를 잘 사고 잘 관리하고 이용하는 방법, 그리고 그 중고차를 다른 주인에게 잘 넘기는 절차까지 간단히 알아보았다. 중복되는 내용이지만 다시 중고차 거래에서 중요한 것을 정리하며 이 글을 맺고자 한다.

　첫째, 중고차는 법적으로는 준부동산과 같은 중요한 재산이다. 그러므로 법적인 절차에 소홀히 하면 안 된다. 계약서를 꼼꼼히 따지고 자동차의 소유권 이전도 아파트나 주택의 등기처럼 소정의 절차(계약서 작성, 대금 결제, 중고차 인수 등)를 마치면 바로 요구하고, 챙기고, 확인하여야 한다. 법적으로는 중고차 거래 15일 이내에 이전 등록을 실시하도록 정하고 있지만 모든 절차가 정상적으로 끝났다면 하루라도 빨리 마무리 짓기를 다시 한 번 강조한다. 아울러 모든 비용에 증빙이 되는 영수증과 서류를 반드시 요구하고 챙겨라. 채권의 할인금액까지 정확하게 비용을 따지고 증빙 서류를 챙기기를 권한다.

　둘째, 중고차는 완벽한 상품이 아니다. 신차도 심심치 않게 리콜이다, 결함이다 해서 부족함이 드러나듯이 중고차는 더더욱 완벽한 상품이 아니다. 그러므로 그 불완전성을 이해하고 때론 인정하고 거래에 임하여야 한다. 하지만 너무 걱정 마라. 그 불완전성은 이미 가격에 반영되어 있고, 심각한 불완전성은 법적으로 보호받도록 되어 있으므로 독자 여러분들은 법적으로 문제가 없는 믿을 만한 거래 과정을 통해서 거래하면 된다. 그러면 완벽하지 않지만 나름 가격의 가치를 하는 중고차를 마음껏 이용할 수 있다. 믿을 수 있는 중고차 회사나 중고차 상사 혹은 딜러를 잘 활용하는 것이 기본이다.

셋째, 중고차 구매 후 중고차 구매를 이리저리 소문내고, 자랑해도 전혀 문제가 없겠지만 정비소에 가서만큼은 자랑하거나 소문 낼 필요가 없다. 물론 등록증을 제시하면 정비소에서도 금방 중고차를 최근에 산 것인지 아닌지를 알 수 있지만 무턱대고 "당분간 타는 데 이상이 없도록 알아서 정비해 주세요."라는 말은 절대로 하지 마라. 만약 그렇게 말하면 정비소는 지금 당장의 문제 해결보다는 예방 정비 즉, 미래에 발생될 것을 미리 정비하는 비중을 높이거나 심지어는 과잉 정비하여 경제적으로 구입한 중고차에 마음이 상할 만큼 비싼 정비 요금을 요구할 것이다. 필자진이 권하는 방법은 일단 소모품류(타이어, 엔진 오일, 브레이크 패드, 배터리 등)만 교체 필요 시기인지 아닌지를 가늠해보고, 필요한 항목만 교체하는 것이다. 그리고 당분간 구입한 중고차를 운행하면서 이상하거나 문제가 될 만한 것을 메모하고, 한 15일 정도 후에 메모된 이상 징후(소리, 운전 감각, 기능 이상사항 등)에 대해서만 정비를 맡기는 것이 바람직하다.

넷째, 이 세상 어디든 마찬가지이겠지만 싸고 좋은 물건은 없다. 요즘에도 신문이나 언론을 통해 'XXX회원권 반값 분양!' 혹은 'VVV콘도 반의 반값에 분양'이라는 광고 문구를 쉽게 접할 수 있다. 이와 동시에 이러한 분양 업체들이 공금을 횡령했다거나 분양 사기를 쳤다는 소식도 듣게 된다. 이는 구매자가 물건을 싸게 사고 싶어 하는 특성을 판매자가 교묘하게 악용해서 걸려들면 뒤집어씌운다는 자세로 물건을 팔고 있고, 여전히 여기에 속는 사람이 있다는 이야기이다. 아마도 이러한 피해는 수십 년 더 계속 이어질 것으로 판단된다.

안타깝지만 중고차 시장에서는 아직도 상당한 물량을 비상식적으로 싸게 파는 미끼 매물로 고객을 유인하거나 저품질의 차량을 속여 거래하는 사례가 발생한다. 이는 통계에 잘 잡히지 않아 정확하게 얼마나 많은 사람이 피해를 보는지 믿을 만한 데이터는 없다. 한 번이야 운으로 싸고 좋은 물건을 구입할 수 있겠지만 특히 중고차 시장만큼은 절대로 예외가 없다. 중고차 구입 자체가 어느 정도 경제적이므로 그중에 더 싸고 좋은 것보단 적당한 가격에 법적으로 안전하고 신뢰할 수 있는 거래 방식에 더 집중하는 것이 좋다. 많은 거래 경험으로 법적으로나 품질 측면에서 안전한 거래에 자신 있는 일부 베테랑은 제외하더라도 초보자라면 특히 거래 절차의 신뢰성을 잘 따져볼 것을 권한다. 너무 싸고 좋은 차를 쫓다 보면 어려움을 겪기 십상인 것이 중고차 거래이다.

다섯째, 이렇게 현명하게 구입한 중고차를 이용할 때에는 처음부터 기록을 잘 해두면 나중에 되팔 때 더 빨리 더 좋은 조건에 되팔 수 있다. 여러분들이 중고차를 구입할 때 겪었던 소모품류 교체 기록이나 정기검사 기록 혹은 정비이력, 사고이력에 대한 많은 의혹들이 문서나 기록을 눈으로 확인하면서 금방 사라졌음을 잊지 말자. 이러한 기록들은 운행 중 기록한 것과 아닌 것과는 중고차 시장에서 대우가 확실히 다르다. 한마디로 족보 있는 종마와 족보가 없는 그럴듯해 보이는 말은 그 가격과 거래 신뢰도가 달라지는 것과 같다.

마지막으로, 중고차는 잘 골랐는데 중고차 대금을 대출하는 과정에서 혹은 명의를 이전하는 과정에서 혹은 보험을 가입하거나 추가 수리보증을 구입하는 과정에서 소홀히 하여 후회하지 않도록 중고차의 선택에서부터 구입 자금의 해결, 자동차 보험의 가입 혹은 명의이전, 마지막으로 추가적인 수리 보증의 구입과 판매 방법의 선택까지 꼼꼼하게 살펴보고 비교해 보고 결정하기를 바란다. 뭐든 남에게 너무 맡기면 그만큼의 비용이 나가기 마련이다. 요즘은 인터넷이나 모바일 앱에 많은 정보가 있으니 발품이 힘들면 손품을 더 많이 들여서라도 사전 정보 취득을 게을리하지 말기 바란다. 금방 보고 금방 구입하여 잘 타고 다니는 사람이 있는가 하면, 요리조리 꼼꼼히 따지고 구입해도 만족하지 못하고 운행하는 사람이 있다. 하지만 치명적인 오류는 후자보다는 전자에 많고, 아직도 언론에 심심치 않게 중고차 거래 관련 불미스러운 기사들이 종종 등장하니 조심해서 나쁠 것은 없다.

이젠 올바른 중고차 거래에 대해서 알고 살아갈 필요가 있다. 모르더라도 어떻게 매매하는 것이 안전하고 경제적인 방법인지 알려주는 정보 제공처를 알고 쉽게 접근할 수 있어야 한다. 이미 수많은 인터넷 사이트와 모바일 앱이 정보를 제공하고 있지만 종합적으로 그리고 전체적으로 제공하려는 시도는 없었다. 그렇기에 늦으나마 이 책을 통해 정보를 제공하려고 노력했다. 하지만 미흡하고 부족하다. 그래도 이제 시작이니 계속 소비자가 원하는, 독자가 원하는 정보를 정확하고 구체적으로 올바르게 제공하는 노력을 계속해나갈 것을 약속한다.

아울러 이 책이 풀어 주지 못한 중고차 매매 관련 궁금한 사항이나 현재 겪고 있는 문제점이 있어 usedcarbook@encar.com 으로 메일을 보내주면 24시간 이내에 최선의 응답을 해줄 것을 약속하며 이 책을 출판하면서 생기는 책임을 다하고자 한다.

중고차
자가 진단법

중고차 구입 가이드북

따라만 하면 중고차가
안전하게 내 것으로!

중고차 구입 절차 Navigation

중고차 상태진단 가이드북

중고차 매매상사 방문	인터넷 검색을 통해 원하는 차량을 판매하는 매매상사를 방문하거나 방문을 희망하는 매매단지로 간다.
담당자 종사원증 확인	판매자의 신분을 확인(중고자동차 매매사업 조합에서 발행하는 중고차 매매업 종사원증 확인. 사진과 얼굴 및 이름)
구매희망 차량 상담	구매를 희망하는 차량에 대해 상담(예산, 용도, 기타 등)
구매희망 차량 해당 등록증 및 성능점검기록부 확인	실제 차량을 보러 가기 전, 반드시 해당 차량의 자동차등록증 및 성능점검기록부를 요청하여 확인(실제 차량 보러갈 때도 지참)
실제 차량 확인 (등록증과 일치 여부)	실제 차량을 눈으로 확인하며 자동차등록증과 일치 여부 확인 (차명, 자동차등록번호, 차대번호, 검사기일 도래 여부, 구조 변경 등록 여부)
사고유무 셀프진단 (성능점검기록부와 일치 여부)	본 가이드북을 따라 사고유무를 직접 진단하며 성능점검기록부와 판매자의 말을 비교한다(생략 가능).
성능 셀프진단 (성능점검기록부와 일치 여부)	엔진 오일, 냉각수, 각종 오일 누유상태 확인하여 성능점검기록부와 판매자의 말을 비교한다(생략 가능).
매매계약서 작성	매매계약서를 작성한다. 추후 분쟁의 소지가 있을 수 있는 부분은 계약서 상의 특약란을 활용하여 명확히 기록으로 남긴다.
자동차 보험가입	내 명의로 자동차 소유권을 이전 등록하기 위해 이전 등록 필수 서류인 자동차 보험에 가입한다. 지인을 통해 추후에 가입을 하고자 할지라도 최소한 법적으로 정해진 책임보험은 꼭 가입한다 한 달 이내 기간으로 가입 시 매우 저렴하다.
차량대금 지불 및 차량인수	차량의 대금을 지불하고 차량을 인수한다. 소유권 이전이 끝나지 않았어도 일단 돈을 모두 지불했으면 반드시 차량을 인수해야 안전하다.
소유권 이전 완료된 자동차등록증 수령 (이전을 업체에 대행할 시)	이전 대행을 맡긴 경우, 이전이 완료되면 이전 대행 업체로부터 명의이전된 자동차등록증과 이전에 소요된 비용(취득세, 등록세, 국채매입)에 대한 영수증과 잔액을 수령해야 한다.
Enjoy Driving~!	이제 내 소유의 차량이 되었으므로, 안전하게 드라이빙을 즐긴다.

중고차 매매상사 방문

사고차 자가 진단법

매매딜러 vs 알선딜러

중고차 매매상사는 대기업이 운영하는 판매점과 중소 규모의 개별 매매상사들이 혼재해 있다. 직영점 체제의 일부 대기업 매장을 제외하고 대부분의 매매상사는 상사 사무실 내부에 여러 개의 책상을 두고 매매딜러들을 모집하여 자릿세를 받고 사무실 공간을 임대해 주는 형태이다. 즉, 하나의 매매상사 사무실 내부에 여러 명의 개인 사업자들이 자리를 잡고 있는 가게 안의 가게(Shop in Shop)인 셈이다.

매매딜러인 이들은 대부분 중고차 매매조합에 등록된 매매업 종사원들로 목에 걸고 있는 종사원증을 통해 확인할 수 있으며 비교적 안심하고 거래할 수 있다. 반면에, 차량 전시장 주변에 서서 호객행위를 하는 알선딜러들은 대부분 이러한 사무실 임차나 자기 소유 차량 없이 매매상사 딜러들의 차량을 대신 판매해주고 수수료를 받는 형태로 사업을 영위한다. 따라서, 해당 차량의 상태에 대해 정확히 알지 못하는 경우가 있으며 판매 자체에 목적을 두고 영업을 하여 추후 문제의 소지가 되는 경우들이 종종 발생하기도 한다. 이들은 나까마, 떠방이 라는 은어로 불리기도 한다.

그러므로, 가급적 자기 차량을 직접 소유하고 종사원증을 보유한 매매딜러들과 거래를 하는 것을 권장한다.

종사원증 확인
사고차 자가 진단법

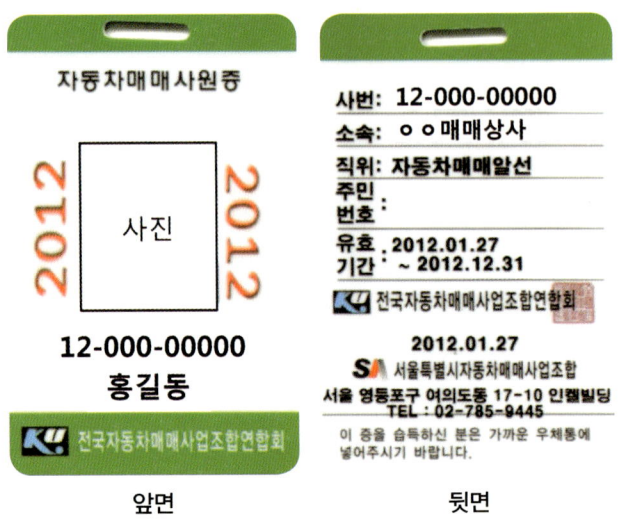

앞면 / 뒷면

중고차 매매업에 종사하는 딜러는 위와 같은 매매사원증을 목에 걸고 영업을 하도록 법으로 정해져 있다. 이 종사원증이 없으면 정식 딜러가 아니라고 봐도 무방하다. 플라스틱 신용카드 재질로 만들어져 있으며 자체적인 사원증이 있는 기업도 매매사원증은 반드시 목에 걸고 근무하게 되어 있다. 보통 사원증 뒷면에 끼워져 있거나 하는 경우들이 있다.

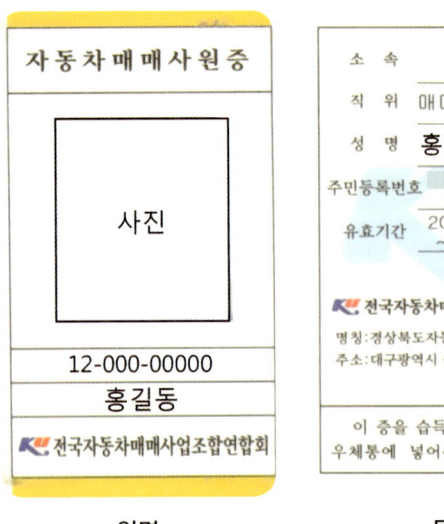

앞면 / 뒷면

중고차 구입
가이드북

구매희망 차량 상담
사고차 자가 진단법

구매희망 차량을 상담할 때는

첫째, 차량 구입에 쓸 수 있는 금액 (예산)

둘째, 사용목적 (출퇴근용, 레저용, 세컨드카 등)

셋째, 개인 선호도 (색상, 등급, 옵션 장치 등)

상기 3가지를 명확히 해야 딜러로부터 적합한 차량을 소개받을 수 있다.
반드시 상기 사항에 대해 고민해 보고 결론을 내린 뒤 상담을 받기를 권한다.

자동차등록증 확인

사고차 자가 진단법

등록번호, 차명, 차대번호 확인

최초등록일과 형식 및 연식 확인
(둘 중 오래된 연도가 해당 차량의 연식으로 인정됨)

검사 유효기간 및 주행거리 확인

구조변경 여부 확인

저당말소 여부 확인

중고차 구입 가이드북

성능점검기록부 확인
사고차 자가 진단법

①차명.		②자 동 차 등록번호		③주행거리 및 계기상태	132,554 Km
					☐ 작동불량
④연식	2001-10	⑤검사 유효기간	2009 년 10 월 30 일 ~ 2010 년 04 월 29 일		
⑥최초등록일.	년 월 일	⑧변속기 종류	☑ 자동 ☐ 수동 ☐ 세미오토		
⑦원동기형식	L6AT		☐ 무단변속기 ☐ 기타( )		
⑨차대번호		⑩보증유형	☐ 자가보증 ☐ 보험사보증		
⑩동일성확인(차대번호 표기)	☑ 양호 ☐ 상이 ☐ 부식 ☐ 훼손 ☐ 변조(변타) ☐ 도말				
⑪불법구조변경	☑ 없음 ☐ 있음	⑫사고/침수유무(단순수리 제외)	☐ 유 ☑ 무		
⑬자기 진단 사항	항목	양호	정비요	⑭배출 가스	일산화탄소(CO) : %
	원동기				탄화수소(HC) : 0 ppm
	변속기				매연 : 0 %
⑮주요장치	항목		해당부품		상태
원동기		작동상태(공회전)		☑ 양호 ☐ 지연 ☐ 소음 ☐ 정비요	
		압축상태(공회전)		☑ 양호 ☐ 불량 ☐ 정비요	
	오일누유	실린더헤드		☑ 없음 ☐ 미세누유 ☐ 누유 ☐ 정비요	
		실린더블럭		☑ 없음 ☐ 미세누유 ☐ 누유 ☐ 정비요	
	오일 유량 및 오염			☑ 적정 ☐ 부족 ☐ 오염 ☐ 교환요	
	냉각수 누수	실린더블럭		☑ 없음 ☐ 미세누수 ☐ 정비요	
		실린더헤드/가스켓		☑ 없음 ☐ 미세누수 ☐ 누수 ☐ 정비요	
		워터펌프		☑ 없음 ☐ 미세누수 ☐ 누수 ☐ 정비요	
		냉각쿨러(라디에이터)		☑ 없음 ☐ 미세누수 ☐ 누수 ☐ 정비요	
	냉각수량 및 오염			☑ 적정 ☐ 부족 ☐ 오염 ☐ 교환요(부식)	
	고압펌프(커먼레일)			☑ 양호 ☐ 부족 ☐ 정비요 ☐ 불량	

※ 미세 누유 : 정상운행에 지장이 없는 정도 (3년 이내의 짧은 연식 차량일 경우 의심, 오래된 차량은 연식대비 양호)
  누유/누수 : 외관상 확연히 누유/누수가 확인되는 정도 (구입후 일정기간 주행 후 수리해야 할 가능성 있음)
  정 비 요 : 당장 수리를 요하는 정도 (구입후 바로 수리를 해야 함)

성능점검기록부 확인

사고차 자가 진단법

16. 자동차의 상태표기

[외관] 앞(전방) / 뒤(후방)
[주요골격] 앞(전방) / 뒤(후방)

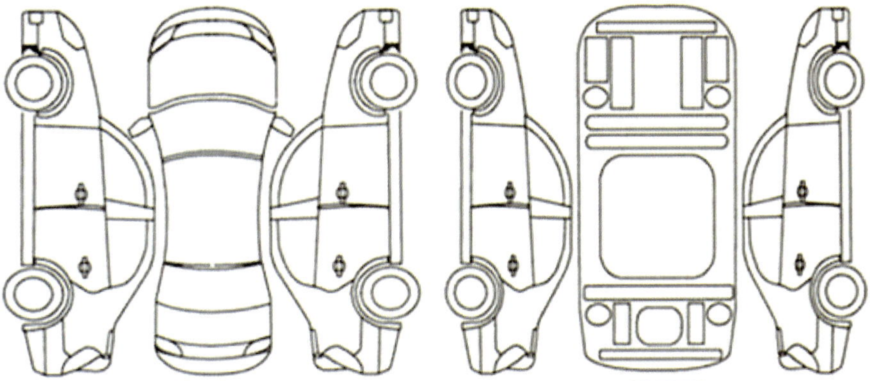

● 상태표시 부호
- X : 교환 (교체)
- W : 판금, 용접

※ 승용차 외에는 승용차에 준하여 표시

17. 외판 부위의 판금, 용접수리 및 교환
- ☐ 후드
- ☐ 프런트펜더
- ☐ 도어
- ☐ 트렁크리드
- ☐ 라디에이터 서포트 (볼트체결제품)
- ☐ 루프패널
- ☐ 쿼터패널
- ☐ 사이드실패널

18. 주요골격 부위의 판금, 용접수리 및 교환
- ☐ 프런트패널
- ☐ 크로스멤버
- ☐ 인사이드패널
- ☐ 사이드멤버
- ☐ 휠하우스
- ☐ 대시패널
- ☐ 루프패널
- ☐ 필러패널
- ☐ 리어패널
- ☐ 트렁크플로어

19. 특기사항 및 점검자의 의견
특이사항 없음

「자동차관리법」 제58조제1항 및 동법 시행규칙 제120조제1항에 따라 중고자동차의 성능·상태를 점검하였음을 확인합니다.

2010년 10월 06일

중고자동차 성능·상태 점검자 　　　　　　(인)

※ 주요골격 판금, 용접수리 및 교환 체크 시 "사고차량"으로 분류 → 사고 및 수리로 인해 차량골격에 무리 발생
그 외 부위에 체크 시 단순수리로 "단순교환차량"으로 분류 → 차량골격 부위가 아니라서 무리 발생치 않음

원부조회 결과 확인

사고차 자가 진단법

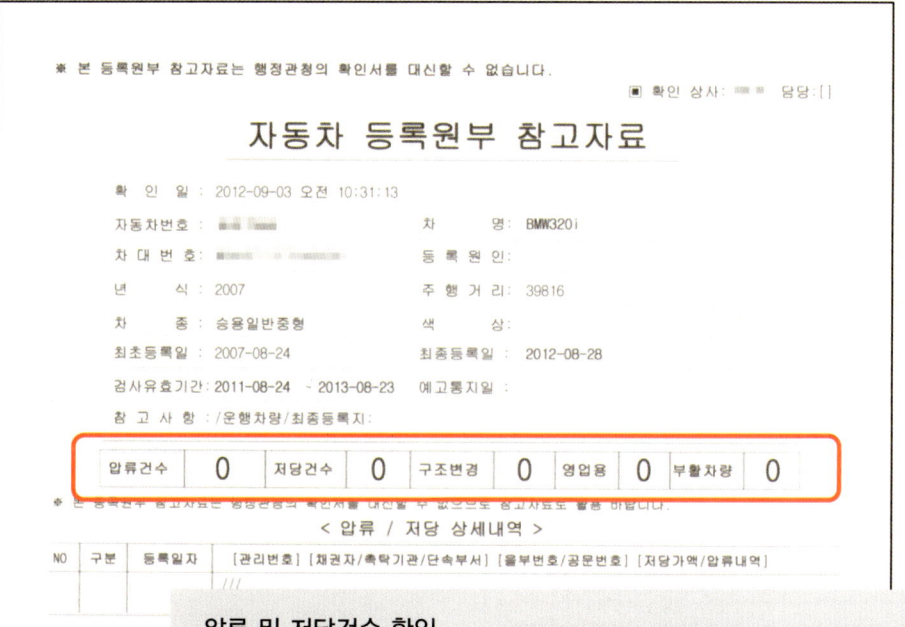

압류 및 저당건수 확인

중고차 매매상사에서 중고차 매매사업 조합의 전산망을 통해 해당 자동차의 압류, 저당 등의 상황을 조회한 결과이다. 구청을 방문하지 않고도 간략한 내용으로 조회 결과를 볼 수 있으므로 반드시 요청하여 확인하자.

단, 윗부분의 차량 정보와 내가 본 차량이 일치하는지 꼭 확인하자.

압류는 무인 과속 카메라에 찍히거나 환경개선부담금 등을 납부하지 않은 경우 해당 기관에서 그 금액만큼 압류를 걸어서 생긴다. 해당 금액만큼 납부하면 압류가 풀리나 압류금액이 차량 매매금액보다 큰 경우도 있으므로 주의한다.

압류금액은 일일이 해당 기관에 전화를 걸어서 문의해야 하며 압류를 승계 하겠다는 문구를 계약서에 넣으면 압류해지 없이도 이전등록이 가능하나 가급적 판매자가 풀도록 한 뒤, 거래 할 것을 권한다.

저당은 대출을 받아 차량에 근저당권이 설정된 건수를 표기한 것이다. 저당은 승계가 어려우니 저당이 잡혀 있는 차량은 가급적 저당 말소 후 거래하거나 다른 차량을 구매하자.

실제 차량 확인 (자동차등록증과 실차 일치 여부 확인)
사고차 자가 진단법

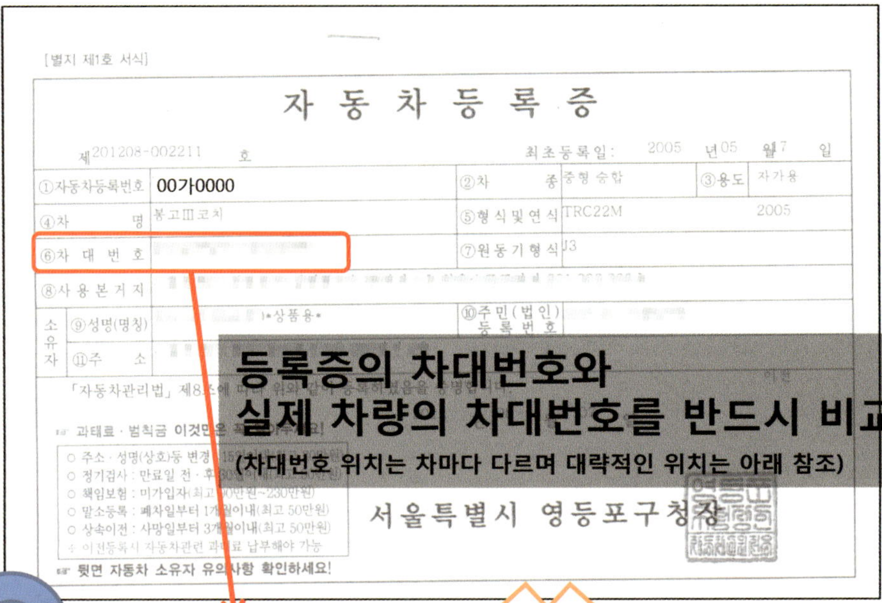

등록증의 차대번호와 실제 차량의 차대번호를 반드시 비교한다.
(차대번호 위치는 차마다 다르며 대략적인 위치는 아래 참조)

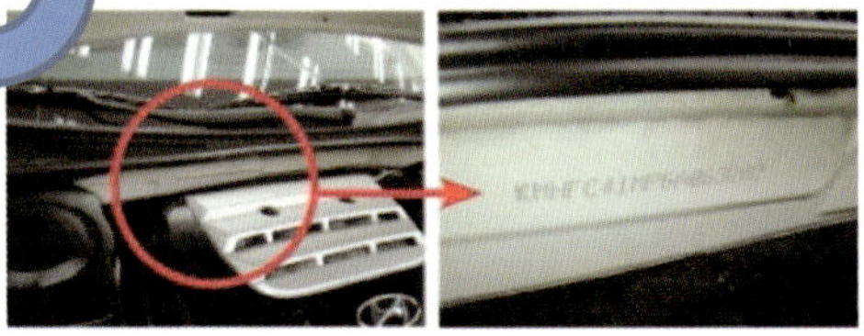

○
- 엔진룸 대시패널
- 조수석 시트 하단
- 조수석 뒷바퀴 프레임
  프레임의 경우 먼지, 녹으로 인해 안보이는 경우가 있다.
  이런 경우 장갑 등으로 프레임 닦아 확인한다.

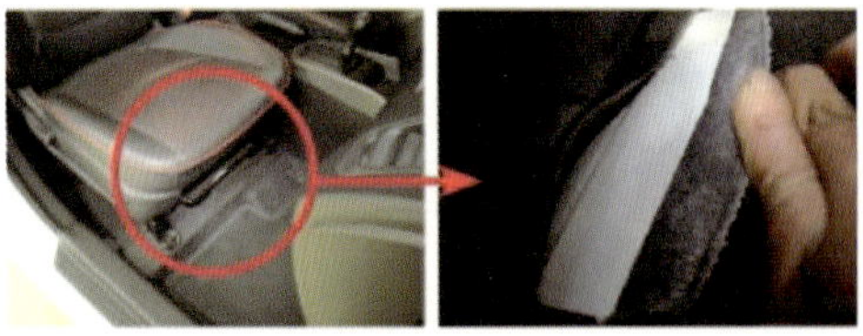

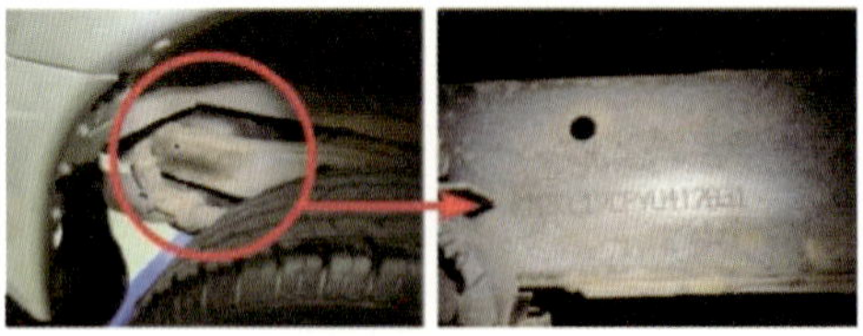

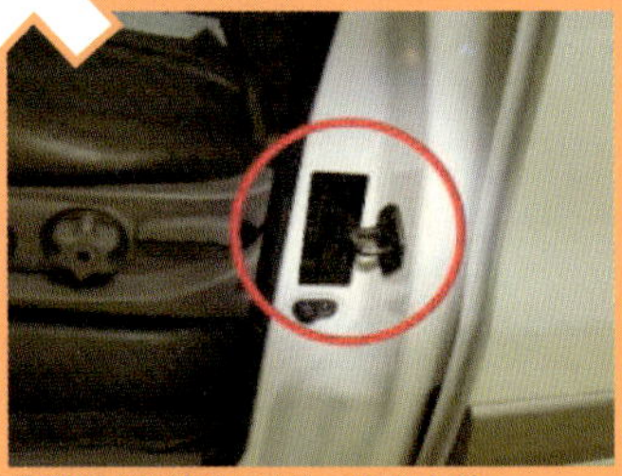

✕
- 운전석 문 열면 보이는 차대식 별표
- 차대식별표
  보통 운전석 문을 열면 보이는 차대식별표는 쉽게 교환이 가능하므로 단순참고만 하고 교환이 어려운 차대번호를 찾아 비교한다.

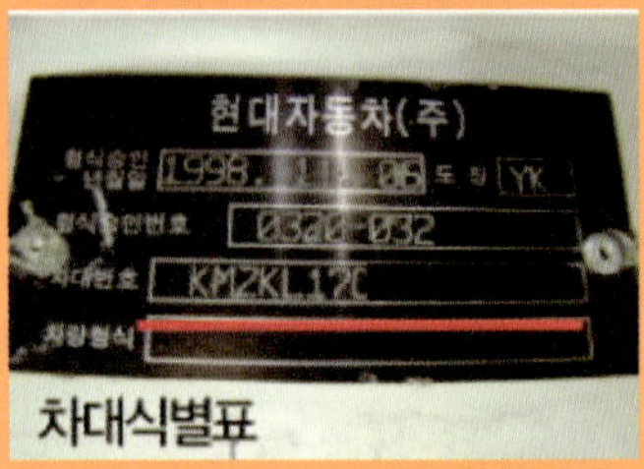

사고진단

앞 펜더 FRONT FENDER

어디에? 앞바퀴 위쪽에

앞바퀴 위쪽에 있으며 엔진룸을 보호하는 인사이드 패널 바깥에 부착된다. 사소한 접촉사고에도 흔히 교환되는 부위이며 볼트로 체결된 외부패널 중의 하나다.

어딜 봐? 앞바퀴 위쪽에

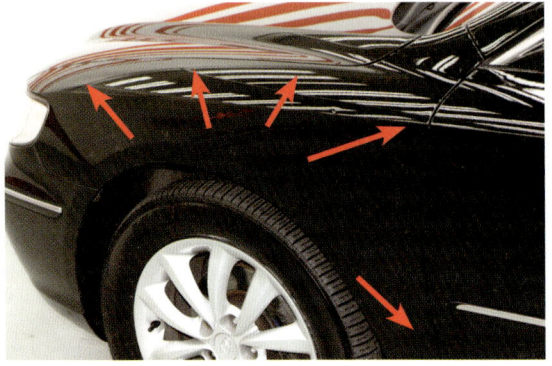

화살표로 표시된 앞펜더 주변부와의 체결 볼트를 확인한다.

진단은? 주변부와의 체결 볼트 확인, 도색 여부, 패널 내부 색상, 스티커 확인!!

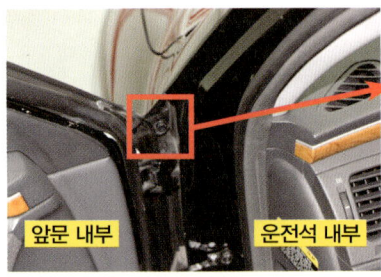

앞문 내부 / 운전석 내부

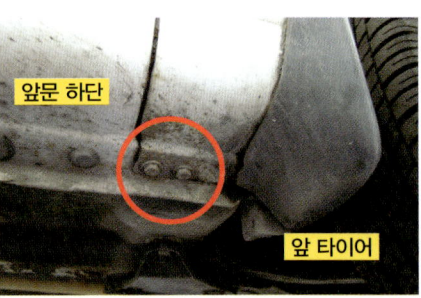

앞문 하단 / 앞 타이어

앞 펜더 하단부 볼트 체결 부위의 모습. 볼트의 개수는 차량마다 다를 수 있다. 사이드실 커버로 가려 보이지 않는 경우도 있다.

차량에 따라 볼트가 4개인 경우도 있다.

도어 DOOR

어디에? 유리창 있으면 문!

어딜 봐? 체결 부위, 실링, 유리창 틈새

따로 설명할 필요가 없는 부분이다. 그런데 4도어와 5도어, 어떻게 구분할까? 열고 닫을 수 있으면서 유리창이 붙어 있으면 문(Door)으로 본다. 따라서 트렁크에 유리창이 붙어 있는 차량의 경우 트렁크가 아닌 문으로 평가한다.

1. 차체와 연결된 부위 볼트가 풀렸는지 확인
2. 문 접힌 부위 실링 및 속 패널 색상 확인
3. 사일런트 패드, 도어빔 실링 등 도색 확인

진단은? 볼트 풀림, 실링, 사일런트 패드, 속 패널 색상, 도어빔 실링 확인!!!

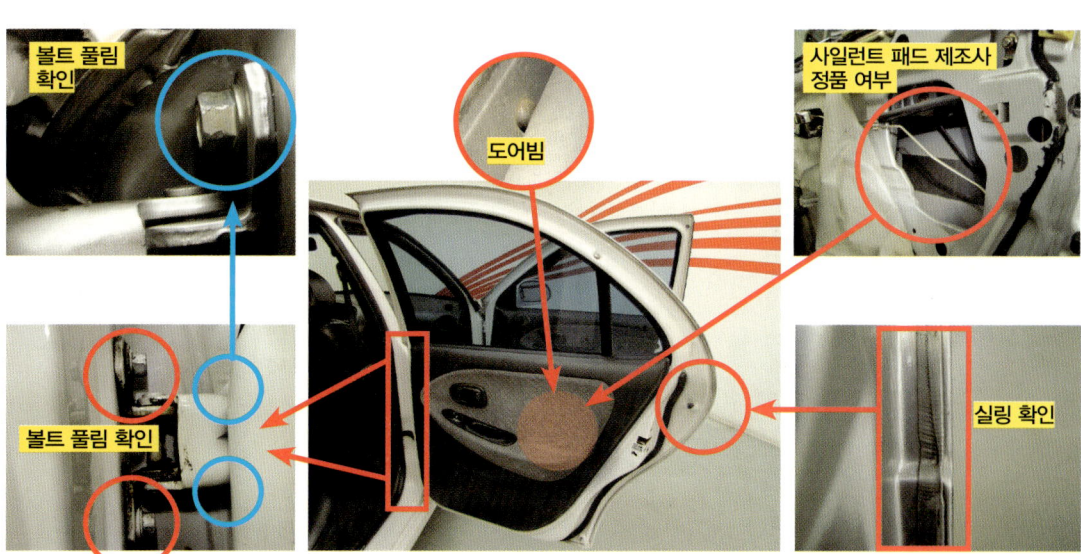

볼트 풀림 확인 | 도어빔 | 사일런트 패드 제조사 정품 여부 | 볼트 풀림 확인 | 실링 확인

사고진단

쿼터패널 QUARTER PANEL

어디에? 뒷문과 트렁크 사이

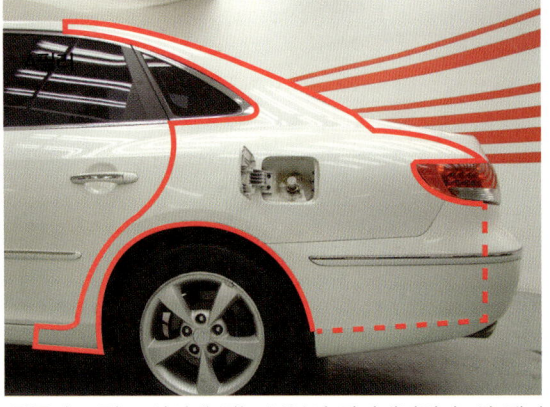

뒷문과 트렁크 사이에 있는 부분이 쿼터패널이다. 앞 펜더와 다르게 볼트로 체결되어 있지 않고 스폿 용접으로 붙어 있으며 프레임에 속한다.

어딜 봐? 접합 부위 용접 자국 확인!!

주변부와의 접합부를 확인한다. C필러라 불리는 빨간색 테두리가 둘러진 부분의 스폿 용접이 자동차 제조사의 정식 용접인지 아닌지를 확인한다.

진단은? 접합 부위 용접 흔적, 실링 재도포, 판금 여부

용접 후 그라인더로 과도하게 갈아내어 구멍이 뚫린 모습

필러 내부의 용접 자국이 선명하게 드러나고 있다(쿼터패널 교환).

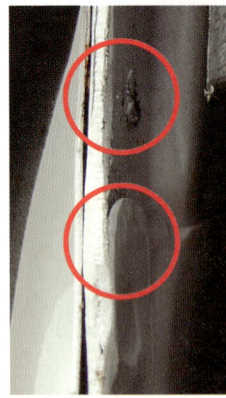

쿼터패널 필러에 남은 선명한 용접 자국

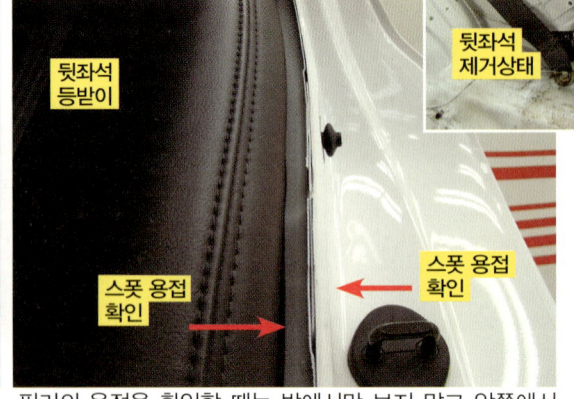

필러의 용접을 확인할 때는 밖에서만 보지 말고 안쪽에서도 확인한다.

주유구와 쿼터패널 사이의 실링이 불량하게 도포되어 있다(쿼터패널 교환).

트렁크 TRUNK LID

어디에? 자동차 뒤쪽

보통 차량 뒷부분에 있으며 짐 등의 화물을 실을 수 있는 공간을 덮는 커버. 볼트로 체결되어 있는 부분으로 차량 운행상 안전에 영향을 미치는 프레임은 아니다.

어딜 봐? 결합 부위 실링 및 볼트 풀림 확인!!!

볼트 풀림 여부 및 실링 상태를 확인한다. 고급차들의 경우 볼트를 볼 수 없도록 트림이 씌워져 있으니 아래 방법을 습득하여 커버를 제거한 뒤 진단하자!

진단은? 볼트 풀림, 실링 재도포 확인!!!

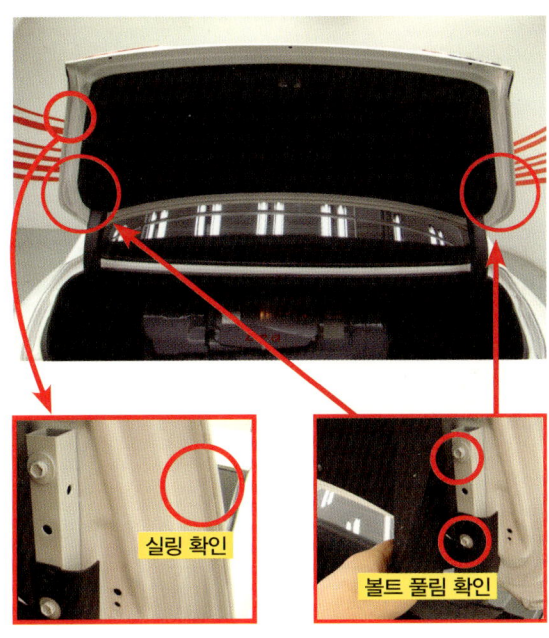

실링 확인 / 볼트 풀림 확인

트렁크 트림 제거

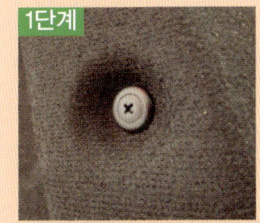

1단계 — 커버핀 확인

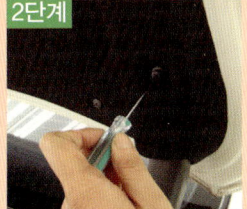

2단계 — 드라이버로 핀 잠금 해제

3단계 — 핀 제거

4단계 — 커버 제거

사고진단

리어패널 REAR END PANEL

어디에? 뒷 범퍼 안쪽에

어딜 봐? 접합 부위 용접 자국 확인!!

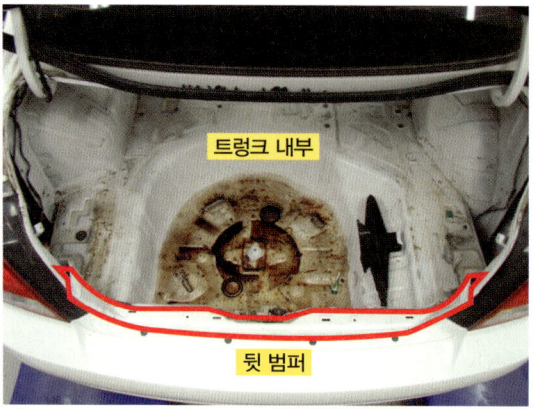

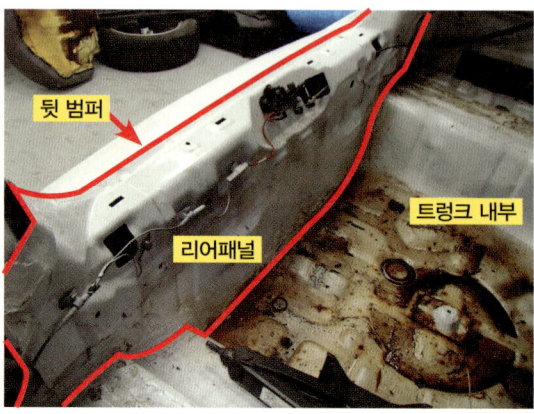

뒷 범퍼 안쪽에 위치하며 후방 충격으로부터 차량을 지지하는 프레임이다. 트렁크를 열고 웨더 스트립(고무)을 제거하고 나면 바로 보인다.

리어패널과 주변부와의 접합부 용접 상태를 확인한다. 쿼터패널, 트렁크 플로어 패널, 휠하우스와 붙어 있다. 위 사진을 보고 잘 기억해두자.

진단은? 용접 흔적, 실링 재도포 확인!!

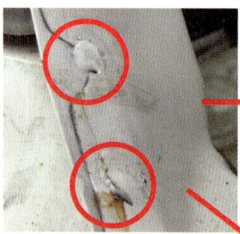

용접 자국이 선명하게 남아 있다.

용접 자국이 선명하다.

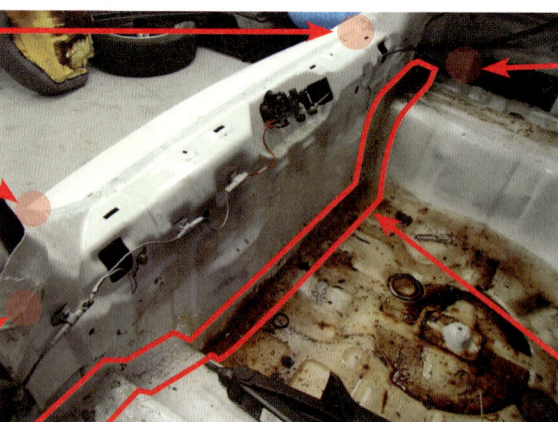

용접 작업 후 실링 처리가 지저분하게 되어 있으며 정상 실링과 차이를 보인다.

정상 실링과 달리 지저분하게 도포되어 있다.

보닛 BONNET, ENGINE HOOD

어디에? 앞쪽 엔진룸 덮개

어딜 봐? 체결 부위 볼트 풀림, 실링, 스티커 뗀 흔적

이 역시 따로 설명할 필요는 없는 부분이다. 엔진룸을 덮고 있는 덮개이다. 볼트로 체결되어 있고 약간의 충격에도 쉽게 'ㄱ'자 모양으로 꺾인다.

1. 차체와 연결된 부위 볼트가 풀렸는지 확인
2. 문 접힌 부위 실링 및 속 패널 색상 확인
3. 사일런트 패드, 도어빔 실링 등 도색 확인

진단은? 볼트 풀림, 실링, 속 패널 색상, 배기가스 표기 스티커 확인!!

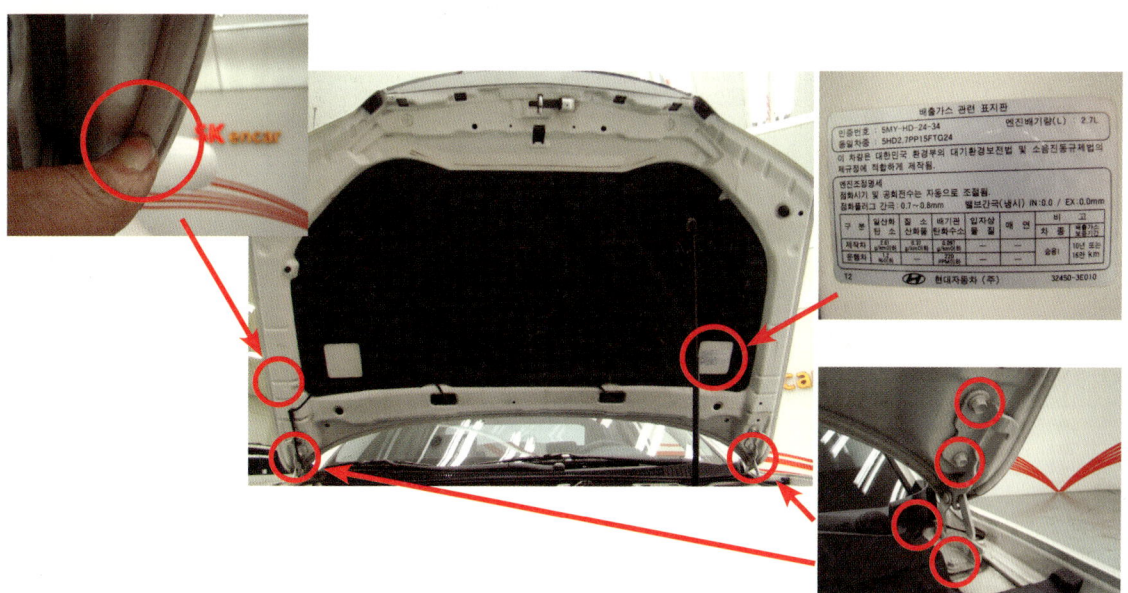

사고진단

프런트 패널 FRONT PANEL

어디에? 엔진 앞쪽에 가로로 놓인 지지대

엔진 앞쪽(앞범퍼, 헤드라이트)에 가로로 길게 놓여 있으며 라디에이터를 지지해 주는 역할을 한다. 앞펜더와 헤드라이트 사이에 연결되어 있으므로 쉽게 찾을 수 있다.

진단은? 볼트 풀림, 제조사 스티커 확인!!

어딜 봐? 체결 부위 볼트 풀림, 용접 흔적

범퍼 지지 역할을 하며 프런트 패널이 아님에 유의!

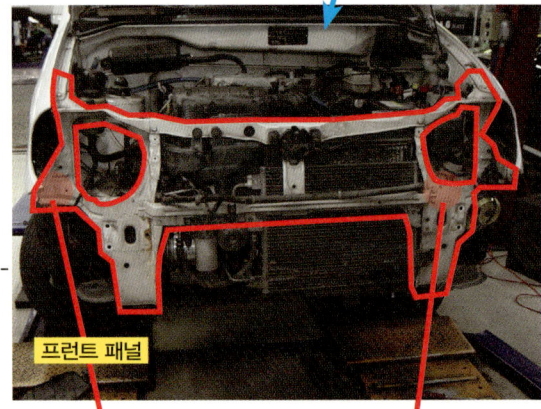

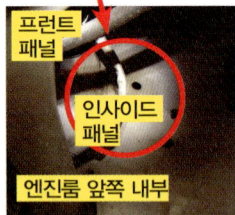

프런트 패널과 인사이드 패널 사이의 접합 면 실링 확인

프런트 패널 안쪽 판금 여부 확인(두드리거나 편 흔적)

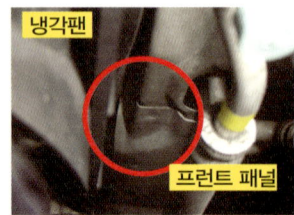

프런트 패널 스폿 용접 확인

중고차 구입 가이드북

플라스틱 라디에이터 서포트 RADIATOR SUPPORT

어디에? 엔진 앞쪽에 가로로 놓인 플라스틱 막대

어딜 봐? 주변 부위 체결 볼트

엔진 앞쪽(앞범퍼, 헤드라이트)에 가로로 길게 놓여 있으며 라디에이터를 지지해 주는 역할을 하는 강화 플라스틱이다. 앞펜더와 헤드라이트 사이에 연결되어 있으므로 쉽게 찾을 수 있다.

플라스틱 라디에이터 서포트를 채용한 SUV차량의 앞 범퍼, 그릴 및 헤드라이트를 탈거한 모습(쇠로 된 프런트 패널과 달리 하나의 플라스틱판으로 제작되어 나온다)

진단은? 볼트 풀림, 제조사 스티커 확인!

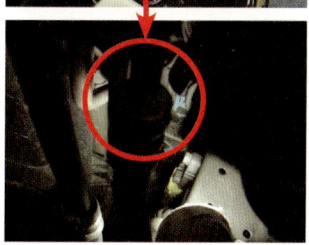

플라스틱 라디에이터 서포트가 교환된 차량에 에어백 경고 스티커를 다시 붙여 놓은 사진. 위와 같은 에어백 경고 스티커는 보닛에 붙어 있는 차종도 있으니 참고만 하자.

엔진 앞쪽(앞범퍼, 헤드라이트)에 가로로 길게 놓여 있으며 교환된 경우 부품 가게에서 제품 분류를 위해 써둔 글씨가 발견되는 경우도 있다. 이런 글씨가 써 있다면 교환으로 보아도 무방하다.

사고진단

엔진 오일 ENGINE OIL

이게 뭐지? 엔진이 부드럽게 움직이게 한다.

어디에? 노란색 손잡이

쇠로 만든 부품이 서로 맞물려 돌아가는 엔진이 부드럽게 돌아가려면 미끌미끌하게 기름을 칠해줘야 한다. 이 역할을 엔진 오일이 해준다.

엔진 근처에 노란색 손잡이로 된 부품이 있다. 보통 ENGINE 이라 써있고 이걸 잡고 뽑으면 긴 게이지가 뽑혀 나온다.

진단은? 게이지 눈금 확인!!

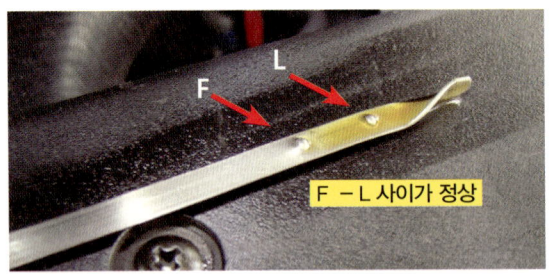

F - L 사이가 정상

엔진이 뜨거울 때(열간 시) 시동을 끈 상태에서 엔진 오일 게이지를 뽑아 묻어 있는 오일을 잘 닦아준 다음 다시 원래 위치에 꽂아둔 뒤 다시 뽑아서 오일이 묻은 위치를 확인한다.

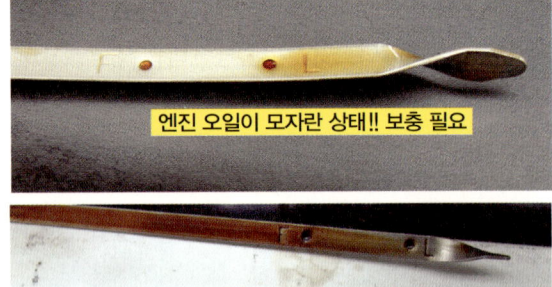

엔진 오일이 모자란 상태!! 보충 필요

오래 사용하여 오염된 엔진 오일. 교환 필요

엔진 오일이 많거나 부족하면?!

엔진 오일이 많으면 오일에 의해 엔진 내부 부품이 깨지거나(엔진 오일은 압축되지 않는다) 오일이 넘쳐 배기관을 타고 흘러가 촉매(배기가스 정화장치)가 손상될 수 있다. 엔진 오일이 부족하면 제대로 윤활 및 냉각이 되지 않아 엔진 부품끼리 눌어붙어 엔진을 교환해야 하는 일이 발생할 수 있다. 엔진 오일 양 점검은 이만큼 중요하다.

오토 미션 오일 AUTOMATIC TRANSMISSION FLUID

이게 뭐지? 자동변속기를 움직이는 혈액!

어디에? 빨간색 손잡이 / 검정색 손잡이

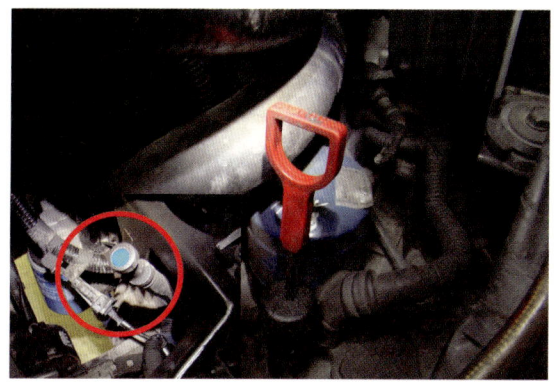

자동변속기에 사용되는 오일은 상당히 많은 일을 한다. 윤활(미끌미끌), 냉각, 동력전달 등의 일을 하며 교환주기는 보통 3~4만km 정도이다.

엔진 근처에 빨간색 손잡이 모양의 게이지나 혹은 검은색의 동그란 손잡이 모양의 게이지가 있다. 보통은 엔진의 오른쪽에 붙어 있다. 후륜/4륜 차량은 엔진 뒤에 있는 경우도 있다. 일부 무교환 차량의 경우 게이지가 없기도 하다.

진단은? 게이지 눈금, 색상 확인!!

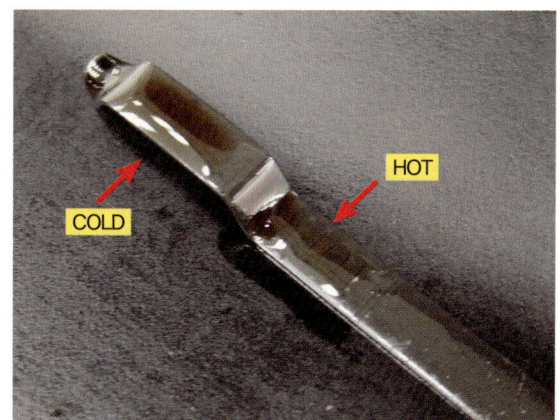

엔진이 차가울 때는 COLD 위치
엔진이 뜨거울 때는 HOT 위치가 정상

보통 포도주색이 정상이지만 일부 차종, 수입차의 경우 무색에 가까운 미션 오일을 사용하기도 한다. 둘 다 사용할수록 갈색으로 변색된다.

오토 미션 오일 점검법?! (색상 판별법)

오토 미션의 오일을 점검할 때는 1)평평한 공간에서 2)시동을 걸어둔 채로 3)변속 레버는 N 4)핸드 브레이크는 채우고 5)게이지 눈금을 읽는다. 검은색 → 즉시 교환 요망 / 갈색 → 일반적인 수준의 오염 / 우윳빛 → 냉각수 유입

사고진단

브레이크 오일 BRAKE FLUID

이게 뭐지? 브레이크 패드를 눌러 제동을 가능하게~

어디에? 엔진 내부, 운전석 근처

사람의 힘만으론 브레이크 패드를 충분히 눌러주기 어렵기 때문에 브레이크 오일을 사용하여 압축된 오일의 힘으로 브레이크 패드를 눌러주어 제동을 하게 된다. 색상은 무색이지만 사용하면서 갈색으로 변한다.

대부분의 차량은 엔진룸 내부 운전석 근처에 브레이크 오일 보조통을 가지고 있다. 운전석 근처 엔진룸에서 물통 비슷한 물체를 찾으면 된다.

진단은? 통을 흔들어 게이지 눈금 위치 확인, 색상 확인!!!

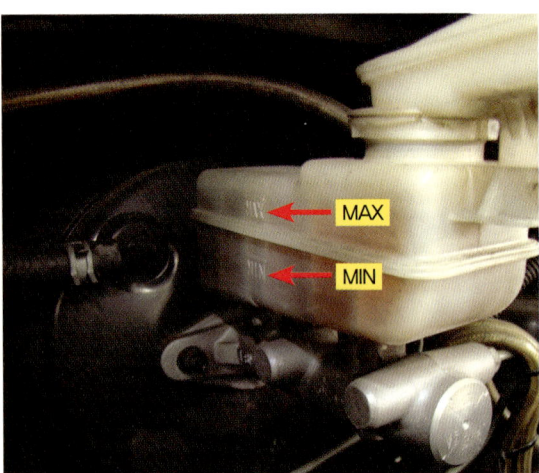

MAX – MIN 사이에 오면 정상! 주변 부위로 누유가 되는지도 확인.

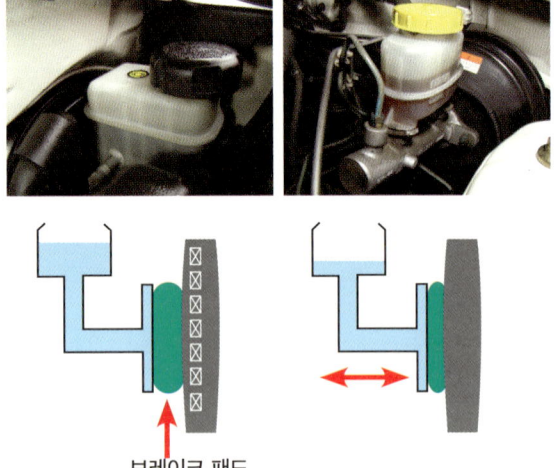

브레이크 패드가 마모되면 그 높이만큼 브레이크 오일이 파이프로 많이 들어가 오일 높이가 낮아진다. 누유가 없는데 오일이 부족하면 패드를 의심!

파워 오일 POWER STEERING FLUID

이게 뭐지? 핸들을 가볍게 움직이는 힘!

어디에? 엔진 옆 파워펌프와 연결된 통!

미션 오일을 파워 오일로 사용하는 경우가 많아 미션 오일과 색상이 같은 경우가 많다.

파워스티어링 오일 리저버라고 불리는 파워 오일 보조통은 냉각수 및 워셔액 근처에 있으며 파워펌프에 연결되어 있는 호스를 눈으로 따라가도 쉽게 찾을 수 있다.

진단은? 통을 손으로 흔들어 MIN – MAX 사이면 정상!

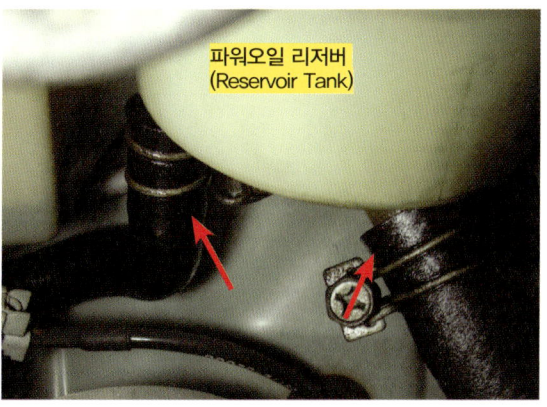

파워 오일 보조통 겉면에 써 있는 MIN – MAX 사이에 오일이 위치하면 정상이다. 잘 보이지 않을 경우 통을 살짝 흔들어주면 오일이 출렁거리며 이때 오일 양을 확인할 수 있다.

파워 오일 보조통 하단에 연결된 호스에서 누유가 생기는 경우가 많다. 누유가 발견되면 반드시 통을 흔들어 적절한 양이 있는지 확인.

주의 : 오일 부족 시 파워펌프에 공기 유입 → 윙윙(앵앵) 소리 발생 → 지속 시 파워펌프 고장

사고진단

냉각수 COOLING WATER

이게 뭐지? 엔진 과열 방지!

엔진을 냉각시켜주는 물이 바로 냉각수다. 엔진이 과열로 망가지지 않도록 식혀주는 매우 중요한 일을 한다. 색상은 보통 녹색이다.

어디에? 주로 엔진 왼쪽에!

보통의 경우 엔진 왼쪽에 냉각수, 파워 오일, 워셔액 탱크가 한데 모여 있다. 뚜껑에 COOLANT라는 문구가 있으면 냉각수 탱크이다.

진단은? 엔진이 차가울 때(냉간 시) 냉각수 탱크, 라디에이터 캡 뚜껑을 열고 양, 색 확인! (슬러지, 오일 침투 확인)

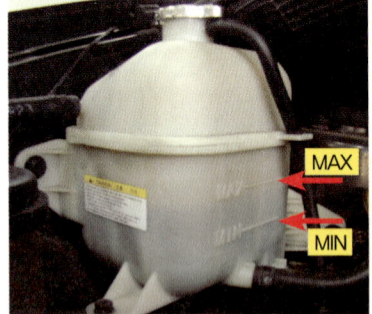

MAX – MIN 사이에 오면 정상!

냉각수 탱크 뚜껑을 열고 색상 확인. 정상 색상과 다를 시 교환을 권장.

라디에이터 캡을 열고 냉각수 색상 및 상태 확인!

주의 : 엔진이 뜨거울 때는 절대 뚜껑을 열지 말아야 한다. 고온 고압의 냉각수가 솟아나와 화상의 위험이 있다.

엔진 오일 주입구 ENGINE OIL CAP AREA

이게 뭐지? 엔진 오일 주입구

어디에? 엔진 위 뚜껑!

엔진 오일 주유 시 이곳을 통하며 엔진에 이상 시 캡 안쪽에 이물질이 많이 끼게 되므로 이를 통해 엔진 이상 유무를 점검할 수 있다.

엔진 가장 위쪽에 위치하고 있으며 엔진이 플라스틱 커버로 씌워진 고급차의 경우에도 엔진 오일 주입구는 겉으로 보이게 설치되어 있다.

진단은? 엔진 오일 캡에 슬러지, 기포 발생 확인!!

엔진 오일 불량으로 인해 엔진 오일 캡과 엔진 내부에 슬러지(찌꺼기)가 많이 낀 상태. 엔진 오일 교환의 중요성을 알려준다.

기포가 발생하고, 색상이 우윳빛인 것으로 보아 엔진 내부로 수분이 유입된 가능성 있는 상태다.

광유?! 합성유?!

광 유 – 일반적으로 사용되는 엔진 오일

합성유 – 첨가제가 들어 있는 기능성 엔진 오일. 긴 엔진 오일 수명, 슬러지 발생 방지, 뛰어난 윤활 효과와 같은 특성을 가지고 있지만 광유든 합성유든 적절한 시기에 교환을 해주는 것이 가장 중요하다.

사고진단

외부 벨트 BELTS

이게 뭐지? 엔진 힘을 주변 장치에 전달하는 고무벨트!

어디에? 주로 엔진 왼쪽에!

엔진의 힘을 발전기, 에어컴프레서, 워터펌프 등 엔진 주변 장치에 전달하는 역할을 하는 고무벨트이다.

주로 엔진 왼쪽에 붙어 있으며 보닛을 열고 엔진 왼쪽을 보면 긴 고무벨트가 장착되어 있음을 볼 수 있다.

진단은? 고무벨트 겉면, 안쪽 면 갈라짐, 장력 확인!!!

고무벨트 앞, 뒷면에 갈라짐이 발생하지 않았는지 확인하고 손으로 벨트를 눌러 장력이 적당한지 확인한다. 헐겁게 눌리면 장력 조정을 해야 한다.

외부 벨트에 갈라짐 발생. 오래되어 딱딱해진 고무가 갈라져 끊어질 위험이 있다.

워셔액 탱크 / 캡 WASHER FLU ID TANK / CAP

이게 뭐지? 앞유리 세척용 액체가 담긴 통/뚜껑

어디에? 주로 엔진 왼쪽에 범퍼와 가까이!

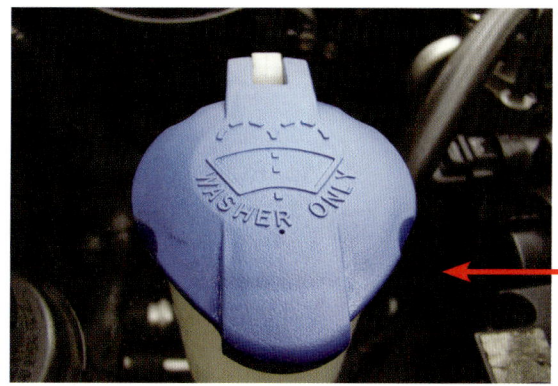

자동차 앞유리를 세척하는 데 이용하는 세척제를 담는 통/뚜껑이다. 보통 'WASHER'라는 명칭이 뚜껑에 적혀 있다.

보통 엔진 왼쪽 앞범퍼 가까이에 장착되어 있다.

진단은? 뚜껑 유무 / 깨짐 여부 확인(워셔액 가득 채워 넣고 새는지 확인)

뚜껑을 열고 눈으로 워셔액 양을 확인한다. 사계절용 워셔액을 사용해야 겨울에도 얼지 않으며 사계절용 워셔액이라 해도 동결 방지를 위해서는 물에 희석하지 않고 그냥 사용해야 한다.

사고진단

드라이브 샤프트 DRIVE SHAFT 등속 조인트

이게 뭐지? 바퀴로 동력 전달

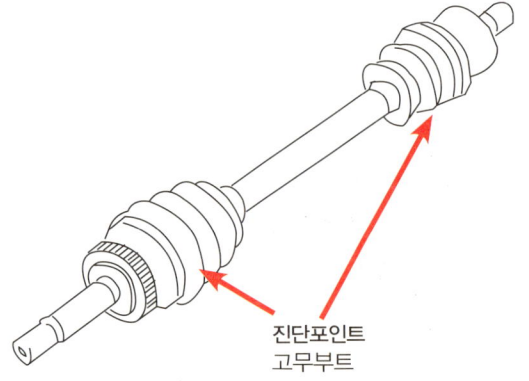

진단포인트
고무부트

어디에? 바퀴에 꼽힌 막대

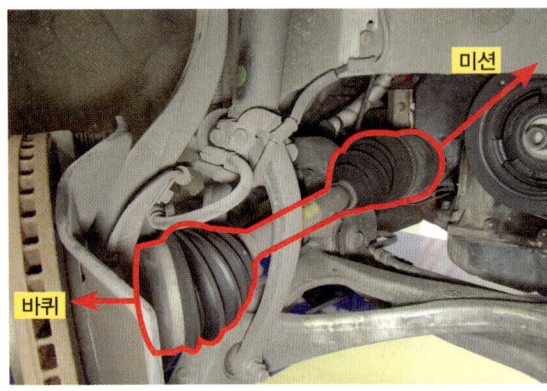

미션
바퀴

엔진/미션에서 나온 출력(회전운동)을 바퀴로 전달하는 기능을 한다. 또 핸들을 좌우로 움직여 바퀴 각도가 틀어져도 바퀴를 굴릴 수 있도록 관절 형식으로 되어 있다.

바퀴 중심에서 엔진/미션으로 눈을 들어 따라가 보면 보이는 긴 막대 양쪽에 주름 고무(부트)가 있는 부품이 등속 조인트(드라이브 샤프트)이다. 한쪽은 바퀴에 한쪽은 변속기에 장착된다.

진단은? 고무부트 확인!!!

주름관 모양의 고무부트로 찢어짐, 갈라짐, 파이프와 고무부트 사이의 누유를 확인한다.
점도가 높아 새지 않고 찰흙이나 실리콘처럼 보인다.

찢어진 고무부트 내부에서 그리스 누유

고무부트가 갈라져 찢어지기 직전 모습

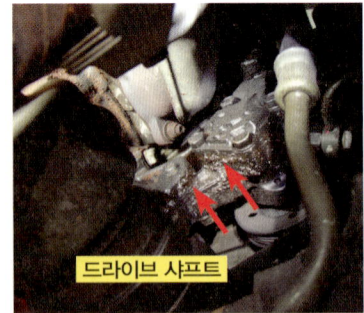

드라이브 샤프트

드라이브 샤프트에서 그리스가 누유되어 주변에 뿌려진 모습

쇼크 업소버 SHOCK ABSORBER

이게 뭐지? 차체 충격 흡수!

어디에? 퀴 안쪽 스프링 내부 긴 막대 모양

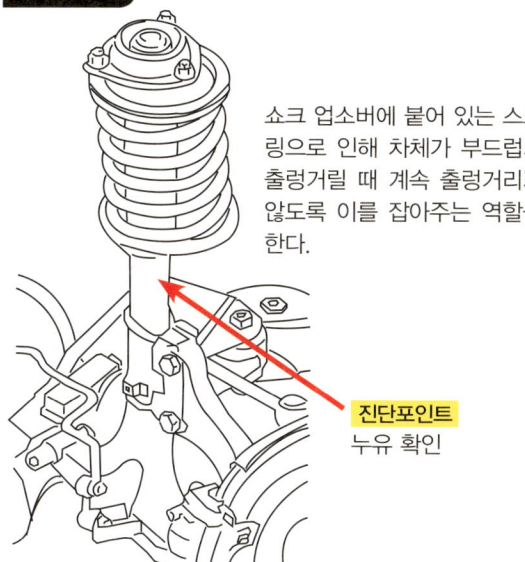

쇼크 업소버에 붙어 있는 스프링으로 인해 차체가 부드럽게 출렁거릴 때 계속 출렁거리지 않도록 이를 잡아주는 역할을 한다.

진단포인트 누유 확인

조수석 앞 타이어

오일 흐른 자국이 있는지 여부

바퀴 위쪽을 보면 스프링과 같이 바퀴로 연결된 긴 파이프가 보인다. 이것이 쇼크 업소버이다.

진단은? 누유 확인!! 쇼크 업소버 파이프 위로 오일이 흘러내린 흔적이 없는지 확인한다.

주의 : 타이어 광택제를 뿌릴 때 쇼크 업소버에 많이 묻게 된다. 누유와 혼동하지 않도록 조심!

누유가 발생하면 오일이 쇼크 업소버 표면으로 흘러나와 묻게 되며 여기에 먼지가 달라붙게 되어 지저분하게 변하기도 한다.

새 제품으로 교환하여 깨끗한 쇼크 업소버

운행 시에 찌그덕 소리가 ?!

쇼크 업소버에서 누유가 생겨 오일이 다 새면 완충작용이 안돼 차가 출렁거리거나 찌그덕 소리가 나게 된다. 정리하면, 스프링은 충격 흡수, 쇼크 업소버 파이프는 출렁거림 억제의 역할을 한다. 따라서 둘이 조화롭게 작동하여 충격 흡수를 하면서 출렁거림도 적당한 상태를 만든다.

사고진단

브레이크 패드 BRAKE PAD 라이닝

이게 뭐지? 눌러서 구르지 못하게 막아라!

어디에? 휠 안쪽에 초승달 모양을 찾아라!

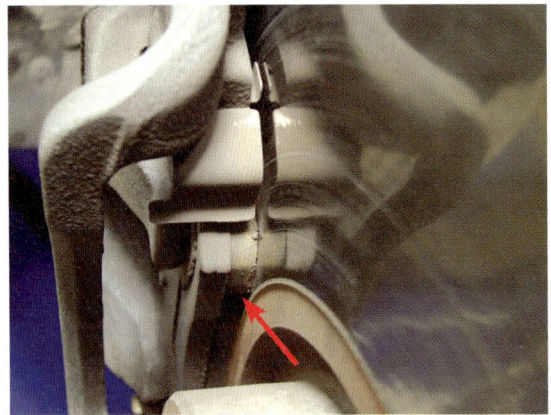

은색의 동그란 모양인 브레이크 디스크를 패드로 눌러 바퀴가 구르지 못하게 한다. 패드는 사용할수록 점점 마모되고 마모도가 심해지면 교환해야 한다.

휠 안쪽에 은색의 쇠로 된 브레이크 디스크가 동그랗게 보인다. 이 디스크를 한편에서 붙잡고 있는 것이 브레이크 패드이다. 자전거 앞바퀴 브레이크 고무와 같은 역할이다.

진단은? 패드 두께 확인!!

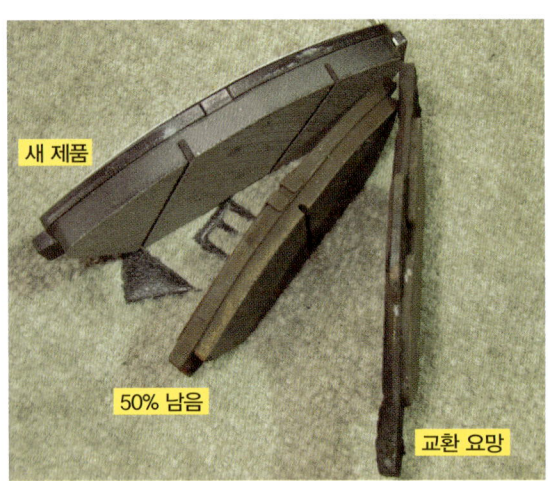

브레이크 패드 하나 진단하자고 바퀴를 떼어낼 순 없다. 머리를 비스듬하게 옆으로 돌리면 살짝 브레이크 패드의 남은 두께가 보인다. 패드 새 제품의 두께를 기억했다가 정상에 비해 얼마나 마모되었는지 평가하면 된다.

위 사진은 드럼 방식의 브레이크이다. 뜯어보기 전엔 패드의 남은 양이 파악되지 않으며 거의 교환 없이 운행되는 부품이다. 이런 경우 해당 바퀴 부분은 진단을 생략한다.

중고차 셀프 진단시트

중고차 상태진단 가이드북

작성예시

중고차 셀프 진단시트

| 작성일시 | 2012.09.01 | 판매상사 | ○○상사 | 판매자 | 홍길동 |

① 차량정보

제조사	기아	차량명	뉴모닝	등급	SLX
차량번호	00가 1234	최초등록일	2010.01.01	형식년식	2010
배기량	1000 cc	검사만료일	2012.01.01		

② 사고진단

플라스틱 라디에이터 서포트
*프론트패널
앞휀더(좌) X   보닛   앞휀더(우)
앞문(좌)   앞문(우)
뒷문(좌)   뒷문(우) X
*쿼터패널(좌)   *쿼터패널(우)
*리어패널   트렁크
*밑줄부위 교환 시 사고차

| 사고 / 기타사항 기재 | 앞휀더(좌), 뒷문(우) 교환 |
| 주의사항 | 본 진단시트는 전문가가 아니면 진단하기 어려운 부위는 생략되었습니다. |

③ 성능상태진단

엔진 오일	양호 / 점검요	냉각수	양호 / 점검요	드라이브 샤프트	양호 / 점검요
변속기 오일	양호 / 점검요	엔진 오일 주입구	양호 / 점검요	쇼크 업소버	양호 / 점검요
브레이크액	양호 / 점검요	외부 벨트	양호 / 점검요	브레이크 패드	양호 / 점검요
파워 오일 양	양호 / 점검요	워셔액 탱크/캡	양호 / 점검요		

진단시트 작성 방법

1. 자동차 등록증을 확인하여 차량정보를 확인, ①차량정보 기록란을 작성합니다.
2. ②사고진단의 경우 교환된 부위는 X표시 합니다. 교환이 아닐 경우 아무런 표시도 하지 않습니다.
3. ③성능상태평가 란은 눈으로 확인했을 때, 정상적인 경우 "양호", 이상이 있을 경우 "점검요"에 V표 합니다.
4. 각각의 부위에 대한 진단방법은 핸드북을 참고하시기 바랍니다.
5. 진단이 어려운 부분이 제외되어 본 시트만으로 정확한 사고유무 판단 불가하며 참고용으로만 활용하시기 바랍니다.

중고차 성능상태 확인 핸드북

중고차 셀프 진단시트

중고차 상태진단 가이드북

중고차 셀프 진단시트

일 시		판매상사		판매자	

① 차 량 정 보					
제조사		차량명		등 급	
차량번호		최초등록일		형식 년식	
배기량	cc	검사유효기간			

② 사 고 진 단

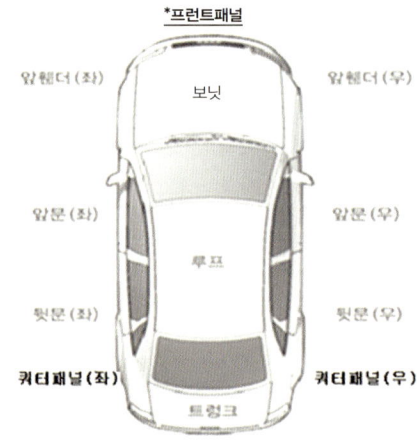

기타사항 기재	
주의사항	상기 사고 진단항목은 전문가가 아니면 보기 어려운 부위는 제외되어 있습니다.

③ 성 능 상 태 진 단					
엔진 오일	양호 / 점검요	냉각수	양호 / 점검요	드라이브 샤프트	양호 / 점검요
변속기 오일	양호 / 점검요	엔진 오일 주입구	양호 / 점검요	쇼크 업소버	양호 / 점검요
브레이크액	양호 / 점검요	외부 벨트	양호 / 점검요	브레이크 패드	양호 / 점검요
파워 오일 양	양호 / 점검요	워셔액 탱크/캡	양호 / 점검요		

진단시트 작성 방법
1. 자동차 등록증을 확인하여 차량정보를 확인, ①차량정보 기록란을 작성합니다.
2. ②사고진단의 경우 교환된 부위는 X표시 합니다. 교환이 아닐 경우 아무런 표시도 하지 않습니다.
3. ③성능상태평가 란은 눈으로 확인했을 때, 정상적인 경우 "양호", 이상이 있을 경우 "점검요"에 V표 합니다.
4. 각각의 부위에 대한 진단방법은 핸드북을 참고하시기 바랍니다.
5. 진단이 어려운 부분이 제외되어 본 시트만으로 정확한 사고유무 판단 불가하며 참고용으로만 활용하시기 바랍니다.

중고차 성능상태 확인 핸드북

중고차 셀프 진단시트

중고차 상태진단 가이드북

중고차 셀프 진단시트

일 시		판매상사		판매자	

① 차 량 정 보

제 조 사		차 량 명		등 급	
차량 번호		최초등록일		형식 년식	
배 기 량	cc	검사유효기간			

② 사 고 진 단

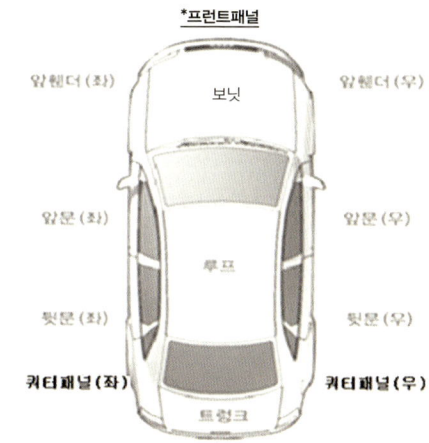

플라스틱 라디에이터 서포트
*프런트패널
앞휀더(좌)　보닛　앞휀더(우)
앞문(좌)　루프　앞문(우)
뒷문(좌)　　　뒷문(우)
쿼터패널(좌)　트렁크　쿼터패널(우)
*리어패널

기타사항 기재	
주의사항	상기 사고 진단항목은 전문가가 아니면 보기 어려운 부위는 제외되어 있습니다.

③ 성 능 상 태 진 단

엔진 오일	양호 / 점검요	냉각수	양호 / 점검요	드라이브 샤프트	양호 / 점검요
변속기 오일	양호 / 점검요	엔진 오일 주입구	양호 / 점검요	쇼크 업소버	양호 / 점검요
브레이크액	양호 / 점검요	외부 벨트	양호 / 점검요	브레이크 패드	양호 / 점검요
파워 오일 양	양호 / 점검요	워셔액 탱크/캡	양호 / 점검요		

진단시트 작성 방법

1. 자동차 등록증을 확인하여 차량정보를 확인, ①차량정보 기록란을 작성합니다.
2. ②사고진단의 경우 교환된 부위는 X표시 합니다. 교환이 아닐 경우 아무런 표시도 하지 않습니다.
3. ③성능상태평가 란은 눈으로 확인했을 때, 정상적인 경우 "양호", 이상이 있을 경우 "점검요"에 V표 합니다.
4. 각각의 부위에 대한 진단방법은 핸드북을 참고하시기 바랍니다.
5. 진단이 어려운 부분이 제외되어 본 시트만으로 정확한 사고유무 판단 불가하며 참고용으로만 활용하시기 바랍니다.

중고차 성능상태 확인 핸드북

중고차 셀프 진단시트
중고차 상태진단 가이드북

중고차 셀프 진단시트

일 시		판매상사		판 매 자	

① 차량정보

제 조 사		차 량 명		등 급	
차량 번호		최초등록일		형식 년식	
배 기 량	cc	검사유효기간			

② 사 고 진 단

기타사항 기재	
주의사항	상기 사고 진단항목은 전문가가 아니면 보기 어려운 부위는 제외되어 있습니다.

③ 성 능 상 태 진 단

엔진 오일	양호 / 점검요	냉각수	양호 / 점검요	드라이브 샤프트	양호 / 점검요
변속기 오일	양호 / 점검요	엔진 오일 주입구	양호 / 점검요	쇼크 업소버	양호 / 점검요
브레이크액	양호 / 점검요	외부 벨트	양호 / 점검요	브레이크 패드	양호 / 점검요
파워 오일 양	양호 / 점검요	워셔액 탱크/캡	양호 / 점검요		

진단시트 작성 방법

1. 자동차 등록증을 확인하여 차량정보를 확인, ①차량정보 기록란을 작성합니다.
2. ②사고진단의 경우 교환된 부위는 X표시 합니다. 교환이 아닐 경우 아무런 표시도 하지 않습니다.
3. ③성능상태평가 란은 눈으로 확인했을 때, 정상적인 경우 "양호", 이상이 있을 경우 "점검요"에 V표 합니다.
4. 각각의 부위에 대한 진단방법은 핸드북을 참고하시기 바랍니다.
5. 진단이 어려운 부분이 제외되어 본 시트만으로 정확한 사고유무 판단 불가하며 참고용으로만 활용하시기 바랍니다.

중고차 성능상태 확인 핸드북

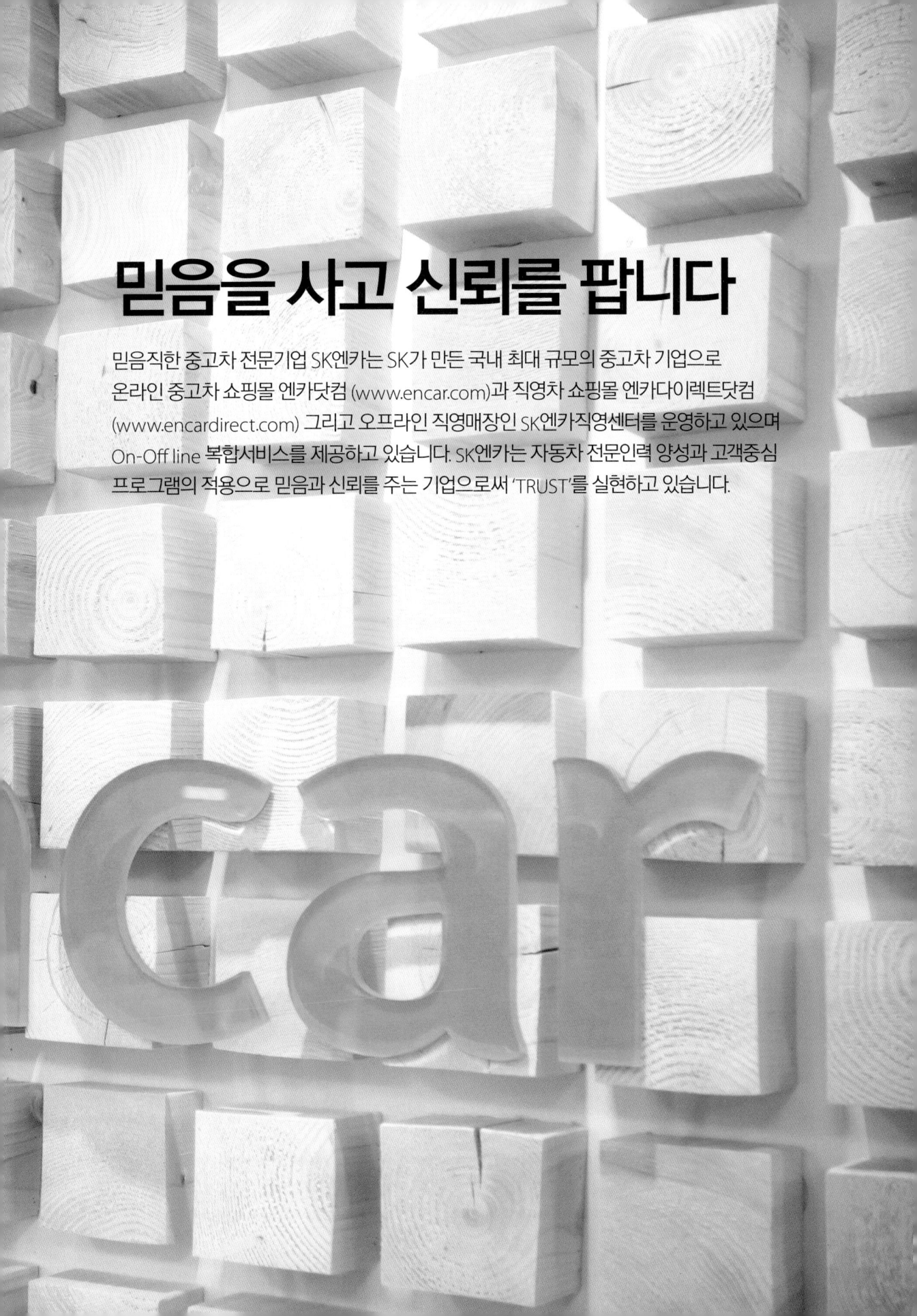

믿음을 사고 신뢰를 팝니다

믿음직한 중고차 전문기업 SK엔카는 SK가 만든 국내 최대 규모의 중고차 기업으로 온라인 중고차 쇼핑몰 엔카닷컴 (www.encar.com)과 직영차 쇼핑몰 엔카다이렉트닷컴 (www.encardirect.com) 그리고 오프라인 직영매장인 SK엔카직영센터를 운영하고 있으며 On-Off line 복합서비스를 제공하고 있습니다. SK엔카는 자동차 전문인력 양성과 고객중심 프로그램의 적용으로 믿음과 신뢰를 주는 기업으로써 'TRUST'를 실현하고 있습니다.